ものと人間の文化史

131-I

漆《うるし》

I

四柳嘉章

法政大学出版局

はじめに

磁器のチャイナ（china）に対して漆器はジャパン（japan）とよばれ、漆の国・日本を代表する工芸品とされている。一般の英和辞典をみても、このことは明記されている。しかしながら、その歴史や文化に関する書籍は陶磁器類に比べれば微々たるもので、学校教育においても学ぶ機会はきわめて少ない。この点は諸外国と比較した場合、きわめて異例なことであろう。なぜ自国の代表的伝統文化がこれほどまでに周知されていないのだろうか。

その理由は、漆器の伝世品や文字・絵画などの歴史資料がきわめて少ないことにある。研究対象は正倉院や寺社の宝物、大名の調度などであり、限られた階級の漆工芸の解明であった。いっぽう漆の関連分野は材料科学から美術工芸、歴史、考古、民俗、植物、地理、地場産業など、幅広い分野にまたがっている。にもかかわらず、それぞれが独自に研究や制作に勤しんできたために学際的研究が遅れ、総合的・体系的な漆器の歴史や文化、技術史などの構築は、将来に残された形だ。漆器業界においても、作れば売れることに安住して、自らが拠って立つ足元の文化をしっかり見つめ、その特色を広く教育普及する努力を怠ってきた。日本人の漆器離れが進行し、愛好者の裾野が拡大しなかった一因は業界の体質にも求められよう。

漆器について共有できる情報量は限られたものであったが、ここ二〇年来の発掘調査によって、地下の眠りから甦った数十万点の出土漆器がある。大半が破片であるため美術的な鑑賞にたえるものは少ないが、使用者のあらゆる階層と列島全体を網羅する利点がある。漆器の技術や品質は一ミリにも満たない塗膜の中に隠されているが、考古学と文化財科学、コンピュータを用いた計量分析などによって多くの情報が取り出せるようになった。この学際的な学問を筆者は漆器考古学とよんでいるが、本書ではこの研究によって浮かび上がった漆器のありようを、人間社会とかかわらせながら、縄文時代から現代までを取り扱った。いつごろ、どこで漆文化が開始されたか、列島各地でどのような展開を経て今日に至ったのかなどについて、広い範囲から話題を集め、基礎的データを提示しながら説明する方針をとっている。けっして通史を意図したわけではないが、従来一般に周知されなかった漆と日本人の関係が見えてくるはずである。塗料や接着液にすぎない漆が、なぜ文化とよばれるのか、出土漆器たちが japan の復権をわれわれに問いかけているようだ。こうしたことを、本書から読み取っていただければ筆者としては望外の喜びである。

第Ⅰ巻　目次

はじめに

第一章　ウルシノキと漆の採取　1

一　ウルシノキの種類　1

ウルシノキ（漆樹）／植栽の適地

二　漆の採取方法と道具　4

漆の採取／採取時期／採取方法／採取作業の手順／漆掻道具／漆の分類

第二章　漆の化学と伝統技術　15

一　漆の化学　15

漆化学の歩み／漆の化学的特性

二　精製工程の化学　19

精製工程の化学反応／堅牢な塗膜形成の要因

第三章　漆器の分類と製作工程　23
一　漆器の分類　23
漆器分類のはじまり／胎（素地）による分類／下地による分類／加飾技法による分類／形態（器形）による分類／用途による分類／上塗り色による分類／文様による分類
二　木地の製作工程　28
椀木地／指物木地／曲物木地／朴木地
三　漆器の製作工程　35
漆下地漆器／渋下地漆器／岩手県浄法寺椀／新潟県の木地屋が塗ったゲモン（渋下地）の工程／越前漆器
第四章　新しい漆器研究　47
一　漆器考古学ことはじめ　47
考古学における漆器研究／漆器考古学の歩み
二　漆器を科学する　55
漆器考古学の科学的方法／塗膜分析と赤外分光分析の実際／漆器考古学のねらい

第五章　縄文時代の初期漆工技術　67
一　日本列島における漆文化の始原　67
垣ノ島B遺跡の土坑墓と副葬品
二　初期の工具と櫛の技術　72
漆容器――島根県夫手遺跡／漆塗り櫛――石川県三引遺跡／漆塗膜の証明――赤外分光分析
第六章　縄文漆文化の展開　83
一　日本海と漆文化　83
赤色の糸／焼付け漆／日本海は漆海道
二　漆と赤色顔料　87
縄文漆器はなぜ赤い／朱の登場
三　漆工技術の確立　89
縄文の漆工具／縄文の漆工技術／樹種の選択と木取り
四　装身具と木胎漆器　97
装身具の宝庫――北海道・カリンバ3遺跡／縄文のタ

イムカプセル――新潟県青田遺跡／中国春秋・戦国時代の楚漆器の影響か――高知県居徳遺跡

第七章　弥生～古墳時代の漆器　107

一　弥生～古墳時代の漆工技術　107
縄文と弥生的思考の差／黒色漆の盛行

二　弥生時代の漆塗り木弓　112
石目塗状の木弓――岡山県津島遺跡

三　古墳時代の結歯式竪櫛　114
櫛の構造と塗装法――石川県畝田・寺中遺跡／画一的な量産品

四　古墳時代前期の漆祭祀　118
神殿の周溝に廃棄された祭祀遺物――石川県太田ニシカワダ遺跡／漆工関係遺物の分類／黒色顔料の証明／黒色漆の呪力

第八章　古代の漆器生産　123

一　古代漆器の生産構造　123
国家工房の漆工人／ウルシノキの植栽政策／漆器・工具出土遺跡の性格／漆の調達と価格／身分表示の器／古代漆器の製作材料／古代の漆工房
二　都城の漆器　144
古代漆器の系譜／蒔絵棒と巻胎――平城宮跡・長屋王邸宅跡周辺／日本最初の水時計と動物骨片――飛鳥水落遺跡
三　平安京の漆箱　156
木棺墓の副葬漆箱――平安京右京三条三坊／木炭木槨墓の副葬漆箱――安祥寺下寺跡
第九章　古代漆器の地域的展開　161
一　在地生産を物語る遺物　161
漆書き「宮」文字と漆運搬具――石川県北方E遺跡／在地生産を示す木簡と漆器――新潟県八幡林遺跡／杭に転用されたウルシノキ――石川県指江B遺跡
二　漆革箱と帯金具　170
墨絵の漆革箱――石川県戸水大西遺跡／金箔装飾の古

代帯金具――石川県畝田ナベタ遺跡
三　漆器と土器　176
黒色土器と漆器／漆塗りの土師器――福島県本飯豊遺跡
第一〇章　中世の漆器生産　183
一　漆器の普及　183
渋下地と漆絵の導入／渋下地漆器の普及と土器埦の消滅
二　中世の漆と漆器の価格　187
漆の価格／漆器の価格
第一一章　中世漆器の地域的展開　193
一　奥州藤原氏の栄華と漆器――岩手県柳之御所　193
柳之御所の漆器分類／漆工具と蒔絵鏡筥
二　型押漆絵の世界――神奈川県佐助ヶ谷遺跡　197
型押漆絵の技法／型押漆器の意味するもの
三　越後奥山荘の中心・政所条遺跡群――新潟県下町・坊城遺跡群と江上館跡　201

下町・坊城遺跡A地点の漆器／下町・坊城遺跡C地点の漆器／江上館の漆器

四　巻数板と多様な漆器・漆工具——石川県堅田B遺跡　209

巻数板・鞍と漆器の共伴／型押漆絵・天目写し漆椀・鳴鏑・胡桃足曲物・漆工具

五　片輪車の漆絵皿——石川県上町カイダ遺跡　213

六　崇徳院御影堂領大屋荘穴水保の漆器——石川県西川島遺跡群　215

漆器編年／学際的研究／土師器編年からみえてくる漆器の登場／蟹・金銀切金黄色漆絵櫛

七　中世京都の漆器とかわらけ——京都市平安京左京八条三坊十四町　221

特異な出土状況の漆器／ハレの食器

八　中世の中継港湾都市——広島県草戸千軒町遺跡　227

塗師の家／草戸千軒の漆器／竹掛花入

九　漆塗り竹製経筒——京都府高田山中世墓・経塚群　232

一〇　木棺墓と副葬漆手箱類　233

信仰の手箱——福岡県大宰府条坊跡／鉛白絵の漆鏡筥

——千葉県印内台遺跡／金・銀製小型宝塔などを納めた漆手箱——埼玉県広木上宿遺跡／礫槨墓の副葬手箱・硯箱——福井県家久遺跡

一一　烏帽子と漆　245

烏帽子の社会／烏帽子の製作／烏帽子の色／烏帽子の使い分けと価格

第一二章　戦国〜近世初期の漆器
一　近世初期の精製漆工房——岩手県飛鳥台地I遺跡・五庵II遺跡
二　食漆器が過半数を占める東北屈指の城跡——福島県河股城跡
三　伊達氏も使ったか、黄色漆絵漆器——山形県荒川2遺跡
四　越後上杉氏守護所の家財——新潟県至徳寺遺跡
五　中世村落の漆器——富山県梅原胡摩堂遺跡
六　能登畠山氏の七尾城下町遺跡——石川県七尾城跡シッケ地区遺跡
七　革胎の水差し形漆器——石川県永町ガマノマガリ遺跡
八　珠姫家臣団と金沢城跡の漆器——石川県江戸町遺跡、金沢城跡白鳥堀・沈床園跡
九　戦国城下町の漆器——福井県一乗谷朝倉氏遺跡
一〇　戦国漆器の典型——静岡県道場田・小川城遺跡

一一　尾張統治の拠点——愛知県清洲城下町遺跡
一二　美濃の戦国漆器
一三　漆器のデパート——大阪府大坂城跡
一四　百足の漆絵

第一三章　近世漆器の展開
一　大聖寺藩筆頭家老佐分家屋敷跡の漆器——石川県八間道遺跡
二　悲しき雛道具——石川県木ノ新保遺跡
三　丹沢山中の漆器と漆濾殻——神奈川県宮ヶ瀬遺跡群
四　幕末三島の消費漆器——静岡県御殿川流域遺跡群
五　大和・吉野絵の漆器

第一四章　漆器産地の形成

一　輪島塗産地の形成と発展
二　琉球漆器の始原

第一五章　絵巻物と文学世界の漆器

一　絵巻物と漆器
二　ジャパン——外国人が見た漆器
三　谷崎潤一郎『陰翳礼讃』に潜むもの
注
付録　北陸・中〜近世漆器の編年
　　全国の主な漆器産地
あとがき
事項索引
遺跡名索引

第一章　ウルシノキと漆の採取

一　ウルシノキの種類

ウルシノキ（漆樹）

ウルシノキの種類は植物分類学の属（*Rhus*）だけで七〇種類以上、種は六〇〇以上を数え、日本列島に分布するウルシ属植物は、ウルシノキ、ハゼノキ、ヌルデ、ヤマウルシ、ヤマハゼノキ、ツタウルシなどがある。ヤマウルシは微量ながらウルシオールを分泌するが、品質で劣り分泌量も少ない。東アジアで実用として漆液が採取される植物は表1のようだ。

日本・中国・朝鮮半島に分布・育成するウルシノキは（図1）、径五〇センチ、樹高一〇メートルほどに成長する落葉高木で、葉のつき方は互生、卵状楕円形の葉の周辺にはギザギザのない小葉を五対から九対つけている。雌雄異株で古くから雄木《おぎ》は蠟、雌木《めぎ》は漆液採取用として区別されてきた。花は六月上旬〜下旬に咲き、葉腋に黄緑白色の小さい花を複総状（花を房状につけた小枝がさらに枝に房状につく）に密生し、雄花はガクが五裂し、卵形の花弁が五個ある。そして黄葯《おうやく》をもつ雄芯五個と中心に退化した子房《しぼう》があ

図１　東アジアの漆樹分布と初期漆器を出土した縄文早～前期遺跡

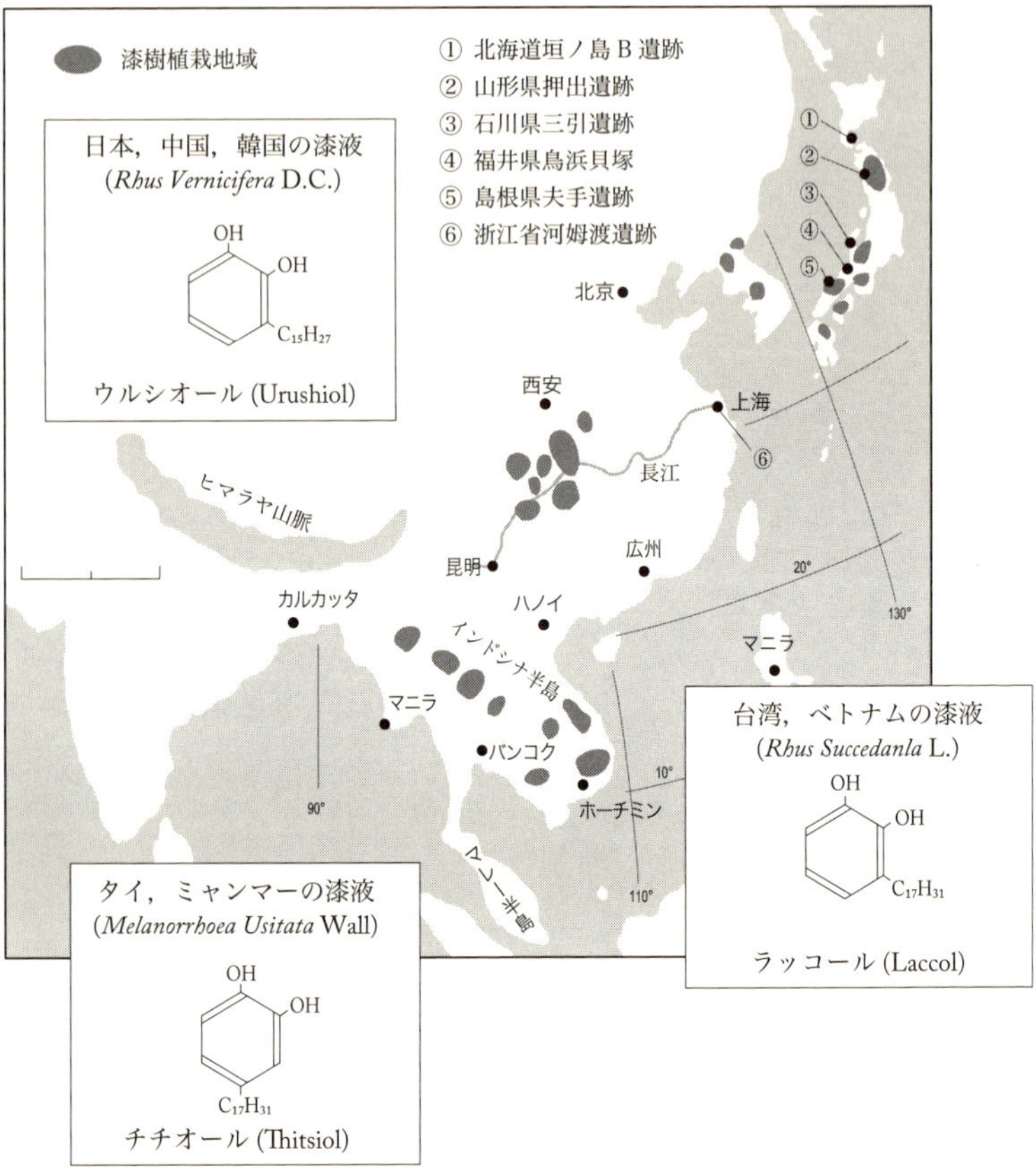
漆樹植栽地域
① 北海道垣ノ島Ｂ遺跡
② 山形県押出遺跡
③ 石川県三引遺跡
④ 福井県鳥浜貝塚
⑤ 島根県夫手遺跡
⑥ 浙江省河姆渡遺跡
日本，中国，韓国の漆液
(Rhus Vernicifera D.C.)
OH
OH
C15H27
ウルシオール (Urushiol)
北京
西安
上海
長江
ヒマラヤ山脈
昆明
広州
20°
130°
カルカッタ
ハノイ
インドシナ半島
マニラ
マニラ
バンコク
ホーチミン
10°
90°
110°
マレー半島
台湾，ベトナムの漆液
(Rhus Succedanla L.)
OH
OH
C17H31
ラッコール (Laccol)
タイ，ミャンマーの漆液
(Melanorrhoea Usitata Wall)
OH
OH
C17H31
チチオール (Thitsiol)

表１　漆産出国，漆採取植物および，それぞれの漆の特徴的フェノール性成分

産地	植物名	フェノール性成分
日本，韓国，中国（日本漆，中国漆）	*Rhus vernicifera* D. C.（ウルシノキ）	ウルシオール
北ベトナム，台湾（ベトナム漆，台湾漆）	*Rhus Succedanla* L. ver. *Dumoutieri* Endo et Matsuura（ハゼノキの一種，インドウルシまたはアンナンウルシ）	ラッコール
ミャンマー，タイ，ラオス	*Melanorrhoea usitata* Wall（黒樹，ビルマウルシ）	チチオール
カンボジア，タイ，ミャンマー，南ベトナム，コーチシナ	*Melanorrhoea laccifera* Pierre（カンボジアウルシ）	チチオール

（寺田晁・小田圭昭『漆――その科学と実技』理工出版社，1999年）

図２　ウルシノキと種子（石川県輪島市内）

る。雌花は両性花で、花弁・ガクともに雄花と同じ形をしている。子房は一個一室で、一個の胚珠《はいしゅ》がある。紅葉の頃には小豆粒よりやや小粒で、黄緑色の扁平な種子（胚形楕円形）をつける。また、スギやヒノキと異なって、樹齢を重ねるごとに枝つきの数が増加してくるので、枝の数で樹齢がわかる。枝は一四〜一五年までは、年々枝階を作りながら上伸成長を行なうので、その枝階数に枝をつけるまでの年数である三（年）を加算すれば樹齢となる（図2）。

植栽の適地

多く漆液（以下漆と略）が分泌されるためには、葉がたくさん付きやすいように、枝の横への成長が盛んになることが必要である。枝が太いのはそのためだ。そして同化作用が活発になるように、肥沃な砂礫混じりの土壌と十分な日光や炭酸ガスの供給が欠かせない。日陰や湿地に植えられたものは下枝が少なく、成長が不十分で採取量も少ない。適地は家屋の周囲、河岸、山麓、河川の堤防など、十分に枝が張れるところで、土壌条件のよいところである。(1) こうしてみれば、適地を選んで適切な管理をしないと、十分な漆が採取できない手間のかかる樹木であり、縄文時代から管理・栽培が行なわれていた可能性を検討する必要がありそうだ。

二　漆の採取方法と道具

漆の採取

漆の採取とその時期について、伊藤清三の調査から紹介する。(2) 漆が最も多く含まれているのは、外樹皮と木材の中間にある靭皮《じんぴ》部の維管束《いかんそく》の篩管部《しかん》（内樹皮）で、ここに漆液を分泌する組織が維管束と平行にあり、漆液溝とよばれている（図3〜5）。ウルシノキが太くなれば漆液溝の数が多くなるので採取できる量も多くなる。また細い上方より下方ほど漆液溝の数が多い。採取傷は浅すぎると分泌速度が遅く、量も少ない。深すぎるとこの逆となるが、木自体へのダメージが大きく、全体の生産量は少なくなる。また漆に地中成分が混入して品質が悪くなる。

採取時期

殺 掻《ころしがき》法では古くは六月上旬から一一月上旬までの一八〇日間であったが、第二次世界大戦後は六月中旬から一一月下旬までの一六〇〜一七〇日間となり、昭和五〇（一九七五）年代以降は六月中・下旬から一〇月下旬の一二〇〜一三〇日ほどとなった。良質の漆が大量に採取されるのは、採取を始めて四〇日目の七月下旬から九月上旬だ。その理由は気温や湿度が漆の分泌に好条件であることと、木の生長が旺盛でそれまでに与えてきた傷の数が適度な刺激になっているからだといわれている。

採取方法

日本の漆採取の方法には、殺掻《ころしがき》法（採取したその年に伐採する）、鼓掻《つづみがき》法（殺掻法の一種）、養生掻《ようじょうがき》法（隔年ごとに一定の期間採取したのち伐採する）などがある。ここでは殺掻法について紹介する。これは、明治末期に国の林業試験場が当時の漆採取専業者たちの経験をもとに試験研究した成果を踏まえて、伊藤清三が漆採取専業者からの聞き取りやウルシノキの生理や作業効率を加味した研究成果を昭和九（一九三四）年に発表、その後各地の講習会で指導したものが普及したようである(3)。

図３　ウルシノキの茎（幹）の断面図

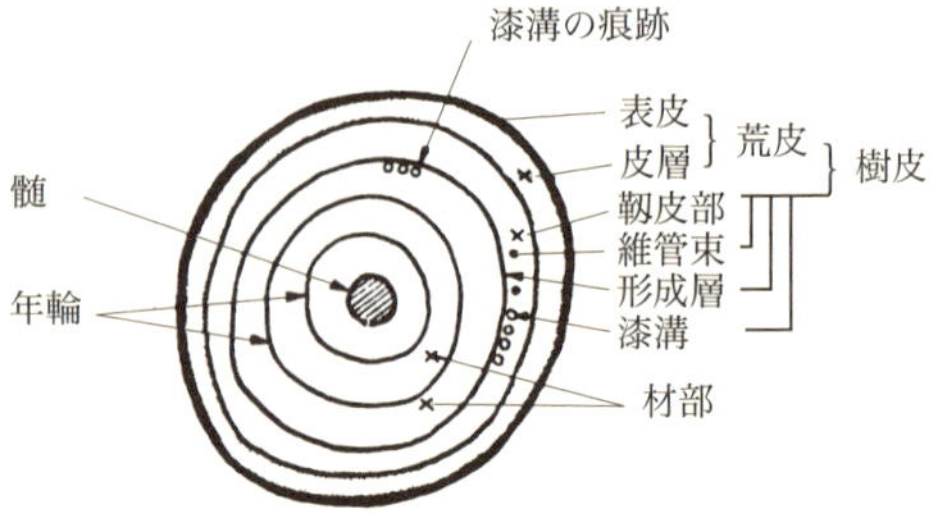

注：形成層が外側と内側に分裂発達し，外側は靭皮部となり．内側は材部となる。漆液溝は篩管部に維管束と平行してつぎつぎと形成されるが，形成層の内側に分裂した材部にも既存の漆液溝の痕跡がみえる．
（小野陽太郎・伊藤清三『キリ・ウルシ——つくり方と利用』農山漁村文化協会，1975 年）

図５　ウルシノキと採取傷（掻取溝）

図４　採取傷の位置

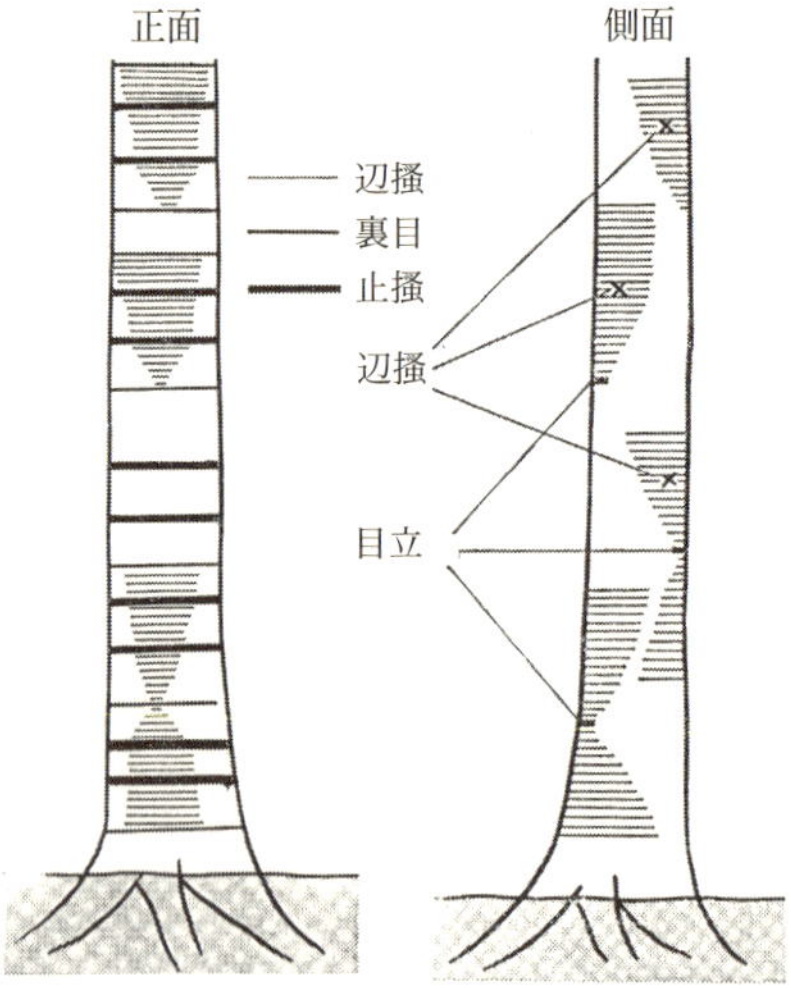

（小野陽太郎・伊藤清三『キリ・ウルシ——つくり方と利用』農山漁村文化協会, 1975 年）

採取作業の手順

①　山建《やまだて》――搔子《かきこ》（採取者）が一期間に採取するウルシノキの本数など、作業範囲や予定を決めること。一人の受け持ち本数を一人山、ないし一人搔山という。作業の手順としては、受け持ち本数を四等分して、四分の一ずつを一日の作業区域として（一日山～四日山という）、五日目には最初の一日山に入り、第二回目の作業に従事する。このように一本の木から五日に一度ずつ採取することになるが、この間隔が良質の漆を得る最良のサイクルだ。

②　目立《めたて》――皮剝鎌で表皮を削って滑らかにし、搔鎌で一回目の傷をつける（次回採取のための準備作業）。目立の方法はウルシノキに対して、表土から一八～二〇センチの高さに、搔鎌で長さ一～一五センチ、深さ三ミリの水平溝をつける（右側または左側）。次にこれより一八～二〇センチほど上の反対側に、同様の水平溝をつける。このように順次上方に目立をつけていく（図4）。樹周三〇～五五センチの木で一〇～一一の目立を二方から行なうが、これを二腹搔《ふたはらがき》という。

③　辺搔《へんがき》――目立後五日目に、漆を採取するための辺搔を行なう。目立の直上にそれよりやや長く平行に、搔鎌で傷をつける。このさいに最下部の目立と左右両側一番下の目立だけは、目立の上下に、一本ずつの傷をつける。以後この目立だけは上下に一本ずつ二本の辺搔を行なう。

辺搔の方法は、皮剝鎌でその日に傷つける部分の表皮を削り取り、傷をつける。このように五日に一度ずつ各目立に一本ずつの辺搔をつけてゆく。辺のつけ方は八～一八辺までは同じ長さに、それ以後はやや長くする。六月上旬から九月下旬ごろには、最大二五辺ほどになる。傷つけられたことによって、漆が溢れ出してくるので、すばやく搔篦ですくい取る。分泌時間は一〇分ほどで、この漆は辺搔漆または辺漆という。六辺までを初辺（初搔）、または初鎌といい、採取された漆はそれぞれ初漆、初鎌漆とよんでいる。七〜一八辺までを盛辺（盛漆）または中辺といい、採取された漆は盛漆または中漆という。一九辺以降は終辺（遅辺）または末辺といい、採取された漆は末漆または遅漆という。品質は盛漆が最も良質である。

一日のうちで漆の適当な採取時期は、分泌量が最も多い早朝である。これは夜間に蓄えられた漆が早朝の気温と樹体内の温度差による圧力差で、分泌が早く量も多くなるからだ。しかし日中に採取したものより水分が多い。日中傷つけすぎると樹勢を弱め、期間内の総採取量が減少する。

④裏目掻《うらめがき》（九月下旬〜一〇月中旬）――辺掻の最終辺の上部と目立の下に、辺に平行に傷をつけるもので、幹の辺掻をしなかった部分や、太目の枝からも漆を採取する。採取道具は皮掻鎌に代わってエグリを用いる。硬く粗い部分をエグリで削り、掻鎌で辺掻より深めに水平溝をつける。したがって裏目掻の数は目立の二倍になり、枝の裏目掻は一五〜一八センチごとに傷をつける。裏目掻が辺掻と異なる点は一本の樹に対して五日ごとに傷をつけるのではなく、一日のうちにすべて採取することである。裏目漆の品質は辺漆より劣り、灰褐色で粘着力がある。

⑤止掻《とめがき》（一〇月下旬〜一一月下旬）――最後の採取過程で、裏目掻間に約六センチ間隔で平行に樹幹を一周する二本の傷をつける。これによって漆の流れが完全に切断される。裏目掻よりも深く傷をつけ、充分漆を分泌させてから採取する。一本の木はすべて同日に止掻を行なう。この止漆の品質は裏目漆より劣っている。

なお、越前では辺掻で漆六〇％、裏目掻で二二％、止掻で一八％を取ったという(4)。

図６　漆掻き道具

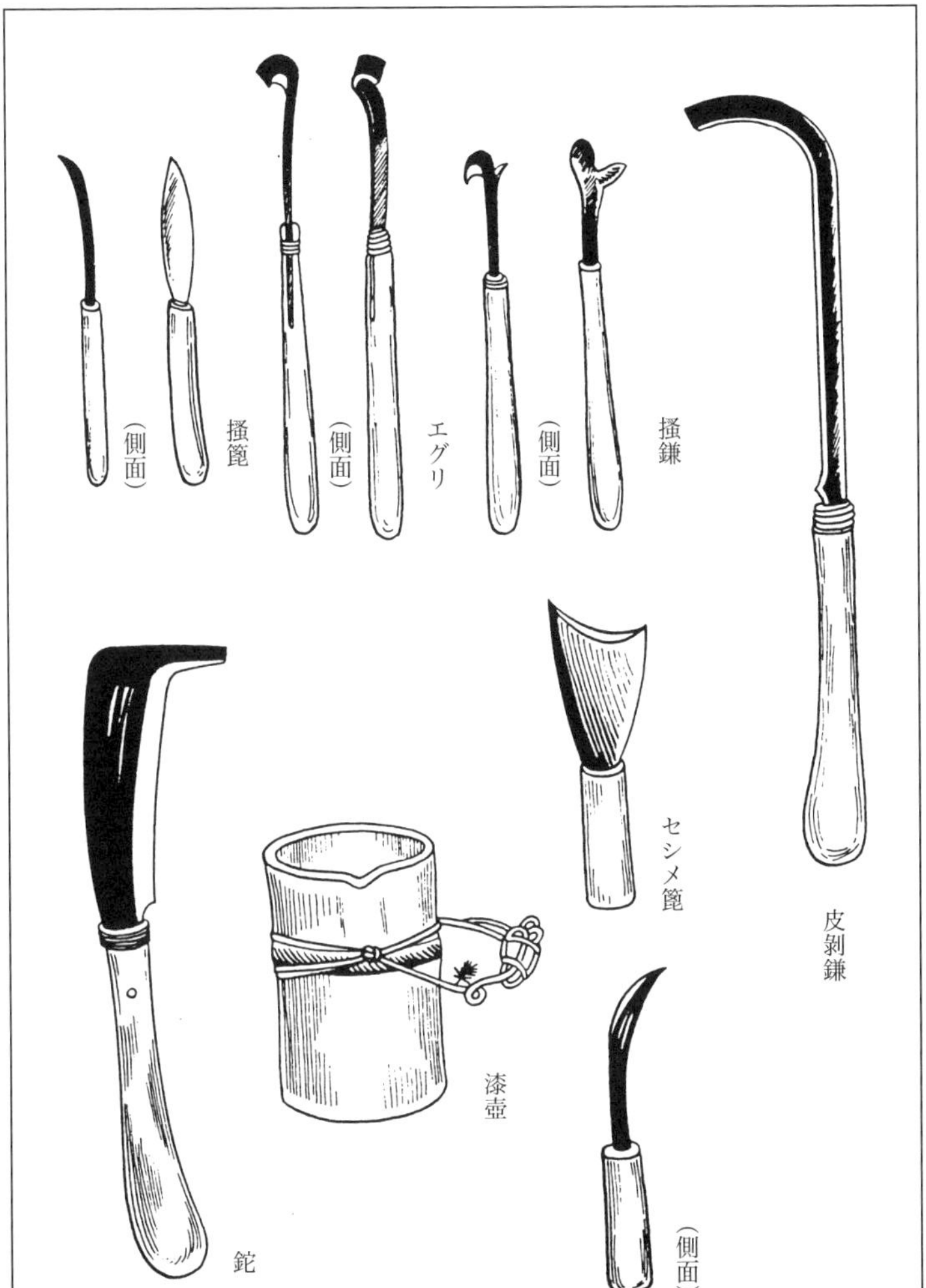

(伊藤清三『日本の漆』東京文庫出版部，1979 年)

漆掻道具（図6）

①　皮剥鎌——湾曲した刃の付いた鎌で、漆樹の表皮を剥いで滑らかにする。常に携帯しているので腰鎌ともいう。越前では皮むき（皮はぎ）という。

②　漆掻鎌——先が採取溝用の刃（掻口）と尖った目刺の二股《ふたまた》になっているもの。岩手県浄法寺町《じょうぼうじ》では漆鉋という。溝付き刃で漆樹に傷をつけ、尖った目刺で漆液溝を切る。

③　掻篦（金篦）——先端がやや曲がった鉄製の篦で、漆をかき集めるもの。

④　漆壺——ホオノキやマダ（シナノキ）の樹皮を筒状にまき、スギやヒノキの底板をつけた、口径一八センチ、器高二〇センチほどの容器。浄法寺ではタカッポ、越前ではチャンポという。

以上は毎日常時使用のもの。このほか秋になって必要となるものは次の道具だ。

⑤　ゴグリ——漆壺から漆樽など他の容器に移す際に漆をすくう（掻き落とす）もの。浄法寺ではゴングリという。

⑥　エグリ——鶴首のように湾曲し、内側に刃がある。秋になると樹皮が堅くなるので皮剥鎌を用いず、これで表皮から皮層までを削る。

⑦　瀬占《せしめ》包丁——枝から漆を取るために細い傷をつける。

⑧　瀬占篦——瀬占包丁で傷をつけた所から漆をしぼりだすために用いられる。

⑨　鉈——不要な枝や雑木などの伐採に用いる。

漆の分類

ウルシノキから採取したばかりの漆は「荒味漆《あらみ》」とよばれ、皮などのゴミが含まれている。この夾雑物

図７　精製漆の分類（日本工業規格）

- 精製漆[1]
  - 生　漆[3]
    - 生漆　（1級～4級）
  - 透　漆[4]
    - ナシジ漆[8]　（1級～2級）
    - 透ロイロ漆[9]　（1級～2級）
    - 透ツヤ漆[10]　（1級～4級）
    - 透ハク下漆[11]　（1級～2級）
    - 透中塗漆[12]　（1級～2級）
    - 透ツヤ消漆[13]　（1級～2級）
  - 黒　漆[5]
    - 黒ロイロ漆[14]　（1級～4級）
    - 黒ツヤ漆[15]　（1級～2級）
    - 黒ハク下漆[16]　（1級～2級）
    - 黒中塗漆[17]　（1級～2級）
    - 黒ツヤ消漆[18]　（1級～2級）

上の種類の名称は，昭和43年公示の日本工業規格（JIS）によるもので，この規格に使っている用語は，つぎの意味であることが併記されている．

(1)　精製漆とは原料漆液（2）を用途に応じて適当に処理加工したもの．

(2)　原料漆液とは漆科植物の樹幹から採集したままの漆液をいう．この漆液は空気中に放置すると乾燥皮膜を形成し，その主成分は2個の水酸基を有する多価フェノールである．

(3)　生漆．原料漆液から異物を濾し除いたもので，規定（ここでは省略）に合格したものである．そして，一級は最も良質の原料を用い，主として美術工芸と高級漆器の下地，またロイロ塗ミガキのスリ塗などに用いられ，二級以下は下地，フキ漆，木材の防水防腐，金属の防錆，染色型紙などに用いる．

(4)　透漆，原料漆液にナヤシおよびクロメの操作を行なった後，固形物を除いたもので，規定（省略）に合格したものである．

(5)　黒漆，原料漆液にナヤシおよびクロメの操作を行ない，鉄粉または水酸化鉄で着色した後，固形物を除いたもので規定（省略）に合格したものである（注，昔は鉄漿や松煙油煙などで着色した）．

(6)　ナヤシとは精製漆の乾燥皮膜に光沢または肉ノリを与えるため，かきまぜて練る操作をいう．

(7)　クロメとは原料漆液をかきまぜながら，その表面に放射熱を与えて水分を除去することで，精製漆の種類により必要な補助剤（注，添加剤ともいう）を加えることがある．

(8)　ナシジ漆，原料漆のうち最も良質のものを用い，透明度を高め黄色をおびさせるため雌黄またはその他の色材を適当に加え，ナヤシとクロメを行なって仕上げ，主としてナシジ塗（金，銀，スズ粉などの上に塗る）または木目を表わす研磨塗にも➜

図８　用途からみた精製漆の分類

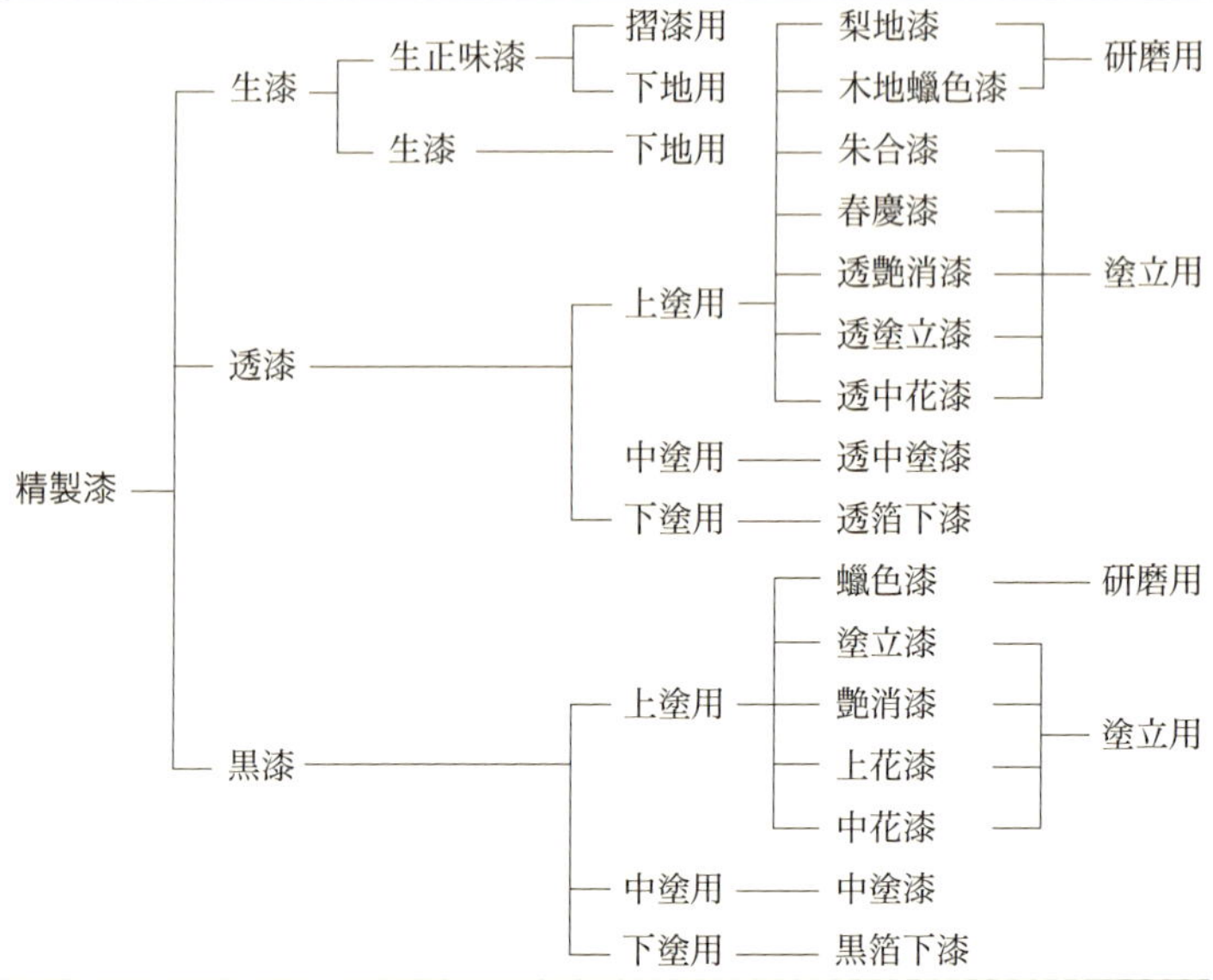

（伊藤清三『日本の漆』東京文庫出版部，1979 年）

→用いる．

(9) 透ロイロ漆，透明な良好の原料を用い，主として各種顔料，染料を混入して採漆または木目を表わす研磨塗に用いる．

(10) 透ツヤ漆，透明度の良好な原料漆を用い必要な補助剤を適当に加えたもので，透明の仕上塗（研磨しないもの）および各種採漆に用いる．

(11) 透ハク下漆，主として金，銀，スズハクをはりつけする下塗に用いる．

(12) 透中塗漆，主として透明塗の中塗に用いる．

(13) 透ツヤ消漆，透明のツヤ消塗に用いる．

(14) 黒ロイロ漆，良質の原料漆を用い，黒色研磨仕上塗に用いる（注，透ロイロ漆に相当するもので黒漆では最高級の漆）．

(15) 黒ツヤ漆，黒色の上塗に用いる．

(16) 黒ハク下漆，主として金，銀，スズハクをはりつける下塗に用いる．

(17) 黒中塗漆，主として中塗に用いる．

(18) 黒ツヤ消漆，黒色のツヤ消の上塗に用いるもので，比較的ツヤのない原料を用いる．

を取り除いたものが生漆《きうるし》である。現在は遠心分離機に綿と荒味漆を入れて漉し、さらに攪拌機で攪拌（ナヤシ）と反射熱をあたえて水分を除去する（クロメ）。こうした工程をへた精製漆は日本工業規格によって図7のように分類され、用途からは図8のようになる。

第二章　漆の化学と伝統技術

一　漆の化学

漆化学の歩み

ウルシノキの樹液、つまり漆の標準的な成分は、ウルシオール六〇～六五％（フェノール性化合物、アルコール可溶分）、ゴム質五～七％（アルコール不溶で水可溶分）、含窒素物二～五％（アルコール不溶で水不溶分）、水二〇～三〇％、酵素（ラッカーゼ）〇・二％で、成分・組成は採取地域や季節・時間などによって若干の違いがある。その分散の仕方は油中水球型の乳化状態（エマルション）で、化学構造式は図1のようだ。ここに至るには多くの研究者の努力に導かれており、初期の歩みをふりかえっておこう。

最初の漆化学者は東京大学の二期生だった石松決《さだま》と四期生の吉田彦三郎だ。石松の研究はイギリス・マンチェスター文理協会ロスコー教授との文通報文が、教授の紹介で明治一二（一八七九）年二月一八日に読み上げられ、明治一五（一八八二）年に協会の *Memoirs* に'On a Chemical investigation of Japanese lacquer or "Urushi"' のタイトルで収録された。これが日本人による最初の漆化学の報告であり、松井悦造がアメリカの国会図書館所蔵のマイクロフィルムで確認している(1)。

石松の研究は漆が湿った室内で乾燥（乾固）することを確かめ、その成分について漆に無水アルコールを加え、濾した液を蒸発乾燥した（無水アルコール可溶分）。そして残渣《ざんさ》を熱処理して濾液を蒸発乾固してゴムとし、そのときの不溶物を乾燥して残渣とした。それらを一〇〇から差し引いたものを「水分その他の揮発分」とし、それらの割合は次のようなものであった。

無水アルコール可溶分	五八・二四％
ゴム（アルコールに不溶、水に可溶）	六・三四％
残渣（アルコール・水に不溶）	二・二四％
水分その他の揮発分	三三・一八％
	計一〇〇・〇〇％

アルコール可溶分は漆の主成分であるが、酢酸鉛との沈澱を元素分析してみたが確かな分子式は得られず、アルコールに不溶、水に可溶分は焼成して元素分析を行ない、アラビヤゴムに似ていると考えていた。石松の分別法の大綱は、今日においても漆品質の鑑定に利用されていることは驚きだ。

吉田彦三郎はアルコール可溶分を漆酸と命名し、アルコールに不溶・水に可溶分を護謨《ごむ》（ゴム質）、アルコール・水に不溶分は窒素を含むことから含窒素物と称し、漆を乾燥（乾固）させるジアスターゼ的な働きをするものとした（一八八三、八四年、研究年、以下同）。漆の酸化酵素ラッカーゼを発見したのはフランス・パスツール研究所のベルトラン（Gabriel Bertrand）であり（一八九四〜九七年）、漆液の主成分（アルコール可溶分）をウルシオールと命名したのは三山喜三郎（一九〇七年）、ウルシオールの化学構造を決

図１　日本・中国・韓国産漆の化学構造式（Urushiol）

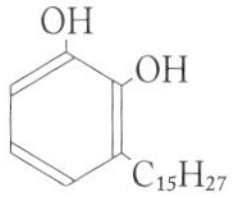

表１　産地別による漆液の成分・組成　（単位＝%）

試料	脂質成分	水分	ゴム質	含窒素物
(*Rhus vernicifera*)				
日本産	71.5	18.3	7.5	2.6
韓国産	66.0	24.6	6.0	0.3
中南産	70.7	20.4	6.2	2.7
(*Rhus succedanea*)				
ベトナム産	47.2	34.9	15.0	2.8
(*Melanorrhoea usitata*)				
タイ産	67.2	29.5	2.2	1.1

（長瀬喜助「ウルシオール成分の構造・組成」，『漆化学の進歩――バイオポリマー漆の魅力』アイピーシー，2000 年）

図２　漆液の模式図（油中水球型エマルション）

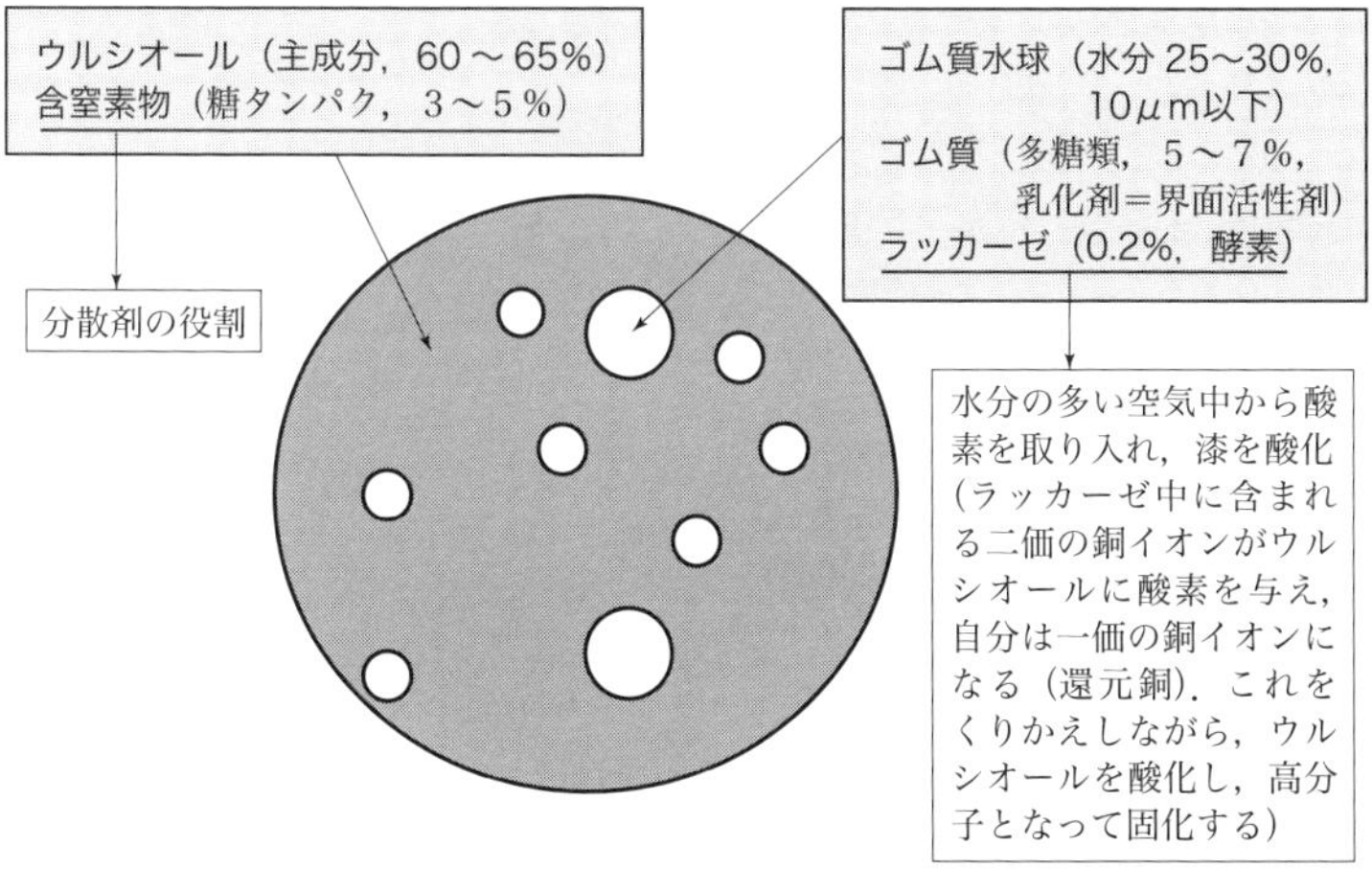

定したのは真島利行（一九〇五〜一八年）である。

第二次世界大戦後、赤外分光分析などによって日本・中国・朝鮮半島のウルシ、台湾・北ベトナムのウルシ、タイ・ビルマのウルシの精密分離を行なうとともに、漆塗膜の堅牢な秘密を解き明かしたのは熊野《くまの》谿従《たにじゅう》[2]である（「精製工程の化学」参照）。以上約一二〇年間にわたる主な研究をごくかいつまんで紹介したが、近年はその成果をふまえて文化財科学的な新しい漆器研究も行なわれるようになった。

漆の化学的特性

漆は一回の塗りで五〜五〇マイクロメートル（一マイクロメートルは千分の一ミリ）のごく薄い塗りが可能で、接着力に優れ、電気絶縁性、耐熱性、耐溶性、耐酸性に富み、ほかの塗料にはない感性にうったえる麗しさを備えている。さらに溶剤不要の天然の高分子であり、公害のない未来の塗料として魅力的な存在だ。こうした漆の持つ化学的特性を紹介しよう。

日本産漆の標準的な成分含有率については冒頭に掲載したが、その数値は採取地域や季節・時間などによって若干の違いがある。東南アジアに分布するものは、主成分がラッコール（ベトナム・台湾、かつて安南漆とよばれた）、チチオール（タイ・ミャンマー）で、それぞれ異なる特性をもっている（表1）。

漆は前述したウルシオール（フェノール性化合物）をはじめとする諸成分から構成されているが、「油中水球型のエマルション」とよばれて、油（ウルシオール）の中に水の粒子（ゴム質水球）が界面活性剤の働きで分散し、乳化した状態になっている（図2）。これが固化（硬化）するメカニズムは次のようだ。

一般に乾くといえば、水分や有機溶剤の揮発によるが、漆の場合は水分を取り入れて固化するので、「漆が乾く」という表現は化学的には正確ではない。つまりゴム質水球中に〇・二％ほど含まれている酸化酵素ラッカーゼが、空気中の酸素（水分）を取り入れてウルシオールを酸化させ、酸化したウルシオールは細かい網の目状の高分子となって固化する。このラッカーゼによる酸化重合反応を促進させるためには、適当な湿度（六五〜八〇％）と温度（二〇〜三〇度C）が必要であり、日本ではムロ（室）とかフロ（風呂）とよぶ加湿装置（戸棚）を用いているが、中国や東南アジアでは地下室をこれにあてている所もある。

二　精製工程の化学

精製工程の化学反応

ウルシノキから採取したばかりの漆は「荒味漆《あらみ》」とよばれるが、これには皮などのゴミが含まれている。塗料として使用するために夾雑物を取り除いたものが、生漆《きうるし》だ。現在は遠心分離機に綿と荒味漆を入れて濾し、さらに攪拌機で攪拌（ナヤシ）と反射熱をあたえて水分を除去する（クロメ）。この精製工程の特色と化学的反応をみてみよう。

①　ナヤシ——生漆を攪拌することによって粒子を細かく均一にすることで、刷毛目を残さない艶のある光沢が得られる。現在は精製機で三時間前後攪拌している。数カ月を経た生漆は漆成分が沈澱しているため、攪拌し均一化することは、ウルシオールと糖タンパクなどの結合を十分に促進させる意味がある。(3) 縄文土器の鉢には攪拌した状態が観察されるものがあり（金沢市米泉《よないずみ》遺跡など）、古くから経験的に知られていたようだ。

②　クロメ（黒目）——ナヤシ同様攪拌しながら、生漆中に含まれている水分（二〇〜三〇％）を、加熱（放射熱）によって二〜三％に除去する。適温は四〇度C以下で現在は電熱やガスであるが、

図3　天日による漆の精製（輪島市内工房）

図4　クロメ（黒目）漆塗膜の耐久性構造

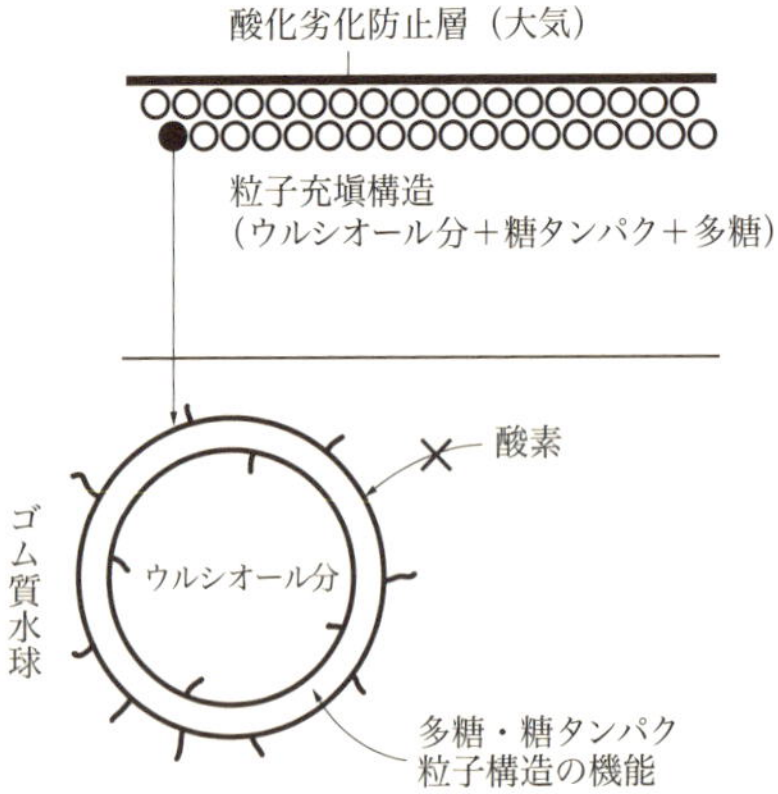

（熊野谿従「漆の耐久性の自然化学」，『日本接着協会誌』第 25 巻 9 号，1989 年）

かつては炭火か桶や盆による天日（太陽熱、図3）であった。ナヤシ同様の精製機で二～三時間前後、機械を使わない手グロメは夏季の野外で四～五時間を要する（このクロメ漆は無油透漆《すきうるし》）。

生漆からクロメ漆を作る際の各成分のかかわりは熊野谿によると、水分の蒸発、ウルシオールの重合、攪拌による水相（水滴）の粉砕、細分化、水相からのゴム質の析出、油相への分散、溶解が起こる。糖タンパクはウルシオールキノンと反応し油相への分散性を高める。これらの糖タンパクは多糖と会合し、多糖の油相への分散を高める。酵素もこれらの会合体と相互作用するとしている(4)。

堅牢な塗膜形成の要因

クロメ工程は堅牢な漆塗膜形成の重要な因子であり、熊野谿は生漆塗膜とクロメ漆塗膜について二〇年間の構造変化を調査し、後者において構造変化の小さいことを明らかにした。また表面層の構造について、クロメ漆塗膜（六〇～七〇マイクロメートル）の表層（五～一〇マイクロメートル）には内面より多糖成分が凝縮しており、表面は、きり出した内面や生漆塗膜の表面より、スパッタリングあるいはUV照射に対していちじるしく侵されにくく、クロメ漆塗膜の表面硬度は九H以上に達しきわめて硬い。表層には多糖－糖タンパク－ウルシオール成分によって酸素に対して安定であり（拡散を妨げる高次複合組織が生成）、漆の耐久性はこの表層と内部の高次構造に基づくものであるとした(5)（図4）。現在のところ漆を溶かす溶剤はない。すなわち鉄を溶かす塩酸・硝酸、白金や金を溶かす王水（濃硝酸一対濃塩酸三）、陶磁器やガラスを溶かすフッ化水素に対しても変化をおこさないのである(6)。実際に上塗り漆塗膜の断面を顕微鏡観察すると、酸化をうけやすい表層五～一〇マイクロメートルが黒褐色に変質しており（第八章図3）、これが酸化劣化防止層となっていることがわかる。

しかし、漆自体は紫外線に対してはめっぽう弱く、それを吸収した表面から順次ウルシオールおよびその重合物が分解し、紫外線で分解されない多糖類（ゴム質）が残る。これがチョーキング現象で、肉眼では白色の曇りが観察される状態だ。[7] 何層も漆塗りされている場合はこれを取り去ると下層が新たな表面となることから、熊野谿は「自己再生型塗料」とよんでいる。多くの塗装工程が必要な所以である。

第三章　漆器の分類と製作工程

一　漆器の分類

漆器分類のはじまり

承平年間（九三一〜九三八年）に源　順《みなもとのしたがう》が編纂した日本初の漢和辞典、『倭名類聚抄《わみょうるいじゅうしょう》』（和名抄）、巻一六、木皿部には「漆器類」と「木器類」が立項され、前者では樽、酒海《しゅかい》、壺、大槃《だいのさら》（盤）、樏子《らいし》（もたひ）、疊子《うるしぬりさら》、合子《ごうす》、酒臺子《しりざら》、匜《はんぞう》、盥《たらい》などの容器名がみえる（図1）。巻一三、調度部「膠漆具《こうしつ》」には、膠《にかわ》、漆、朱漆、掃墨《はいずみ》、髪筆《はけ》、錯子《こすり》、木賊《とくさ》、金銀薄、椋葉《むくのは》、竹刀、韋《おしかわ》、革《つくりかわ》などの材料があげられている。また後醍醐天皇の命により延喜五（九〇五）年に着手し、延長五（九二七）年に完成した『延喜式』（五〇巻、律令の施行細則を収める）にも、各種漆器や材料が記載されている（第八章「古代漆器の生産構造」参照）。

漆それ自体は塗料ないし接着液であり、他の胎（素地）と結びつくことによって、付加価値を持った新たな個体が創造される。漆塗りされたものは漆器、漆塗り製品（漆製品）、胎（素地）から木胎《もくたい》漆器、籃胎《らんたい》漆器、陶胎《とうたい》漆器などと呼称されている。狭義では容器類が漆器であろうが、状況に応じて適宜使い分けている。次に分類の参考案を示そう[1]。

胎（素地）による分類

（一）木胎《もくたい》（木地）――木材（挽物《ひきもの》・指物《さしもの》・刳物《くりもの》・曲物《まげもの》）
（二）巻胎《けんたい》――竹・木材
（三）乾漆《かんしつ》――布材
（四）紙胎《したい》――紙材（一閑張《いっかんばり》）
（五）籃胎《らんたい》――竹材
（六）皮革胎（漆皮《しっぴ》）――皮革材
（七）陶胎――陶磁器・土器・土師器・須恵器
（八）金胎――鉄・銀・錫・鉛・真鍮・軽金属

下地による分類

（一）漆下地――地《じ》の粉《こ》・炭粉・錆《さび》（砥《と》の粉）・蒔《まき》地
（二）渋下地――炭粉・油煙・松煙
（三）膠下地――錆・地の粉（万造地）、地の粉＋砥の粉（切り交ぜ）、地の粉＋砥の粉または胡粉《ごふん》（加乃地《かのじ》・半田地《はんだじ》）
（四）豚血《とんけつ》下地（琉球漆器）――クチャ（アル

図1　『倭名類聚抄』（貞享5年版本）

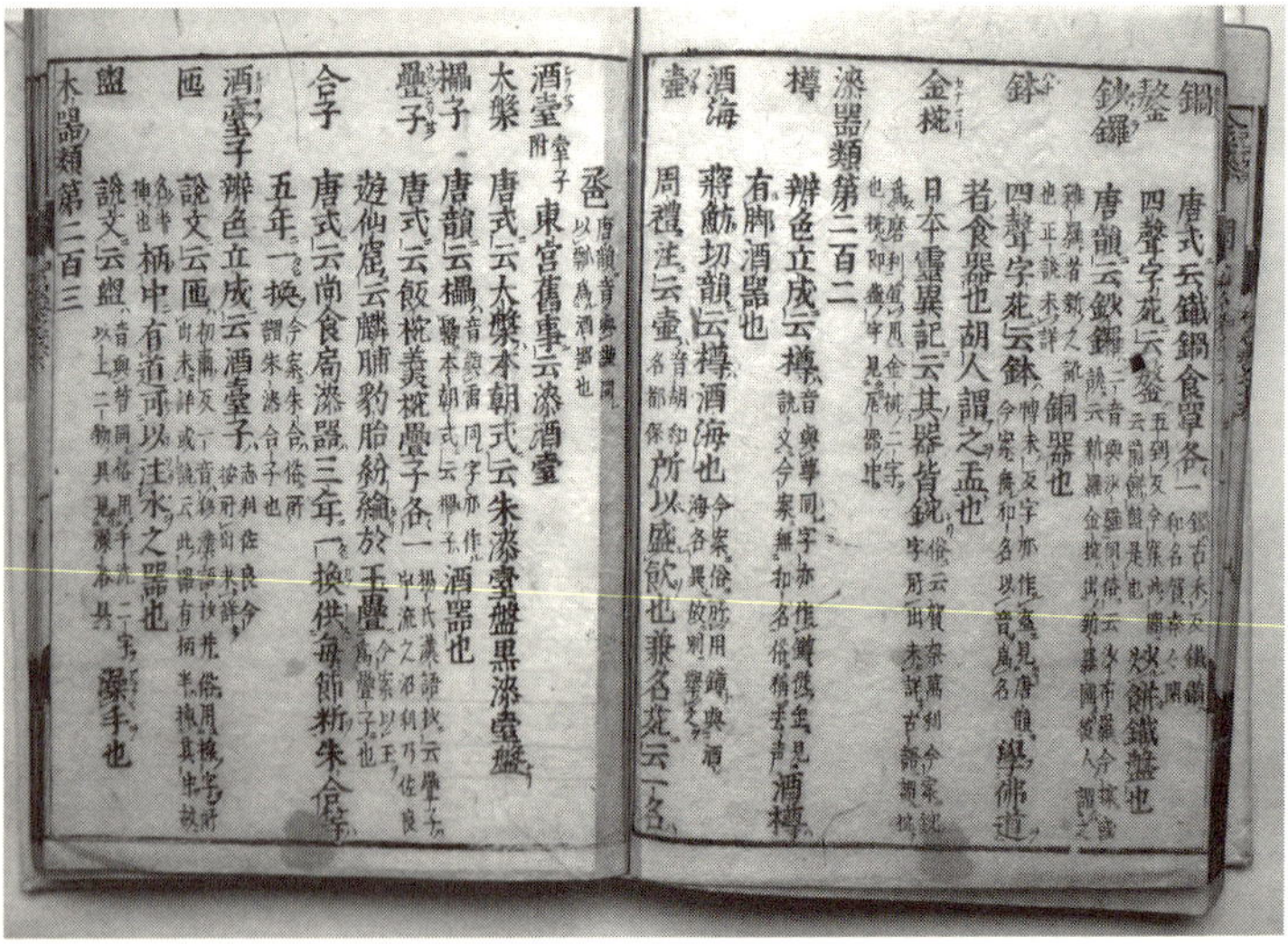

カリ性粘土の第三紀泥岩）などに豚血・桐油を混合

(五) 透明下地——摺漆《すりうるし》下地・春慶塗《しゅんけいぬり》下地

加飾技法による分類

(一) 蒔絵《まきえ》——平蒔絵《ひら》・高蒔絵《たか》・平極蒔絵《ひらごく》・本蒔絵・消粉《けしふん》蒔絵

(二) 漆絵——赤色漆絵（朱漆・ベンガラ漆）・黄色漆絵・黒色漆絵・型押漆絵

(三) 箔絵——金銀箔

(四) 金銀絵——金銀の泥粉＋膠

(五) 密陀《みつだ》絵——荏油・桐油＋密陀僧（酸化鉛）＋顔料

(六) 線彫——沈金《ちんきん》・蒟醬《きんま》・存星《ぞんせい》

(七) 彫漆——堆朱《ついしゅ》・堆黒・堆黄・堆緑

(八) 螺鈿《らでん》——夜光貝・鮑貝・蝶貝

(九) 金貝——平文《ひょうもん》・平脱《へいだつ》（金銀錫）

(十) 七宝——ガラス質釉薬

形態（器形）による分類

食器・容器類の例——鉢、椀、盤、皿、盆、盃、壺、高杯、豆子《ずつ》、楪子《ちゃつ》、瓶子《へいし》、銚子《ちょうし》、提子《ひさげ》、腰高《こしたか》、食籠《じきろう》、樽（指樽）、面桶《めんつう》、湯桶《ゆとう》、托子《たくし》、桶、槽《ふね》など。

用途による分類

(一) 食膳具または食漆器（懸盤《かけばん》、衝重《ついがさね》、折敷《おしき》、高杯《たかつき》、椀、皿、鉢、塗り箸など）
(二) 運搬具（輿、牛車、笈《おいずる》、水桶、盥《たらい》など）
(三) 貯蔵具（櫃《ひつ》、行器《ほかい》、桶など）
(四) 香道具（香棚、香箱、香簞笥、香合、香炉、香盆、火取、沈箱《じんばこ》など）
(五) 文房具（硯箱、文箱《ふばこ》、筆など）
(六) 調度具（棚、案、簞笥、燭台、文台、書見台、脇息《きょうそく》などの家具類）
(七) 服飾具（衣桁《いこう》、手箱、鏡箱・筥、衣装桶・箱、冠筥《かんむりばこ》、烏帽子《えぼし》、沓《くつ》など）
(八) 信仰具（仏像、仏器、厨子、須彌壇《しゅみだん》、舎利容器、卓《しょく》、神輿、御幣、龕《がん》など）
(九) 武具（甲冑《かっちゅう》、弓矢、太刀、鑓《やり》など）
(十) 馬具（鞍、鐙《あぶみ》など）
(十一) 楽器（箏《そう》、笛、笙《しょう》、篳篥《ひちりき》、太鼓など）
(十二) 遊戯具（将棋盤・駒箱、囲碁・碁笥《ごす》、双六盤、歌留多箱など）
(十三) 喫煙具（煙管、煙草盆など）
(十四) 婚礼具（棚類、鏡台、櫛台、広蓋、鏡箱、脇息、寄掛など）
(十五) 建築物

上塗り色による分類

出土漆器の場合は赤色・黒色・黄色（黄漆《おうしつ》）・緑色（青漆《せいしつ》）が基本。内外ともに黒色は総黒色、赤色は総赤色（朱の場合は皆朱《かいしゅ》）、内面赤色外面黒色は内面赤色と略する。漆器において「赤漆《あかうるし》」の語は、木地を蘇《す》芳《おう》で染め透《すき》漆をかけた「赤漆《せきしつ》」との混同をさけるために用いない。赤色の顔料は主に朱（HgS）とベンガラ（Fe_2O_3）である。黒色の場合は油煙・松煙や鉄系化合物などの顔料を含むものを黒色漆、含まないものは黒色系漆として区別する。黄色と緑色は天然顔料の場合、前者は石黄（三硫化砒素、As_2S_3）、後者は石黄に藍蠟を混ぜたものだ。

文様による分類

文様は多種多様で客観的な分類基準の提示に困難をともなうが、次の分類は溝口三郎による正倉院の分類[2]に、出土漆器の代表例を追加（傍点）したものだ。

㈠ 幾何学構成文（菱、三角、連珠《れんじゅ》、亀甲、四弁花、矢羽根《やばね》、石畳、縞《しま》、格子《こうし》、波形）
㈡ 天象文（雲、霞、日、月）
㈢ 自然文（山水、流水、岩石）
㈣ 植物文（牡丹《ぼたん》、芍薬《しゃくやく》、蓮、棕櫚《しゅろ》、なつめ椰子《やし》、忍冬《にんどう》、アカンサス、芭蕉、葡萄《ぶどう》、ざくろ、菊、葉形、果実、松、梅、竹、蔦《つた》、百合、藤、桐、芦、楓、萩、柏、沢瀉（おもだか）、芙蓉（ふよう）、撫子（なでしこ）、竜胆（りんどう）、柳など）
㈤ 動物文（孔雀、鸚鵡《おうむ》、鴛鴦《おしどり》、鶏、鴈、鴨、雉、小鳥、獅子、虎、駱駝《らくだ》、羊、となかい、象、犀、猿、鹿、馬、狐、蝶、蜻蛉《とんぼ》、魚、亀、鶴、鈴虫、鷺など）
㈥ 空想的動植物文（麒麟《きりん》、四神、十二支、亀面、鳳凰、花喰鳥、加陵頻伽《かりょうびんが》、伝馬、竜、宝相華《ほうそうげ》、唐草、瑞《ずい》花《か》、聖樹）

(七) 人物文（狩猟人物、騎馬人物、軽業《かるわざ》、舞踊、遊戯、童子、仙人、天人）
(八) 生活文（楽器、飲食器）
(九) 器物文（扇、蛇籠（じゃかご）、俵、御所車、花筏（はないかだ）など）
(十) 家紋

二　木地の製作工程

木地製作は産地によって独自の技法があるので、ここでは輪島塗の椀、指物《さしもの》、曲物《まげもの》、朴《ほお》木地の工程を紹介する(3)（写真提供＝輪島市観光課）。

椀木地（図2〜5）
ロクロの回転を利用して、カンナで円形に内側、外側を削りだす挽物《ひきもの》木地で、椀のほかに菓子鉢・茶托《ちゃたく》・丸盆・茶道具などがある。

① 製材――よく枯らしたケヤキ・トチノキ・ブナなどの原木を、製品の大きさに応じて輪切りにする。輪島塗では古代以来の柾目《まさめ》材のヨコ（緯）木取りで、山中塗ではタテ（経）木取りだ。
② 型取り――輪切りにした用材を、でき上がる椀の寸法よりやや大きめに裁断する。
③ 型はつり――ロクロ挽きしやすいように、ナタなどでおよその椀形に内外面を削る（荒型《あらがた》）。
④ 燻煙《くんえん》乾燥――乾燥による荒型の狂い（変形）を防ぐために、作業小屋の屋根裏にならべ、下から木屑などを燃やして煙で燻しながら半年間ほど乾燥させる。

椀木地

図２　荒型

図３　内挽き

図４　底挽き

図５　椀木地完成

⑤ 乾燥調整——燻煙乾燥したものを倉庫に収納し、さらに数カ月から一年ほど自然乾燥によって含水率を一四〜一五%程度にする。

⑥ 荒挽き——ロクロの先端に荒型を固定し、ロクロを回転させながらカンナで型の内側から外側にかけて、仕上がりより一回り大きめに挽く。

⑦ 外挽き——型の外側を定規などで椀の高さや形を測りながら、細カンナで挽きあげる。

⑧ 内挽き——内見棒《つっこみ》で椀の深さを確かめながら、細カンナで挽く。

⑨ 底挽き——椀の糸底（高台《こうだい》）を細カンナで形を整えながら挽きあげる。

以上で椀木地の完成となるが、向こう側が透けて見えるほど薄い。輪島塗ではこの薄い木地の上に下地や漆を何度も塗って厚く仕上げるが、産地によっては木地を厚くして塗りを薄くしたものが少なくない。

指物木地（図6・7）

角物木地ともいい、板の組み合わせからなる木地で、御膳・硯箱・重箱・箸箱などがある。輪島塗では石川県の県木アテを主材としている。アテは地方名で、樹種はヒノキアスナロだ。以前は東北から移植したところ、うまくあたった（育った）ところからアテと呼ぶようになったといわれてきた。だが、アテは縄文時代から能登に自生しており、この説はあたらない。元来アテは変形（ねじれ）を意味しており、こうしたところが名称の由来であろう。

① 製材——原木をそれぞれ、製品の寸法に応じ切断する（板取り）。

② 乾燥——屋外で材木を立て並べ、さらに三カ月以上倉庫内で自然乾燥させる。

③ 木取り——乾燥した板をそれぞれの製品の形と寸法にあわせて、板目や柾目の木取りをする。

曲物木地
図８　曲げ
図９　接着
図10　曲物木地完成

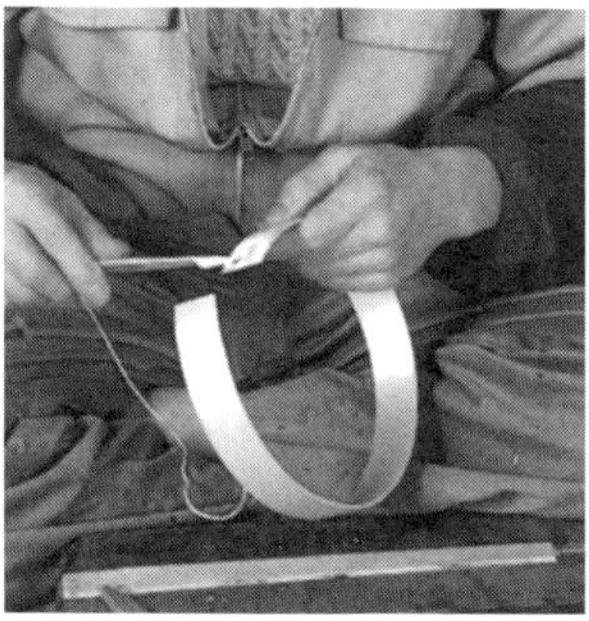

指物木地
図６　寸法取り
図７　指物木地完成

④荒削り――中仕上げ分の余裕を残しながらカンナで荒削りをする。
⑤寸法取り――各部品の寸法を正確に測る。
⑥中仕上げ削り――中カンナで中仕上げをする。
⑦仕上げ削り――仕上げカンナで仕上げ削りをする。
⑧組み立て――仕上げ削りされた各部の板を組み合わせて、木釘やコクソ漆（漆と米糊とを半々に混合し、その目方の二五％の木粉を加え練り合わせたもの）を用いて接着し組み立てる。また、接着部分が剝離する恐れのあるものは、ヒモや輪ゴムで固定し一昼夜以上自然乾燥させる。
⑨立木づけ――角が丸くなる製品の場合には、組み立てた内側の角（隅）に立木板をコクソ漆で接着し、乾燥後この部分を寸法にあわせてノコギリなどで角を丸く切り取る。
⑩総仕上げ――各部分の形状に応じたカンナを用いて、均整がとれた形に削り整える。

曲物木地（図8〜10）
アテの薄い板材を円形や楕円形などに曲げて、丸盆・茶櫃・飯櫃・湯桶《ゆとう》などを作る。
①製材――原木を所要の長さに切断する。
②割小羽《わりこば》――切断した原木を四ツ割りにし、割面の木目にそって六〜九ミリの厚さに割小羽鎌で削《そ》ぎ割る。薄いものは電動ノコギリで挽く。
③乾燥――屋外に立て並べて二カ月ほど乾燥させる。
④水浸し――一昼夜水槽の水に浸した後、二〜三日間自然乾燥させることによって、しなやかに削りだせるようにする。

⑤中仕上げ――電動カンナで荒削りした後、手カンナで仕上げ削りをする。
⑥合わせ目削り――両端の曲げ合わせ接着面を斜めに削る。
⑦水浸し――一昼夜水に浸して木質を柔軟にし、曲げやすくする。
⑧曲げ――ぬれたままの板を丸太で作った木型（コロガシ）にあわせて円形に曲げる。くつわ型、小判形などに曲げるには、別の板で曲げ型を作り、これに合わせて曲げる。曲げにくい場合には熱湯をかけて、さらに柔らかくして曲げる。
⑨乾燥――曲げた両端を重ね合わせて、はさみ具とヒモで固定し、二～三日おいて自然乾燥させる。
⑩接着――乾燥後、はさみ具やヒモを取り外して、成形された縁板《ふちいた》の重ね合わせ部分に、ヘラでおし糊（漆と糊を混ぜ合わせたもの）ないし漆を塗って接着させる。そして再び、はさみ具やヒモなどで固定して二～三日間自然乾燥させる。
⑪胴仕上げ――乾燥後、はさみ具やヒモを取り外し、合わせ部分の厚さが他の部分と均一になるよう、その外側を切台カンナで削る。
⑫底板木取り――底板に用いる板材は製品の形に応じて、やや大きめに丸ノコで木取りする。
⑬底板削り――電動カンナで仕上げ削り分の余裕を残して粗削りする。
⑭底板中仕上げ――平カンナによって中仕上げ削りをする。
⑮底板仕上げ――中仕上げした板を底板の型にあわせて、糸ノコで切り抜く。そして切台カンナで調整して底板を仕上げる。
⑯組み立て――底板を縁板の内側にはめこみ、底板と縁板との接合部にコクソ漆を付けて、二～三日自然乾燥させる。

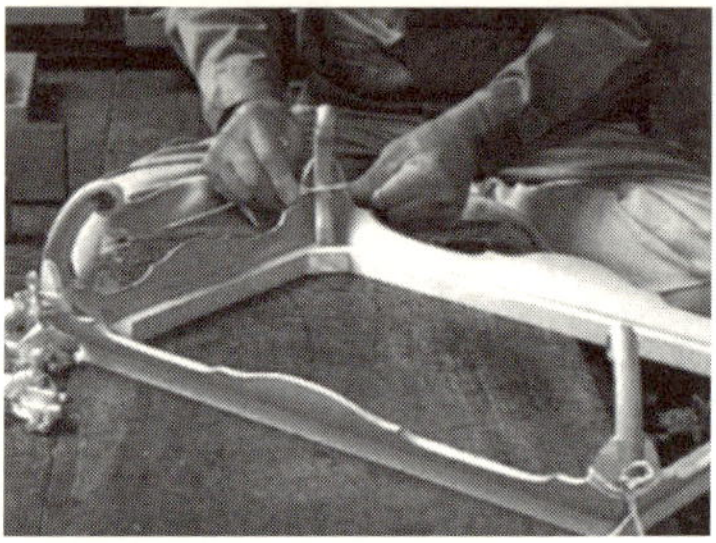

朴木地
図11　切り取り
図12　組み立て
図13　指物木地完成

⑰ 総仕上げ――組み立て乾燥後、切台カンナで裏面の縁や上縁を削って高さをそろえる。次にサシ（定規）で上縁の直径をはかって、ゆがみを調整して仕上げる。

朴木地（図11～13）

曲線のある花台・盛器・花器・置物・座卓の脚を、彫刻製作する。

① 製材――朴の原木を製品の寸法に応じて切断し、板取りする。

② 乾燥――屋外で材木を立て並べて半年以上置き、さらに三カ月以上倉庫内で自然乾燥させる。

③ 型取り――製品各部分の図面を作る。

④ 切り取り――部分の形や寸法を図面に合わせて木取りをする。

⑤ 荒削り――木取りしたものは仕上げ削り分の余裕を残して電動カンナで荒削りする。小さいものは平カンナで削る。

⑥ 組み立て――各部品の組み立て後、コクソ漆で接着し、二〜三日おいて自然乾燥させる。

⑦ 中仕上げ削り――ノミ、小刀を使って部分品の形を彫り出し、その形状に応じた荒型を手カンナで作りだす。

⑧ 仕上げ削り――ノミ、小刀、手カンナで細部を削り図面どおりの部品に仕あげる。

⑨ むら仕上げ――木肌を点検しながら小刀、手カンナを使ってなめらかに削りあげる。

⑩ 総仕上げ――目の細かいサンドペーパーで全体を磨きあげる。

三　漆器の製作工程

本書では出土漆器の製作技術工程（塗装工程）を取り上げ、時代による変化や特色をさぐることに主眼をおいている。現在の技術とは当然ながら差異があるわけだが、比較の視点として現在の漆下地（本堅《ほんかた》地《じ》）漆器を代表する輪島塗と、普及漆器である渋下地漆器産地の製作工程（椀）を紹介する。[4]

漆下地漆器（石川県輪島塗、図14〜20）

① コクソ（刻苧）切彫《きれぼ》り――木地の接合部や亀裂など、木地の補強を要する部分を小刀で浅く彫る。切彫りした所に、アテのヘラで生漆とケヤキの粉と少量の米糊を混ぜたコクソを埋めて平らにし、傷を補修する。

② 地《じ》磨き――塗り重ねる漆の接着をよくするために、木地の上縁（口縁部）、角の部分などを鮫皮で磨き、さらにサンドペーパーで全面を磨く。

③ 木地固め――木地面に生漆をヘラや刷毛で薄く塗って布で拭き、木地が変形しないように吸水を防ぐ。

④ 布着せ（キセモノカケ）――生漆と米糊を混合した着せ物漆を用いて、器物の破損しやすいところに麻布や寒冷紗《かんれいしゃ》などの布を貼って補強する。指先で布をなでつけて密着させる。上級品は器物全体に布着せを行なう（総布着せ）。かつては縮まないように、十分着古した着物裂を用いた。

⑤ 布削り（キセモノケズリ）――乾燥後、布の重ね合わせ部分や高低差のある布目部分を小刀で削り、鮫皮や荒砥《あらと》で平滑にする。

⑥ 惣身《そうみ》付け――木地と布着せ面との境（段差）をなくするために、惣身漆（惣身粉とよぶケヤキの木粉を煎り炭化させたコクソと生漆、米糊を混合）をヘラで塗り、全体を平らにする。

⑦ 惣身磨き――固化してから砥石で全面を空研ぎして平滑にし、次の一辺地漆が付着しやすいようにする。

⑧ 一辺地《いっぺんじ》付け――米糊と生漆を等量に練り合わせた合わせ漆七〇％に、粗い珪藻土の一辺地用地粉三〇％の割合（重量比）で練り合わせた下地漆を、面ごとに何回かに分けてヘラで下地付けをする。とくに口縁部には強度を増すために生漆を檜皮ヘラで塗る。これは地縁《じぶち》引きとよぶ輪島塗伝統の技法で、二辺地、三辺地付けも同様にこれを行なう。

⑨ 空研《からと》ぎ――一辺地が固化したら、荒砥石で水を用いず軽く空研ぎし、二辺地漆が付着しやすいようにする。

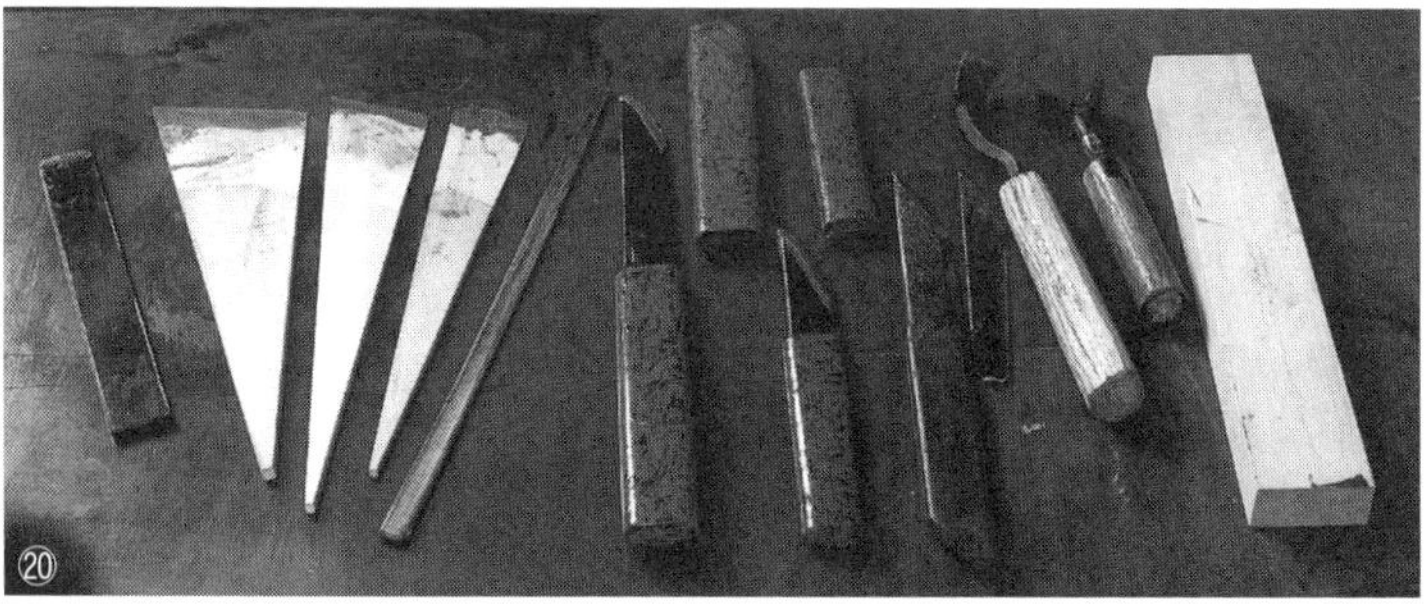

椀の塗装工程（提供＝輪島市観光課）
図 14　布着せ　　図 15　一辺地付け　　図 16　地縁引き　図 17　空研ぎ
図 18　錆ざらい　　図 19　こしらえもん研ぎ　　図 20　下地用工具

⑩ 二辺地付け——合わせ漆六五％に、一辺地より細かい二辺地用地の粉三五％で練り合わせた下地漆を、⑧工程と同様の手順でヘラ付けする。

⑪ 地研ぎ——固化後、水ペーパーで空研ぎする。

⑫ 三辺地付け——合わせ漆七〇％に、二辺地より細かい三辺地用地の粉三〇％で練り合わせた下地漆を、⑧工程と同様の手順でヘラ付けする。

⑬ 地研ぎ——三辺地の固化後、砥石で水研ぎをする。面や角をていねいに丸め、器物の正確な形に研ぎあげる。

⑭ 中塗り——透《す》き中漆（精製漆）を中塗り刷毛で下地面へ薄く塗り、ホコリがかからないように塗《ぬ》師風呂《しぶろ》（杉板で囲まれた陰室で、内側に霧を吹いて適度な湿度を保たせる）に入れ、一昼夜以上おく。この段階よりヘラから刷毛になる。

⑮ 錆《さび》ざらい——中塗り漆の固化後、中塗り面の大きな節《ふし》（ほこり）を外カンナなどで、軽く木目方向に削り取る。塗面にくぼんだ部分があれば、錆漆（青砥粉や砥の粉と生漆を等量に加え、練り合わせたもの）をヘラで埋めて一昼夜おく。

⑯ 拵《こしらえ》もん研ぎ（中塗り研ぎ）——錆付の固化後、青砥石や駿河炭で塗面全体を平滑になるまで水研ぎする。

⑰ 小中《こなか》塗り——刷毛を使って中塗り漆を全面に塗り、塗師風呂へ入れる。

⑱ 小中研ぎ——小中塗りの固化後、駿河炭で平らになるまで水研ぎする。

⑲ 拭《ふ》き上げ研ぎ——小中研ぎしたものを再度、青砥や駿河炭で全体を精密に研ぎ、不純物の付着を除去して麻布でふく。この後は手油が付着すると仕上がりが悪くなるので、素手でさわることは

厳禁となる。

⑳ 上塗り――ホコリの立ちにくい塗師蔵（土蔵）や外気を遮断した所で、中塗り面のホコリを刷毛や鳥羽根で取り去り、輪島塗独特の毛先の長い上塗り刷毛で上塗り漆（彩漆《いろ》ないし花塗《はなぬり》漆）を塗る。器物の内部と外部を二度に分けて塗り上げ、作業中についた節は、ふし上げ棒（竹製の先端を尖らせた細い棒）で取り除く。塗ったものはホコリが付かないように注意し、塗師風呂に入れる。塗師風呂には自動回転装置が備わっており、塗面の漆が垂れるのを防ぎ均一な厚さになるように、一定時間回転させながら固化させる。以上の工程は、手数では七五～一三〇回におよび、完成まで半年から一年の期間を要する。

渋下地漆器（福島県会津若松市および東北地域）

① 木地固め――木地に柿渋を稈刷毛《みご》（藁稈《わらみご》）ですりこむ。

② 地炭付け（炭付け）――生渋に炭粉粒子を混ぜたものを塗布する。塗布には稈刷毛や毛刷毛を用いた。炭粉粒子は柳炭、朴炭、松炭、三椏《みつまた》炭が一般的だが、紀州黒江や奈良吉野では苧殻《おがら》炭（籾殻）を用いた。地炭の割合は炭粉一〇、生渋九〇。

③ 地炭研ぎ――地炭付けの上に稈刷毛で生渋を塗り、名倉砥《なぐらと》で砥ぐ。次に生渋を塗りながら研ぎ汁も同時に均等に塗布する。

④ 松煙研ぎ――生渋に松煙または油煙を混ぜたものを塗り、直ちに青砥《あおと》で研ぎ、松煙渋を塗って固化させる。松煙渋の割合は松煙一〇、生渋九〇。

⑤ 渋引き――生渋を刷毛で塗布する。

⑥　疵見《きずみ》——素地の乾裂や損傷部分にコクソや錆を施し、乾燥させる。
⑦　研ぎ返し——生渋を刷毛で塗り、直ちに青砥で研ぎ、再度生渋を薄く塗って固化させる。
⑧　磨き——木賊《とくさ》またはサンドペーパーで空研ぎをする。
⑨　引掛け（留渋）——塵《ちり》の付着を避けるために上塗り室にて、渋引麻布紙または濾殻《こしがら》で濾過した生渋を布片につけて塗布する。これは下塗りの代用である。
⑩　上塗り——最後に精製漆で上塗りをする。糸魚川市大所字木地屋の木地屋たちが塗った漆椀では、上塗りの後木賊《とくさ》で磨きをかけている。

以上は会津若松市内や東北地域の渋下地工程を、沢口悟一『日本漆工の研究』（美術出版社、一九三三年）をもとに、高瀬喜左衛門「福島県漆器の沿革」（『福島県の漆工品』福島県教育委員会、一九八三年）、高橋九一『くらしの風土記——岩手に生きる道具たち』（法政大学出版局、一九八六年）などを参考に紹介した。次に、いますこし渋下地漆器を個別的にとりあげることにしたい。

岩手県浄法寺椀

浄法寺《じょうぼうじ》椀の多くは岩手県八幡平市（旧二戸郡安代《あしろ》町赤坂田）で生産され、塗師数は一五軒であった。高橋九一は次のように報告している。(5)

①　コジリオトシ——椀のイトジリ（高台）に残っているコジリをカンナで削りおとす。
②　仕上げ——木地をカンナで平滑にする。
③　フチカリ——椀のフチをカンナで平らにする。
④　キズクスリ——木地の損傷部分に、粳米《うるちまい》の粉とカンナ屑を細かくしたものと、アザフ紙と生漆を

混ぜて練ったものを塗りこめる。
⑤　木地の選別――木地を上物と普通物とに選び分ける。
⑥　トクサガケ――椀木地をロクロにかけて回転させながら、トクサ（木賊）で研磨する。
⑦　スミウチ――ヤスの木を焼いて炭とし、これを砕いて粉にしてフルイでおろし、精選したものを渋でとかして、刷毛で塗る。
⑧　地塗り――さらにロクロにかけてトクサで磨き、渋を塗る。塗った渋をさらに刷毛で平らに均《なら》す。
⑨　以上のことを四人で三回くりかえし行なう。二回目は油煙渋、三回目は普通の渋を塗る。
⑩　仕込み――ムロ（土蔵）の中の戸棚に椀を並べてゴミのつかないようにする。湿気の必要なときは霧を吹きかけ、冬の間は火を使う。たいていは一日で乾燥する。
⑪　スキガケ――渋が木地に吸いこまれることがあるので、こういうものは刷毛で渋を塗る。
⑫　地塗り――生漆を刷毛で塗る。
⑬　中塗り――ベンガラで色をつけた漆を塗る。
⑭　仕上げ塗り――注文に応じて朱か黒漆を塗る。
⑮　乾燥――ムロの戸棚に並べて、二～三回天地返しをしながら乾燥させる。二～三日で乾燥する。
⑯　フチミガキ――乾燥が終わるとトクサを簀《すのこ》に編んだもので、フチをこすってみがく。
⑰　ツバメトリ――漆を指先につけて、椀のイトジリとフチに塗る。
⑱　乾燥――円筒形のガワと椀を交互に一〇枚ほど重ねて一～二日乾燥させる。
浄法寺では地炭の研ぎはトクサで、会津塗では砥石（名倉砥）であった。当然前者が簡便で、古い方法である。

さらに岩崎敏夫・小川信夫らの浄法寺町調査では次のように報告している(6)。

① シタオトシ――ロクロのカブトを打ちつけた素地椀の外底のヘソを削り取る作業。道具はハダケカンナ（別称シタオトシカンナ）で削り取って仕上げる。ヘソオトシともいう。シタオトシは塗師が自分で行なう場合もあるが、有矢野や中佐井にそれ専門のハダケ師がいたから忙しいときは依頼した。

② 木地固め――木地固めをする前段階にシラキに創《きず》がある場合に、これを修理することを「クスル」という。創の箇所を修理するには木屑の粉末と飯粒と漆を練り合わせた「キズモチ」を塗り固める。

③ 下地塗り――ヤシ（シナノキ）の若木の炭の粉に柿の渋を混ぜてミノバケで塗る。炭の粉は水車で砕いて粉末にしたもの。柿渋は豆柿を用い、一〇月中旬頃タンニンを生じ黄色くなり始めた実を採取し、実一升に対して水七合を加え、二〇日間以上を寝かせ、これを濾《こ》して使う。渋下地は三回から四回ほど塗る。この間ぬれた状態のままロクロを使いトクサで磨き、綺麗に均《なら》して目止めをする。これとは別に「錆地」といって砥の粉を混ぜた漆を塗って下地を整える場合は、一回だけ塗ってトクサで磨く。膳の場合はカンレイシャ（寒冷紗）を貼った上に砥の粉を混ぜた漆を塗って下地を固める。

④ 中塗り――日用的な椀は下地固めをした上に直接上塗りをして仕上げるが、祝儀用の揃い椀や板物（膳）の上等品には中塗りの一工程を加える。中塗りにはへん（辺）漆が乾燥も早く丈夫にでき上がり、研出しものには艶もよく出るので使用した。また、中塗りには半殺し（精製半ば）の生漆を使うと水分が残っている関係で密着が良いなどといわれる。

⑤ 上塗り――普通上塗りは一回の塗りで終わる。上塗りには自分でクルメ（精製）た漆を使うか、クルメ屋で精製した漆を使うかによって漆器の出来具合が違い、値段にも差異を生ずる。腕が良いといわれた塗師は自分でクルメた漆を使用したが、クルメ方にも個人差があった。一般に上塗りにはへん（辺）漆を使うが、石神の斉藤一郎氏のようにへん（辺）漆を使う場合、肉づきが薄く柔らかくて流れやすいので使いにくいとし、ウラメ（裏目漆、九月下旬～一〇月中旬に採取）を使用するといい、ウラメは肉付きがよく光沢もでるという。これらに比べてトメ漆（止掻漆、一〇月下旬から一一月下旬に採取）は乾燥が悪く、枝漆はさらに乾燥が悪く水っぽくて固いため使いにくいという。また、店売りのクルメ漆は、使ってみた場合肉付きもよく一見して見栄えがよいが、密着が弱い上に光沢がつかないという。

⑥ クルメ――生漆から水分を除き精製するクルメの方法は、クルメ鉢（ブナ材）に普通一度に生漆一貫匁（約二升五合）を入れ、夏は天日で、それ以外の季節は、炭火を鍋に入れて天井から吊し、その下にクルメ鉢を置いて暖めながらクルメベラ（朴材）で生漆を静かに練り廻す。これを六時間以上行なうと水分が抜け、アメ色のつるつるした漆になる。クルメた漆は和紙四～五枚を重ね使用する分量を濾し、ウルシゴキに入れて使う。

⑦ 色付け――御器《ごき》椀は内赤外黒色のものが通常であるが、黒色には「お歯ぐろ」用の市販の「亀の子ぶし」を使用する。また「ごまめこぶ」に鉄屑をすりつぶした粉末を混ぜ合わせる。最近は重クロム酸が使われる。朱赤はベンガラを一般に使い、上等品には本朱または洗い朱を使う。

⑧ 乾燥――塗り終わった椀はテイタ（手板）に一〇個くらい並べてフロ（戸棚）に入れて乾燥させる。乾燥に要する時間は、漆の性質によって異なるが一五時間から二四時間ぐらいである。なお、上

塗りの場合、漆の足が早くて流れやすいものは「手返し」といって椀を手で上下にひっくりかえした。乾燥したものは息をはきかけると曇りがかかり、その具合でわかるといい、実際には手の感触で乾燥の度合がわかる。

新潟県の木地屋が塗ったゲモン（渋下地）の工程

糸魚川市大所字木地屋のナカジマ家小椋上助談。(7)

①シタジ（下地）――ヤナギズミ（柳炭）を渋で溶いて一番最初に塗る。

②ヤナギズミを渋で二回ほど塗り、よく乾かして砥石でむらなくみがく。

③さらにその上に渋をはき、ハヤズミを渋で溶いて塗る。あるいはハヤズミの代わりに松煙を用いることもある。つまりここではいっそう細かい炭を使うわけである。この下地に炭を用いるものをスミジ（炭地）というが、この作り方はせいぜい中・下の安物である。

④ウワヌリ（上塗り）――渋を二回ほどはき、漆で上塗りをする。上塗りの後トクサ（木賊）で研いでみがきをかける。

ここでは地炭研ぎは砥石で基本的には会津塗と同じだが、トクサは上塗りの後の研磨艶出しに用いられている。

越前漆器（福井県河和田塗）

渋下地による漆椀の製作工程について、須藤護の報告から要点を紹介する。(8)

河和田塗の工程は、①荒木地、②白木地、③苧彫、④見付布張り、⑤布埋め、⑥苧削り、⑦渋地荒地付け、

⑧渋地一辺研ぎ、⑨炭ばなし、⑩渋研ぎ、⑪中塗り研ぎ、⑫渋地仕上げ、⑬中塗り、⑭中塗り研ぎ、⑮上塗りの順である。このうち①から⑥までが木地椀の製作、修正、補強である。荒木地、白木地は木地椀のアラガタと仕上げのこと、刻苧彫りは仕上げた木地の割れやいたみがあるときに、修正をする作業で、木地がしっかりしていれば、このような作業は必要としない。④の見付布張りは、椀の底の部分に布着せをすることで、河和田の場合はタテ木取りの椀を用いるために、椀の底がいたみやすいからである。⑦から⑫までが渋下地の作業である。

以上の渋下地を簡単にまとめると、渋下地は三回行ない、一回目は柿渋に柳や朴炭の粉をまぜたものを塗る。これを地炭という。二回目は柿渋により粒子の細かい松煙をまぜたものを塗る。そしてそれぞれ塗ったあとは砥石で研いで表面をなめらかにする。最後に柿渋だけで下塗りをして、再び砥石で研ぎ上げて渋下地は完了する（古くは柿渋をつけながらトクサで研いだ）。塗り刷毛は「ジンシ刷毛」とよばれる馬のしっぽの毛を束ねたものだ。その上に漆を一〜二回かけて漆椀の仕上がりとなる。良い品物は中塗りと上塗りの二回、ふつうの品物は、上塗り一回だけで仕上げたという。漆塗りの工程は最後の三工程しかなく、しかも上塗りを一回で済ませる場合は、一三工程中たった一工程しか含まれていない。まさに漆器の基礎的な、しかも重要な部分は、柿渋と炭の粉末との混合物で処理されている。[9]

第四章　新しい漆器研究

一　漆器考古学ことはじめ

考古学における漆器研究

近代初の工芸概説書は明治一一（一八七八）年刊行の黒川眞頼《まより》『工芸志料』（平凡社東洋文庫、一九八九年）であり、同時に漆器の概説書でもあった。当時黒川は内務省博物局史伝課長心得であり、本書は同年パリで開催された第二回フランス万国博覧会参加のために作成されたものであった。故事を忘れた工人たちの教本的意味あいをもっていた。出典を欠くが、現在でも利用価値が高い。

考古資料としての漆器を初めて取り上げたのは東京美術学校教授六角紫水で、『考古学講座』（国史講習会、一九二六年）に「漆工史」を連載した。朝鮮半島の楽浪郡跡付近の楽浪古墳から出土した漢代漆器を紹介し、当該分野の普及に貢献した。六角は、世界には陶磁器などいろいろな材料からなる工芸があるが、独り漆という塗料からなる工芸のみはこれらとはまったく趣を異にしており、「東洋の塗料工芸は、実に東洋においてのみ発達せる、純然たる東洋独特の工芸であって、欧米諸国に向かって一大異彩を放って居る」とのべている。これは漆という材質が東洋に限られている結果であり、これが特殊工芸を発達させた所以という。そして漆のいかなる点が特殊かについて、化学的な性状を漆化学者吉田彦六郎・三山喜三郎らの研究を参考に、自らの体験を通して次のようにのべている（要約）。

①　普通の物品を乾燥するのとは異なり、漆が多量の酸素を吸入して化学的作用を起こして固まる。

②　漆器を室《むろ》内に入れるのは、室内で水気が蒸発するときに多量の酸素が発散するので、これを吸収して自然に化学的作用を受けて乾固する。この点が注意すべき「特殊」としての最も面白い要点である。

③　漆の成分は何者であるかは不明であるが、漆オール（漆酸）・卵白質窒素酸物・ゴム質・水分の四つに分析されている。

④　漆はいまだ乾固しない間は実に弱く、ごくわずかの塩分や酢、または油その他の弱酸類に対してさえも侵食されて、その乾固力を侵食されるほどである。それが一度乾固した後は、強い酸類にも対抗し電気に対しても絶縁の作用を持ち、楽浪古墳の発掘によって証明されたように、永き年月の間泥中に埋没していても、けっして腐食作用を受けない。

以上を総合してみると、実に世界中いまだこの漆に比敵すべき不思議な液状材料が、他に見いだされておらず、「此の如く繊弱なる液状態の物質が、僅かに湿気を与ふることに依て、忽ち比類なき可驚強力の物体に変化し、而も其の乾固の遅速を自由に加減し得らるる一大天恵の特色点がある」。

考古学的には大正一五（一九二六）年に東北大学教授長谷部言人《はせべことんど》、同副手山内清男《やまのうちすがお》、泉山岩次郎らによって発掘調査が行なわれた青森県八戸市是川遺跡（中居・堀田・一王寺遺跡の総称）が著名だ。泥炭層中から各種木製品が出土し注目されたが、翌一九二七年杉山寿栄男は「黒い漆状の物質を塗布」したものがあると報告し、漆と断定はしていなかった（「石器時代の木製品と編物」、『人類学雑誌』四二巻八号）。しかし昭和一七（一九四二）年の杉山『日本原始繊維工芸史　原始編』（雄山閣）では、剝落片を燃焼してその香りから漆であることを確認し、また朱とベンガラの使い分けがあることを友人坂田による呈色反応によって判断している。また籃胎漆器《らんたい》（籃胎漆器）や土器の下地には、樹脂試験によってアスファルトであることが確かめられたとしているが、これは誤認と思われる。昭和一八（一九四三）年の中谷宇二郎『日本石器時代提要』（甲鳥書林）では、是川遺跡の結歯式竪櫛について「漆で固めて朱を施したもの」とし、籃胎漆器については「漆様のもの」とのべている。これが当時の状況であり、漆利用の意義が十分理解されていなかった。このことについて小林行雄は、「大正の末年から昭和の初期といえば、まだ縄文式土器の編年観も公認されておらず、縄文式土器の一部は、平安・鎌倉期まで継続して使用されていたというような、旧式の学説が勢力を持っていた時期であったことに求められる。すなわち、もし縄文式土器を平安期のものといいうるとすれば、それが漆器を伴出することは、漆器の歴史の上に、なんらかの新知見をくわえるような意義をみいだすことができないからである」（『古代の技術』塙書房、一九六二年）としている。この旧説とは東北帝国大学教授喜田貞吉が唱えた「東北地方では縄文の終末は鎌倉時代まで下る」とするもので、これにたいして新進気鋭の考古学者であり、後に縄文土器編年を完成させた山内清男は、「縄文の終末年代は地方による大きな差はない」と雑誌『ミネルヴァ』で激しい論争を展開した。「ミネルヴァ論争」とよばれる学史上有名なできごとだ。昭和一八（一九四三）年刊行の末永雅雄・小林行雄・藤岡謙二郎『大和唐古弥生式遺跡の研究』（「京都帝国大学文学部考古学研究報告」第一六冊）では、弥生時代前期に属する透彫漆塗飾板・木製漆塗腕輪・漆塗櫛・漆塗鉢形木器・樺纏黒漆塗弓・黒漆塗弓の存在を報告し、明確に朱漆塗り、黒色漆塗りとしている。

図１　「漆工史」が掲載された『考古学講座』(1926 年)

図２　初期の中世漆器研究報告書（左：『中世遺跡出土の漆器』1985 年
右：『西川島――能登における中世村落の調査』1987 年）

第二次世界大戦後の昭和二七（一九五二）年、千葉県丸山町加茂遺跡の報告書『加茂遺蹟』（三田史学会編）が刊行された。江坂輝彌は縄文前期の漆塗り土器の存在を報告し、漆文化は漢代文化の影響を受けた楽浪方面より伝来したとする従来の説はくつがえされたとして、縄文文化のあらゆる技術に対して再検討すべきことを強調した。江坂の根拠は田辺義一の化学分析「土器にぬられたる塗料について」で、田辺は呈色反応から「漆の如きもの」とのべているが、江坂は経験を加味して漆と断定したようだ。次いで昭和三四（一九五九）年青森県つがる市（旧木造町）『亀ヶ岡遺蹟――青森県亀ヶ岡低湿地遺跡の研究(1)』（「考古学・民族学叢刊」第三冊、三田史学会）が刊行された。松平順による縄文晩期土器の塗膜片の分析結果が掲載されたが、ウルシオール成分の炭素・水素・灰分などの割合を比較したもので、塗膜は炭素量が少ないので漆とは決しえないとしながらも、植物分泌物であることは確定的であると報告している。籃胎漆器の分析では炭素・水素の量が土器の塗膜に比してははなはだしく少ないことから、アスファルトのようなものが考えられるとのべたが、編者の清水潤三は下地がアスファルト、赤色塗料は漆と認識した。近代では松脂にアスファルトを樟脳油、またはテレビン油に溶解したものと石膏と混合した例はあるが（沢口吾一『日本漆工の研究』丸善株式会社、一九三三年）、縄文漆器の科学的調査では、いまだ明確なアスファルトの下地は確認されていない。昭和三七（一九六二）年刊行の小林行雄『古代の技術』（塙書房）は、古代技術史概説の嚆矢《こうし》であり、漆器についても「鬆漆《きゅうしつ》」や「皮革」などの項目をもうけ、文献、考古学、科学的データを駆使して詳細に論じている。

以後の縄文漆器出土例は、滋賀県粟津湖底遺跡、鳥取県夫手《それて》遺跡、福井県鳥浜貝塚、石川県米泉《よないずみ》遺跡、同三引《みびき》遺跡、富山県桜町遺跡、埼玉県寿能遺跡、東京都下宅部《しもやけべ》遺跡、宮城県山王遺跡、新潟県青田遺跡、同分谷地《わけやち》A遺跡、同大武遺跡、同元屋敷遺跡、山形県押出《おんだし》遺跡、秋田県中山遺跡、福島県荒屋敷遺跡、青

森県三内丸山遺跡、北海道忍路土場《おしょろどば》遺跡、同垣ノ島B遺跡など枚挙にいとまないほど増加している。奈良国立文化財研究所埋蔵文化財センター刊行の『漆製品出土遺跡地名表――東日本編』（『埋蔵文化財ニュース』四九号、一九八四年）と『漆製品出土遺跡地名表II――西日本編』（一九九一年）に、詳細な一覧表や参考文献が掲載されているので、ぜひ参照願いたい。近年の代表的事例は本書に収録している。

なお、一九九〇年代以降の報告書には、漆器についても科学的な分析報告が掲載されるようになったが、昭和六〇（一九八五）年に発表された永嶋正春「縄文時代の漆工技術――東北地方出土籃胎漆器を中心として」（『国立歴史民俗博物館研究報告』第六集）は、漆塗膜断面の光学顕微鏡観察（塗膜分析）から塗装工程や技法を解明した優れた論文である。以後永嶋の方法をベースに、赤外分光分析、熱分解質量分析、蛍光X線分析、多変量解析などを加えた新しい科学的研究方法が構築され、現在にいたっている。

漆器考古学の歩み

考古学における漆器研究は前述のように縄文時代からはじまったが、一九八〇年代以降は漆器の出土例が急増しつつあった中世分野において、積極的に取り組まれてきた。漆器を対象として、新しい方法論のもとで研究が開始されてきたので、前代と区別してその歩みをかいつまんで紹介しておきたい。

中世出土漆器について全国の研究者がはじめて一堂に会したのは、昭和六〇（一九八五）年に広島県福山市で開催された第五回中世遺跡研究集会「中世遺跡出土の漆器」（広島県草戸千軒町遺跡調査研究所・広島考古学研究会）であった。製作・流通・使用の実態解明を課題として、器形と文様を中心に漆工史学者を交えた発表と意見交換が行なわれたが、伝世の優れた美術工芸品を研究対象とした漆工史学の理解と出土漆器の実態はあまりにもかけ離れたものであった。だが、広く全国から出土し、数において圧倒的に勝る出土漆器の解明こそ、ジャパン（漆器、漆の国）の本質にせまるものとの思いを深くした。昭和六二（一九八七）年に石川県穴水町西川島遺跡群（崇徳院御影堂領大屋荘穴水保の中核的集落）の調査報告書『西川島――能登における中世村落の調査』（穴水町教育委員会）が刊行され、中〜近世漆器編年の作成と、土師器《はじき》編年との対比から土師器埦消滅の裏に漆椀の普及があるという相関関係が浮かび上がった。塗膜分析（永嶋）から渋下地漆器の普及、樹種（松田隆嗣）と品質の対応関係など学際的成果が盛り込まれ、その後の漆器研究の方向性が打ち出された。翌昭和六三（一九八八）年の第三回北陸中世土器研究会において、四柳・江頭俊郎は「古代末期の渋下地漆器について――加賀市田尻シンペイダン遺跡出土漆器の塗膜・定性分析」（『中世北陸の在地窯――生産と流通の諸問題』）を発表。光学顕微鏡観察では識別しにくい渋下地が赤外分光分析によって可能になったこと、その出現は一一世紀代であるとの見通しが得られた。また田尻シンペイダン遺跡の〇一土坑墓（一二世紀中葉）の共伴遺物（副葬品）は、白磁碗一点、漆椀一点、漆皿二点、土師器皿二点、箸三点の構成であったことから、村落上層民の食膳具は飯椀・汁椀・菜皿であったことを指摘した。同年末には京都市で中世土器研究会のシンポジウム「土器からみた中世社会の成立」が開催され、四柳「考古学における漆器研究について」において、陶磁器・土器だけでなく漆器研究の必要性を報告した。おりしも一一世紀から一二世紀にかけて北陸西部・関東・東北で土器埦消滅の事実が報告されはじめ、これにかわるものとして安価な渋下地漆器の普及が話題となった。平成三（一九九一）年の四柳「古代〜近世漆器の変遷と塗装技術」（『石川考古学研究会々誌』三四号）では、古代〜近世漆器編年を作成し、胎（素地）別、上塗り色別に時間軸を組み立てる必要があること、荒型の問題、多変量解析による組椀抽出の試みを行ない、初めて「漆器考古学」の呼称を用いた。翌一九九二年、四柳「北陸・東北における古代・中世漆器の髹漆技術と画期」（『石川考古学研究会々誌』三五号）では、先行論文の補足と塗膜分析や赤外分光分析（赤外線吸収スペクトル法）結果をもとに、律令的漆器生産（上質品・漆下地漆器の独占的生産）から中世的漆器生産（普及品・渋下地漆器の広域的生産）への転換を探った。その結果、津軽では一一世紀代には渋下地漆器に転換していることを確認した。渋下地漆器は東北・関東・北陸西部を中心として、一一世紀代には開始された大きな技術（材料）転換であり、すでに給免田支給による貢納的生産の枠をこえた流通が、予想外に早く進行していたことをうかがわせたのである。また加飾技法で注目されるものとして、西川島遺跡群・御館遺跡より出土した一五世紀前半の線刻椀の分析事例を紹介した。これは外面に花弁や「松・木下」の線刻があることと、下地が海成珪藻土であることが判明。つまり輪島塗独特の下地と沈金技法のルーツをさぐるうえでも貴重な発見となった。平成七（一九九五）年には『概説　中世の土器・陶磁器』（真陽社）に、漆器考古学の概説（四柳）がはじめて収められ、研究史、分類、編年、成形、塗装技術、分布、流通などを総合的に取り上げている。同年の四柳「一六世紀の漆器——能登・七尾城跡シッケ地区遺跡出土漆器第二次報告」（『石川考古学研究会々誌』三八号）では、塗膜分析結果から下地別による新しい漆器分類法を提示し、各種下地と上塗り色との相関関係による漆器のランク付けを行なった。同年、岡田文男『古代出土漆器の研究』（京都書院）が刊行され、京都市内出土の中世漆器の顕微鏡による断面観察（塗膜分析）から、渋下地などは各地の傾向と同じであることを報告している。

平成九（一九九七）年、『北陸の漆器考古学——中世とその前後（二分冊）』（北陸中世土器研究会）の刊行。北陸四県の古代から近世までの出土漆器が集大成され、学史や研究方法を含めて、近年の漆器考古学の到達水準が詳細に収録された。各地においてこうした集成が作成されるならば、「漆の国」の実態がよほど明らかにされるはずだ。平成一四（二〇〇二）年の四柳「漆の技術と文化——出土漆器の世界」（『いくつもの日本』二巻、岩波書店）は、北海道から沖縄、縄文時代から近世までを取り上げた出土漆器による最初の通史である。

二　漆器を科学する

漆器考古学の科学的方法

これまで漆器の調査といえば、形や表面の文様・技法・材料などの肉眼的観察が一般的であった。しかしより詳細に、より科学的に調査するためには、次のような考古学と文化財科学的方法がとられる。

漆器の調査は肉眼観察可能な表面のさまざまな属性と、肉眼観察不可能な塗膜内部（塗り）の塗装工程にわけられる。ここでは椀皿類の調査方法を紹介するが、基本的にはどの漆器にも応用できる。

(一)　表面の調査方法

肉眼観察可能な表面の文様や加飾材料、器形などの調査。

①　実測図作成――主に正面から投影した二次元図面（立面図、側面図）を作成し、必要に応じて上部や底部から投影した平面図を作成する（図3）。図面には器形だけでなく、文様や製作技法等の詳細も書き込まれる。これが編年図作成の基礎資料となる。実測図と同じ方向で全体や部分の写真撮影が行なわれることはいうまでもないが、画像補正が容易なデジタルカメラによる撮影が便利だ。

②　編年図作成――編年図は年代が把握できる漆器群の実測図を、上塗り色別（赤色・黒色・緑色・黄色など）、下地別（漆下地・渋下地など）、器形別に分類し、これを縦軸（時間軸）と横軸（同時代軸）

に配列したものだ。つまり、横軸に同時代の漆器群が配置され、これが時間の流れとして縦軸に並べられたものが編年図で、いわば「時間の物差し」である。編年図に取り上げられている漆器と同じか近似したものが発見された場合、その年代や同時代の組み合わせ（セット関係）がたちどころにわかるという仕組みだ（巻末「北陸・中〜近世漆器の編年」参照）。器形、上塗り色、加飾の消長をたどることができ、そこから意識の変化を探ることもできる。遺跡においては陶磁器・土器編年と対比（クロス・チェック）させることによって、より精度の高い年代推定と食器における漆器と陶磁器・土器の補完関係、つまり食膳上の復元をはかることが可能となる。

③ 計量分析——編年図などの分類は主観的な基準（視点）によって行なわれることがしばしばある。したがって客観性をより高めるために、漆器の属性（口径、器高、高台高、底径、器厚、角度など）、計測値から、多変量解析（主成分分析・因子分析など）を行なって、どの因子が漆器の特色をもっとも表わしているのかを導き出す。そのうえで属性間における、二変数の相関関係（口径と器高など）を詳細に検討する（第一二章図11）。これを参考に分類を作成し、データは一覧表として公表することによって、だれもがほかの漆器と比較検討ができるようになる。

④ 光学顕微鏡観察——蒔絵・沈金、顔料などの加飾材料や技法の調査には、拡大して細部を観察する必要があり、実体顕微鏡で全体をつかみ、より細部は金属顕微鏡で観察する（図7）。

⑤ 蛍光X線分析——加飾や上塗り漆の顔料や下地鉱物の材質調査（非破壊）には、主にエネルギー分散型蛍光X線分析装置を用いる。試料にX線を当てると、元素特有のX線（特性X線ないし固有X線）が発生する。この波長と強度を測定することによって、元素の定性や定量分析を行なう方法である。鉱物学的な特徴を把握できる偏光顕微鏡観察との併用が有効だ。外部での調査には

可搬タイプのものが便利である（図4）。

㈡　塗膜内部の調査方法

漆塗膜内部（塗り）の塗装工程や下地材料などの解明をねらいとした自然科学的方法。

①塗膜（構造）分析――ポリエステルやエポキシ樹脂に包埋した、数ミリの塗膜片を薄く研磨の後、プレパラートに接着し、偏光顕微鏡や金属顕微鏡で塗装工程や下地材料などを観察する方法。本法は漆器調査の基本であり、器形や加飾分類と合わせ考察することで、製作技術や流通などの手がかりを得ることができる（後述）。

②赤外分光分析――膠着液《こうちゃく》（漆・柿渋・膠など）の特定は、顕微鏡観察では間接的であるため、二ミリグラムほどを採取して赤外線を照射する。固有の振動をしている分子に波長を連続的に変化させて赤外線を照射してゆくと、分子の固有振動と同じ周波数の赤外線が吸収され、分子構造に応じたスペクトルが得られる（後述）。

③熱分解質量分析法――一〇マイクログラム程度の微量試料を焼成して発生したガスを質量分析計で質量数を測定し、元もとの成分同定を行なうので、多成分からなる場合に威力を発揮する。中国や琉球漆器では、ウルシノキとその他のウルシ科樹液が併用ないし混合されることがあるので、こうした場合は有効だ。

④樹種同定・木取り調査――木地（木胎）の場合は、樹種利用の選択と変遷を探ることが必要で、安価な渋下地漆器の普及と多様な樹種利用への変化は、ほぼ一致する傾向にある。木取り分類はヨコ（緯）木取りからタテ（経）木取りへの変化を探り、木取り細部の特色から木地師の地域圏

や流通を探る。

⑤X線ジオグラフィー・X線CTスキャナー調査——漆器の素地（胎）は挽物以外に籃胎や巻胎あるいは複合構造のものがあり、X線透過撮影により材質や製作構造を調べ、必要に応じて多方向からX線を照射して三次元立体画像を得る。

以上、漆器調査の分析方法を紹介したが、次に基本となる塗膜分析と赤外分光分析の具体的手順を紹介しよう。

塗膜分析と赤外分光分析の実際

㈠　塗膜分析

塗膜分析は塗膜の断面（セクション）から層構造を確認し、下地材料を含めた塗装工程を解明する漆器調査の基本である。

①薄片製作

▪準備するもの

研磨用鉄板・ガラス板、岩石研磨機、岩石切断機、糸鋸、カーボランダム（粗ズリ用＃一二〇〜二〇〇、中ズリ用＃四〇〇〜八〇〇）・アランダム（仕上げ用＃一〇〇〇〜三〇〇〇）ないし耐水研磨用紙、酸化アルミナ粉末（艶出し）、包埋剤（ポリエステル樹脂やエポキシ樹脂）、包埋用のラバーモールド（フィルム容器蓋代用）、樹脂硬化用恒温器、カッターナイフ・剃刀、プレパラート、カバーガラス、あわせ砥、計量器、注入器、攪拌棒、ピンセットなど。

▪試料の採取（木胎漆器の場合）

漆器の塗膜片をカッターナイフや剃刀で数ミリに切り、乾燥させ試料とする。ただし、接着前に下地が剝離するほどに乾燥させてはいけない。塗膜片はどの部分であるかの注記を忘れないこと。自由に薄片採取部分が選べる場合、口縁部には布着せされていることがあり、これと体部のサンプルは必要。高台裏は塗りの省略があるので注意する。サンプルはできるだけ内外面のデータをとり、一点ではそれが特異な部分のこともあるので、二点以上が望ましい。

■試料の接着と包埋

㋑試料をモールドやフィルム容器の蓋に、数点を同時に接着する（図5）。接着剤は包埋剤と同じか、合成高分子系の透明なものを用いる。接着剤の量は少なめに、接着は垂直に行なうことが肝要だ。

㋺ポリエステル樹脂に包埋する。昭和高分子のリゴラックWM−二を例にとると、これは三剤混合で、その混合比率の基準は二〇度C・樹脂量五〇グラムでは、硬化剤（パーメックN）添加量一%、促進剤E添加量〇・五%で、ゲル化時間は三〜三・五時間となっている。しかしその時の温度や湿度が関係するので、自分なりのデータを持つ必要がある。特に温度の低い冬場が問題であり、樹脂硬化用恒温器の使用が便利である。攪拌が不十分、あるいは試料に水分が残る場合は気泡を生じるので注意する。こうした時には樹脂真空含真装置を用いて抜気し、気泡の発生を防ぐ。なお、樹脂使用に際しては必ず手袋・マスクを着用し、室内の換気を行なうことが大切だ。

■試料の研磨

㋑モールドから試料を取り出し、研磨用鉄板（粗研磨用、数枚）・ガラス板（仕上げ研磨用）ないし岩石研磨機で、カーボランダム（粗ズリ用＃一六〇〜二〇〇、中ズリ用＃四〇〇〜八〇〇）・アランダム（仕上げ用＃一〇〇〇〜三〇〇〇）、または耐水研磨紙を用いて研磨する（図6）。常に均一に研磨することがコツである。カーボランダムやアランダムは適宜水を加えて、湿り気を保つようにする。

㋺切断は岩石切断機または糸鋸で、適当な大きさに切断する。

㋩切断試料は音波洗浄器で付着物を取り除く。

■プレパラートへの試料接着と切断

㋑プレパラートに試料を接着する（接着剤は少量）。接着面に気泡が出ているようであれば、押さえて取り除く。

㋺岩石切断機または糸鋸で一ミリ程度に切断する。

■プレパラート接着試料の研磨

㋑「試料の研磨」と同じ工程で研磨する。途中、金属顕微鏡で観察しながら研磨する。最後には酸化アルミナ粉末で艶出しをすることもある。必要な場合は写真撮影を行なう。

㋺プレパラートにカバーガラスを接着する。

㋩プレパラートに必要事項（遺跡名・遺物番号・分析年月日など）を記入したラベルを貼る。

②光学顕微鏡観察

上記の工程・方法によって製作した試料を、状況に応じて金属顕微鏡（反射）・偏光顕微鏡（透過）で観察する（図7）。観察にあたっては、事前に比較の基準とするサンプル（手板）を作製し、同定の判断根拠を得る。

顕微鏡観察の順序としては、まず塗装工程の層構造を観察し、層厚を計測する。特に下地の観察は重要であり、鉱物粒子（地の粉・砥の粉）・炭粉・胡粉《ごふん》などを識別する。鉱物粒子の場合は偏光顕微鏡で鉱物組

図６　研磨作業
図７　光学顕微鏡観察
図８　赤外分光光度計（FT-IR）

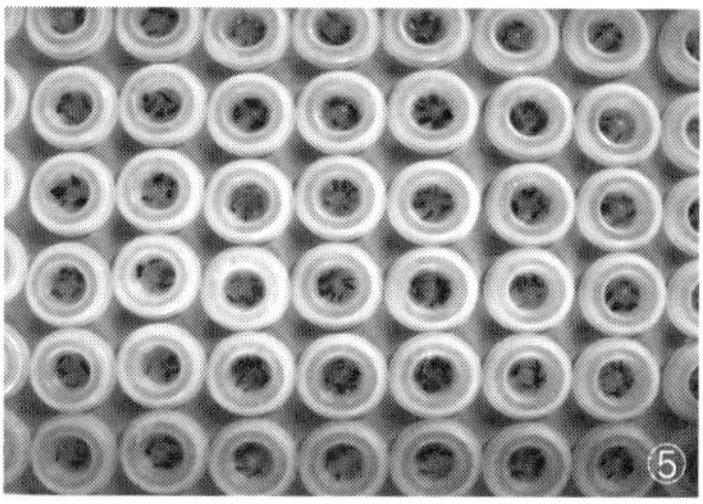

図３　実測作業
図４　エネルギー分散型蛍光Ｘ線
　　　分析装置（可搬型）
図５　包埋された試料

成を観察し、鉱物の由来起源をつきとめる。偏光顕微鏡は物体の光学的性質を定量的に観察するものであるが、調整など取り扱いが難しく経験者から指導を受けて適正な状態に保つことが大切である。

次に下地の膠着液、つまり漆・渋・膠などの同定を行なう。しかし膠着液の同定は、間接的観察であるため、漆と渋の識別はサンプルを基準に、色調と炭粉などとの接着状況から判断する経験的なものであり、赤外分光分析との併用によって判別することが必要だ。漆容器（パレット）の場合は大小のゴム質水球の分散が確認できることがあり、粒度から生漆か精製漆かの識別ができる。塗膜表層の暗茶黒色層は顔料が含まれたものではなく、堅固な漆塗膜を形成する酸化劣化防止層である（第八章図3）。黒色顔料が含まれた黒色漆層も留意しなければならないものの一つであり、油煙・松煙・鉄系化合物かを識別する（第七章図7、第一一章図22）。油煙・松煙は古代・中世においては上質品識別のメルクマールであり、鉄系化合物は概して近世以降である。赤色（朱・ベンガラ）漆や青漆、それに下地では研磨最終段階で、先に金属顕微鏡で観察して写真を撮影し、このあと試料をさらに薄くして透過試料を完成させ偏光顕微鏡で観察する。赤色顔料の個々の形状観察は後者の方法によるが、塗り重ねは前者の方法が識別しやすいこともある。上質品は全体ないし口縁部に布着せされていることが多い（第九章図6・8）。繊維全体のヨコ糸・タテ糸の繊維束幅だけでなく、繊維断面を観察することで、その形状から麻や絹などの同定ができる。これらの観察倍率は一〇〇～四〇〇倍が一般的だ。布着せの繊維が採取できる場合、動物質か植物質かは赤外分光分析を実施する。

■写真撮影上の注意点

写真撮影には観察一覧表に撮影条件等を記入する。フィルムはカラーリバーサルフィルムかカラーネガテブフィルム（デイライト）を用いる。感度はＩＳＯ一〇〇、六四、五〇のものが望ましいが、感度が低いとそれだけ露光時間がかかるので、振動に注意しなければならない。焦点深度が浅いので、どの部分にピントを合わせれば適切なのかよく観察する。偏光顕微鏡のコンデンサーは絞りすぎると、研磨痕がでたり全体に汚くなる。絞り値と露光時間は経験に頼るよりも、自動露出計を用いたほうが効率的である。

■画像のデジタル保存

デジタルカメラが付属している場合、以下は不要。ネガフィルムの場合はフィルム・スキャナーからパソコンに取り込み、必要部分がより鮮明になるよう、加工によってできるだけ現状に近づける。このためにはパソコンのメインメモリーの容量増大と高速化が必要である。デジタル化して保存することは劣化を防ぐ意味で大切であるし、インターネットによるデータ交換や、比較研究上の基礎作業といえる。

(二) 赤外分光分析

漆や柿渋・膠などの膠着液同定は顕微鏡では間接的になるので、赤外分光分析によって直接化学的に特定することができる。分光学（Spectroscopy）は光と物質との相互作用によって生じる、光の強度やエネルギー変化を調べる学問であり、固有の振動をしている分子に波長を連続的に変化させて赤外線を照射してゆくと、分子の固有振動と同じ周波数の赤外線が吸収され、分子構造に応じたスペクトルが得られる。このスペクトルから分子構造を解析する方法を赤外線吸収スペクトル法という。

漆塗膜の分析にはフーリエ変換赤外分光法（FT-IR）を用いる。赤外光は近赤外、普通赤外、遠赤外に分けられるが、分析では普通赤外光を用いている。FT-IR は普通赤外の場合、波数四〇〇〇～四〇〇カイザー（波数は一センチ当たりの波の数で、振動数を光速度で割ったものであり、波長の逆数）の光を二つの光束に分割し、一つは固定し（固定鏡、ミラーA）、他方の光路長は可動ミラー（可動鏡、ミラーB）を用いて変化させる。つまり干渉計から位相の異なる光が出るわけで、二つの光束間の距離が変化すると干渉の結果、加え合わさった部分と差し引かれた部分の系列が生ずることによって、強度の変化が起こる。すなわち干渉図形が得られる。フーリエ変換という数学的操作を行なうと、干渉図形は時間領域から振動数領域のスペクトル点の一つに変換される。ピストンの長さを連続的に変化させ、ミラーBの位置を調節し、光束Bの光路を変化させる。この変化させた各点において、次々とフーリエ変換を行なうと完全な赤外スペクトルが得られる（図9）。このようにして得られたスペクトルをあらかじめ得られている基準のスペクトルと比較検討することによって、塗装液の同定ができるしくみだ（R.M.Silversten, F.X.Webster 著、荒木峻・益子洋一郎ほか訳『有機化合物のスペクトルによる同定法』東京化学同人、一九九九年）。

福井県武生市家久遺跡の中世墓出土硯箱・化粧箱を取り上げて説明したい。分析用試料は一〜二ミリグラムを採取しKBr（臭化カリウム）一〇〇ミリグラムとともにメノウ鉢で磨り潰して、これを錠剤成形器で加圧成形（錠剤法）したものを用いた。条件は分解能四カイザー、積算回数一六、アポダイゼーション関数はコサインで、図10のような赤外線吸収スペクトルが得られた。縦軸は吸光度（Abs）、横軸は波数（カイザー）だ。

図10（ノーマライズ）は②硯箱（No.2）と③化粧箱（No.4）の赤外線吸収スペクトルに、基準データとして現在の生漆塗膜（①岩手県浄法寺産、一九九二年作製）の吸収を重ねたものだ。基準データは現在のもので、漆塗膜の化学的特性は、三四〇〇カイザー（水酸基、OH伸縮）、二九二五カイザー（炭化水素の非対称伸縮振動）、二八五〇カイザー（炭化水素の対称伸縮振動）、一七二〇〜一七一〇カイザー（カルボニル基）、一六

図9　赤外分光光度計（FT-IR）の模式図

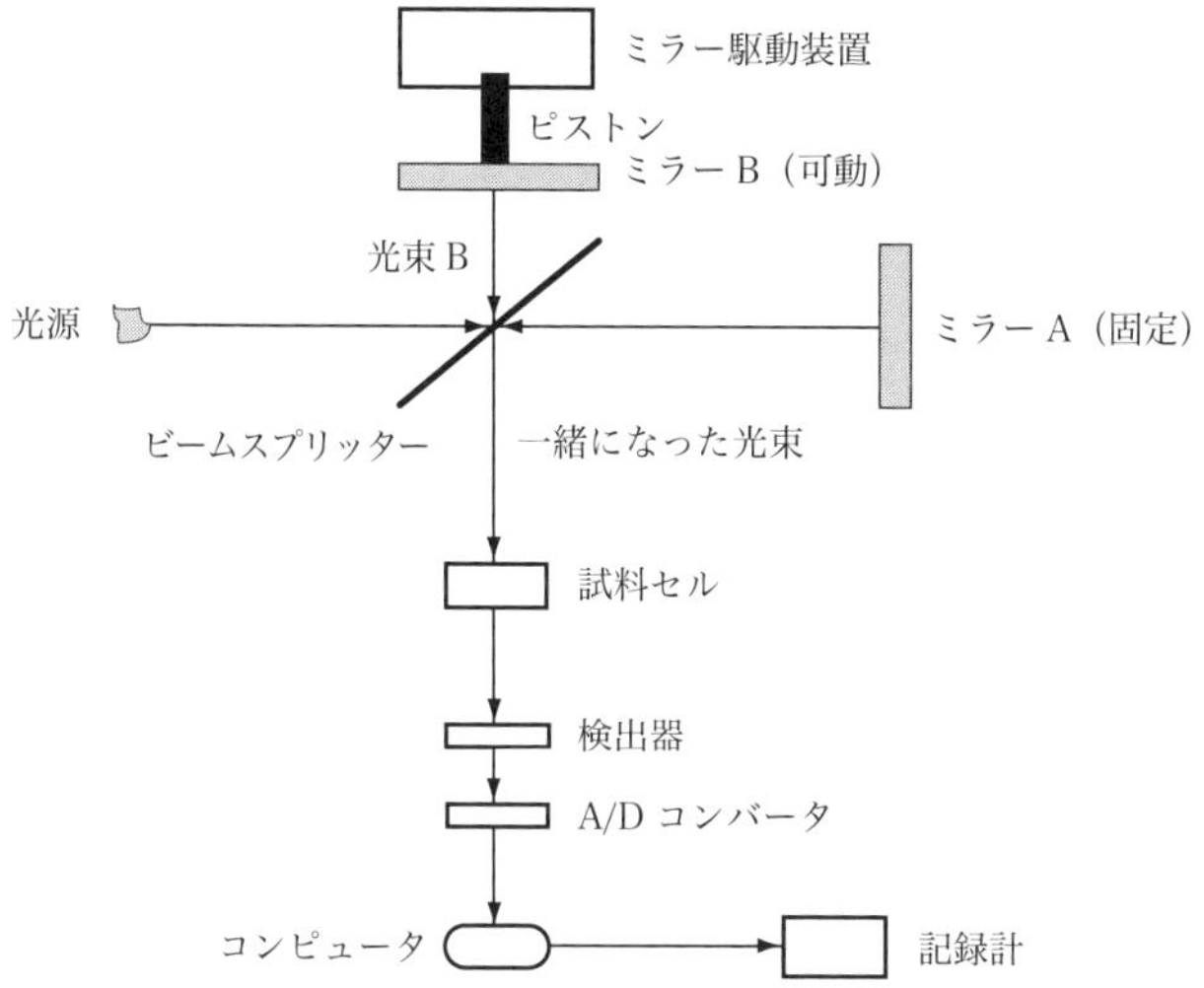

（『有機化合物のスペクトルによる同定法』東京化学同人，1999年）

図10　漆塗膜の赤外線吸収スペクトル（福井県家久遺跡の硯箱・化粧箱）

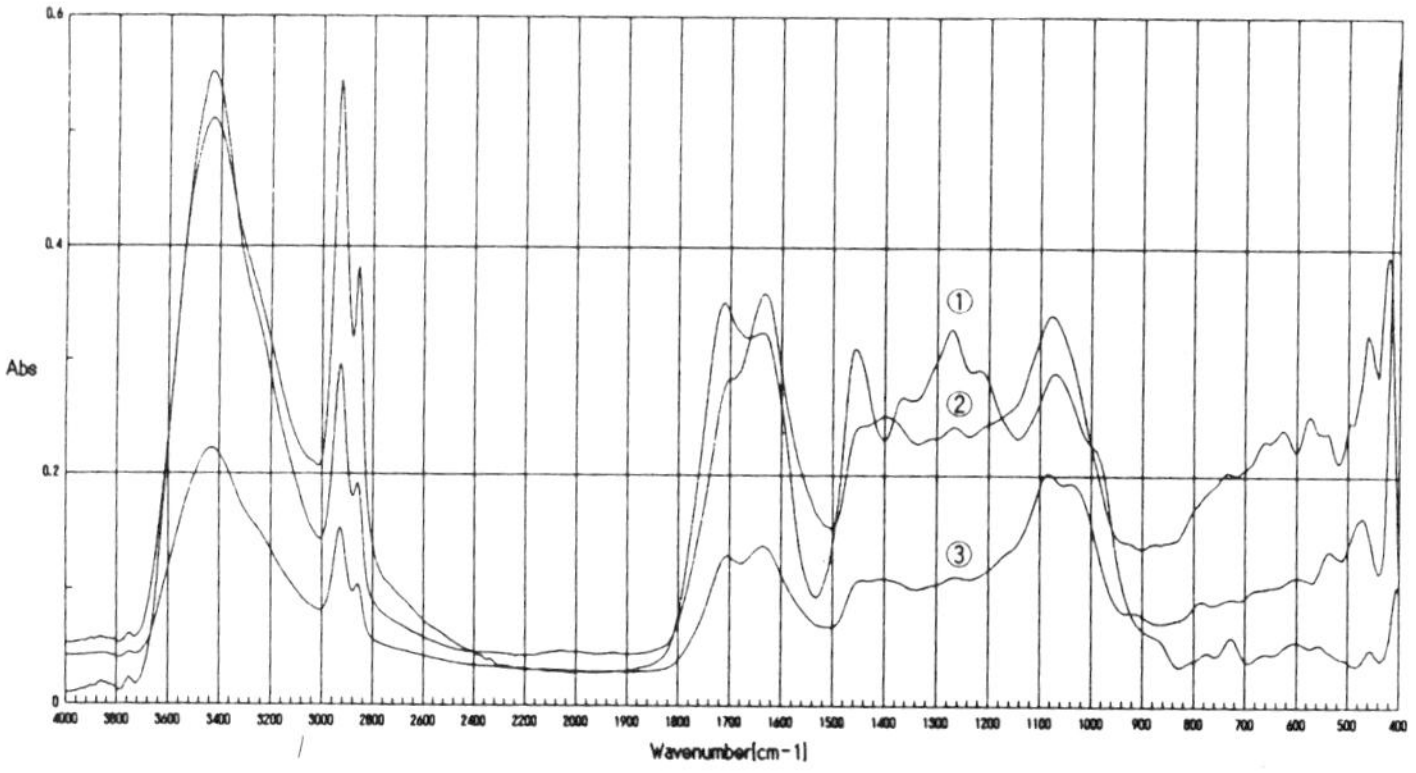

分解　4cm^{-1}　　積算回数　16　　アポダイゼーション　Cosine
①精製漆（岩手県浄法寺産，1992年作製）　②家久遺跡 No.2（硯箱）
③家久遺跡 No.4（化粧箱か）　（四柳嘉章，2000年）

五〇～一六三〇カイザー（糖タンパク）、一四六五カイザー（活性メチレン基）、一二八〇カイザー（フェノール）、一〇七〇～一〇三〇カイザー（ゴム質）などの吸収に現われる（同定要素）。②と③を基準データーと比較してみると、ともに一四六五～一四五〇カイザーの吸収が弱く、一三七四カイザーにかけてブロードとなっている。一二八〇～一二七〇カイザーの吸収もやや弱いが、ウルシオールはフェノール性化合物なのでこの吸収の存在は重要だ。また一〇七〇～一〇三〇カイザーが増大しているが、これは古い漆器や劣化した漆の特徴である。全体的に前述の同定要素の吸収が確認できるので、漆塗膜と判断できる。本例は比較的同定しやすいケースであるが、実際は複雑な事例が多い。したがって同定を要する塗膜の吸収に応じて、さまざまな劣化・変質のデータを重ねて、一致する吸収を探ることが重要なポイントとなる。

漆器考古学のねらい

近年の考古学の発掘調査報告書では、遺物の科学的分析結果を掲載することが普通となっている。しかし、多くの報告は、あくまでも分析結果だけの提示であり、それが歴史的にどのような意味があるのかについて、考察を加えたものはきわめて少ない。考古学者もそのデータについて論及することはあまりなく、せっかくの分析成果が生かされていないのが現状だ。

漆器考古学では前述の科学的調査結果を踏まえて、漆器の製作技術、形態、機能、属性などを総合的に分析し、他の素材（陶磁器・土器や生活用具類）と比較検討しながら、生活様式、食文化、生産、流通、精神文化などを解明し、地域社会総体の発展過程を明らかにすることをねらいとしている。その研究方法が、これまで紹介してきたように、一般の考古学とは異なる独自のものであることから、漆器考古学と呼称している。

第五章　縄文時代の初期漆工技術

一　日本列島における漆文化の始原

かつて日本の縄文文化の深層をさぐる有力な仮説として、ヒマラヤから日本本州南部に及ぶ「照葉樹林文化」論が提唱され、グローバルな視点から共通する文化的特質が紹介された。漆の利用もその一つにあげられている。(1) 東アジアや中国での漆利用は照葉樹林帯（カシ・シイ・クス・ツバキなどの常緑樹）が中心であることによるが、ウルシノキは落葉広葉樹であり、日本列島の縄文時代においては、北陸・関東以北において高度な漆文化が展開した。

縄文時代の漆工技術の始源を考える上で、きわめて重要な遺跡は北海道函館市（旧南茅部町）垣ノ島B遺跡である。縄文時代早期の土坑墓《どこうぼ》から検出された遺体には、織物状の装飾品、腕輪、玉状のものを身につけていた。しかもこれらは製作後漆塗りされたものではなく、最初から漆をしみこませた繊維を撚り、軸糸に巻きつけたものという。年代は遺体頭部の脳髄部分からの放射性炭素一四年代測定で約九〇〇〇年前。従来説より二〇〇〇年も古い画期的な発見となった。その後二〇〇二年一二月に不慮の火災によって大半が焼失したことで内外に大きな衝撃を与えた。しかし若干の残存が確認され、奈良文化財研究所によって赤外分光分析が行なわれた。強化処理のために用いたアクリル樹脂と漆および赤色顔料（ベンガラ）の吸収が重なっていること、火災のために劣化・変質を受けていることから、大変複雑な赤外線吸収スペクトルが測定され、[2]漆と確定するにはまだ時間がかかりそうだ。もし世界最古の漆使用例であるとすれば、この技術がどこで生まれ、どのように展開したのかが今後の重要な課題となる。発掘調査報告書から具体的な内容を紹介したい。[3]

垣ノ島B遺跡の土坑墓と副葬品

北海道の南に伸びる渡島半島の旧南茅部町に所在する垣ノ島B遺跡は、垣ノ島川の右岸に形成された標高四七〜五〇メートルの海岸段丘に立地している。発掘土層のうちV層では早期前半の物見台式併行期の竪穴住居跡五棟、土坑墓一六二基が検出され、P−九七とよばれる土坑墓から、人骨とともに漆塗りの副葬品が検出された。

① 土坑墓（図1上段）

土坑墓の規模は平面形が一・四×一・二メートルの隅丸《すみまる》方形で、深さは〇・六メートル、四辺に柱穴状の小ピット（穴）がある。遺体は腐食しているが、頭部や腹部にあたる部分では、粘性のある黒色の遺体層が確認された。埋葬形式は頭部を南西に、両足を北東に向けた仰臥屈葬《ぎょうがくっそう》だ。周辺から漆塗りの副葬品（以下漆製品と略）が出土した。

② 漆製品（図1下段）

頭部、両肩、両腕、足にあたる部分から漆製品が検出された。いずれも漆を塗った糸を加工したものだ。漆の糸には幅約一・三ミリのひび割れが、斜めではなく縦方向に連続している。このことは撚り糸ではな

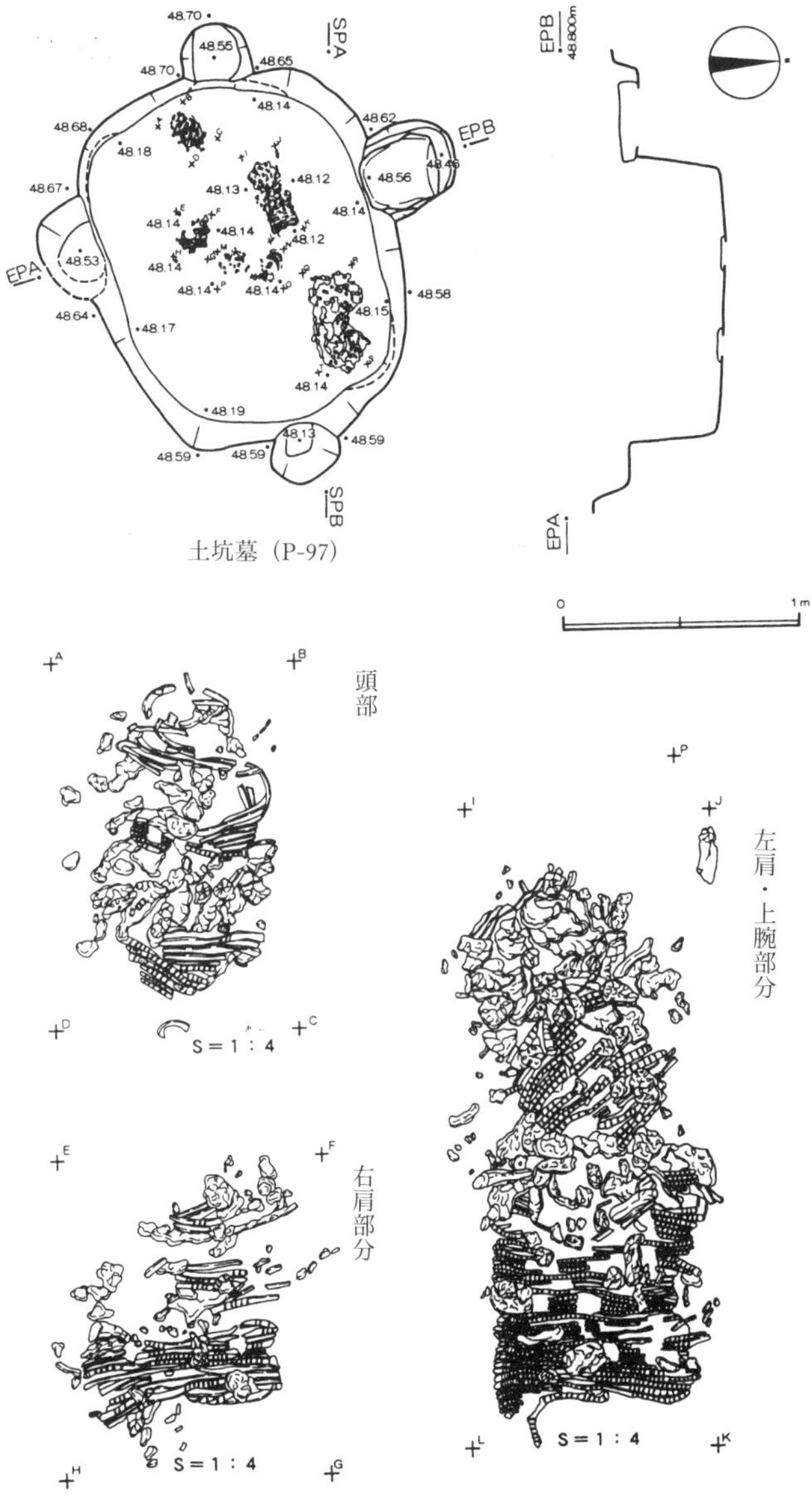

図1　垣ノ島B遺跡の土坑墓（上段）と副葬された漆製品（下段）
（『垣ノ島B遺跡』南茅部町埋蔵文化財調査団、二〇〇二年）

く、軸糸に別の糸を巻き込んで原体を作ったことを意味する。部位ごとに紹介しよう。

■頭部——頭部は南西の壁際に近い位置にあり、粘性の強い黒色の遺体層が頭部全体を覆っていた。クリーニングの結果、頭頂部では数本の漆の糸を一組にして、髪をお供え餅状に束ねるためと判明した。束ねた髪が重なる箇所では、漆の糸がX字状に交差している。後頭部ではヨコ糸が連続し幅約一〇センチの織物状に観察されるが、欠損しているため正確な形状は不明だ。

■肩と上腕——両肩部分において漆製品が確認でき、左肩と右肩の間隔は約四〇センチある。左肩の漆製品は、肩部と上腕に分けられる。上腕部のそれは保存状態が良く、長さ一四センチ、幅約一二センチ四方のやや縦長の形をしている。漆はヨコ糸が密に連続した状態で検出され、両端にはタテ糸にみえるところもあり、網糸《あんぎん》に非常によく類似しているが、アンギン編みの特徴であるタテ糸が確認されなかったために断定はできない。タテ糸が確認されないのは漆が塗られていない細いタテ糸を使用したために腐食して残らなかったとも考えられる。肩部は上腕部のヨコ糸よりもやや太いヨコ糸が検出されている。ヨコ糸の上には小玉のような漆製品が多く確認されている。右肩は残存状態があまり良くないが、ヨコ糸が密に連続しており、基本的に左肩と同じである。

■腕——腕は土坑のほぼ中央に位置している。左右の手首を交差しており、左腕の腕輪が右腕の下に潜り込んでいることから、右腕を上にしていると思われる。左腕は腕輪状のものが検出されたが、糸を個々に輪にしたものか、袖口に向かってジグザグに留めているのかは不明だ。

■足——足にあたる箇所の漆製品は二層になっているので、足が重なっていると思われる。サイズは長さ約四五センチ、幅約二五センチの縦長の形状で、上層では遺体層と思われる黒色土の他に、漆の小さな塊が多数まとまって検出されている。下層では両肩にみられたようなヨコ糸が一部確認されたが、正確な構造や形状は確認できていない。

以上が漆製品の出土状況だが、放射性炭素による年代測定（古環境研究所）は、頭部の漆付き土壌（頭部の脳漿が付着した油状の土）から行なわれ、暦年代（西暦）紀元前七〇四〇年、考古年代では縄文時代早期前半の物見台式併行期となる。また調査担当者の阿部千春によると、遺体が身に付けていた衣服と装身具は、樹皮と思われる細いテープ状の紐を巻きつけて糸にしており、ベンガラ漆は軸糸に塗るのではなく、漆を塗った細いテープ状の紐を軸糸に巻きつけたものだという。実に手の込んだ技術に驚かされる。

漆製品について漆使用の蓋然性が高いと最初に指摘したのは、国立歴史民俗博物館の永嶋正春である。氏は報告書で、「十分過ぎるほど慎重に検討されるべきこと」と前置きの上、赤色顔料は発色良好なパイプ状ベンガラ粒子で、外径は一マイクロメートル（千分の一ミリ）強であるが、長さは外径の数倍程度とやや短いものがめだつ。赤色塗彩方法については、要所に「当初からと思われる形態的特長が見出されており、また良質な塗膜状を呈する部分も多く認められることから、漆を使用した蓋然性が高いものと考えている。しかしながら極端に古い資料であるので、……漆であるかどうかの積極的な理科学分析を実施する方向で検討中である」として、多数の実体顕微鏡写真を提示した。報告書刊行時点では、まだ化学分析は行なわれておらず、しかも前述の理由から漆と確定するには困難もあるが、今後の赤外分光分析や熱分解質量分析などの分析結果の検討が待たれるところだ。

二　初期の工具と櫛の技術

漆容器——島根県夫手遺跡

日本列島において素地を作り、これに下地と塗りや顔料が加わった本格的な漆器と工具が出現するのは、縄文早期末から前期初頭（約七〇〇〇～六五〇〇年前）で、遺跡の分布は日本海側に多い。代表的な例は島根県松江市夫手《それて》遺跡の漆容器と石川県七尾市三引《みびき》遺跡の漆塗り竪櫛である。

夫手遺跡は島根半島中海沿岸の長海川河口に立地している。漆容器（パレット）と認定されたのは、縄文前期初頭・西川津式土器の鉢である（図2・3）。漆塗膜からの加速器質量分析法（AMS法）による放射性炭素一四年代測定値は、おおむね現在より六八〇〇年前と算出された(4)。この縄文土器は尖底《せんてい》で、いくぶん外反ぎみの口縁部を有する鉢形土器。器高九・三五センチ、胴部最大幅一〇・五センチの小さなものだ。外面は貝殻による調整痕（条痕文）が見られ、体部は押し引きで三角状の文様が施されている。内面全体にびっしりと漆塗膜が付着しているが、表面は灰白色がかっている。永嶋正春は顕微鏡観察の結果を次のように報告している(5)。

① 内底面に広く見られる白色物は石英様砂状微粒子で、埋没時の二次的付着物である。
② 均質化のよく進んだクロメ漆としての層断面を示している。
③ 赤色顔料は典型的なパイプ状ベンガラ（赤色酸化鉄）であり、ベンガラ顔料としては最も発色が良好なもののひとつである。

この塗膜が漆であることを化学的に証明する必要があり、松江市教育委員会の協力を得て、赤外分光分析を行なった。次の三引遺跡の項で合わせてとりあげたい。

漆塗り櫛——石川県三引遺跡

縄文時代の漆工技術を語る上で、ほぼ各時期にわたって製作され、分析データが充実しているのは漆塗り櫛である。本文理解のために櫛の形態や塗装工程などについて概観しておくことにしたい。

縄文時代の櫛は今日の横長の「横櫛」と異なって、歯の部分が長い「竪櫛《たてぐし》」とよばれるもので、その作り方によって結歯式と刻歯（挽歯）式に分類されている。前者は長い数本の歯の両端に一本ないし二本の横架材を渡して植物繊維の紐で縛って固定し、この間をさらに紐で縛ったり、巻きつけたりした複合構造のもので、縄文時代の一般的な形態だ（図4）。横架材を渡さず紐で結束した例もある。結歯式とは歯を

図２　夫手遺跡の縄文土器（漆容器）（『手角地区ふるさと農道整備事業にともなう夫手遺跡発掘調査報告書』松江市教育委員会，2000年）

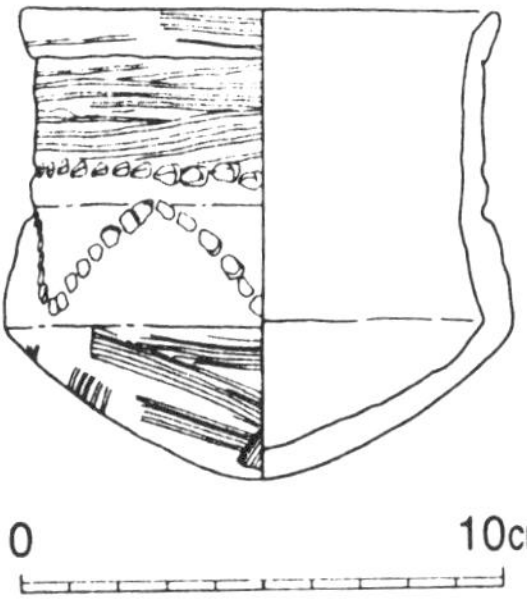

図３　夫手遺跡の縄文土器内面に付着した漆（図２の内面）（松江市教育委員会蔵）

結束するところからきたものだが、正式には「結歯式竪櫛」と表記される。筆者はたんに「結び櫛」と呼んでいる。頭部の形には角状（双頭）、瘤状、平板、丸形（山形）などがあり、頭部の平面には北海道や東北・関東で流行した透かし文様（図7-③）の入ったものもある。漆塗りは頭部だけであり、歯部は白木のままとなっている。この結び櫛はヨーロッパや中国、朝鮮半島でも類例はなく、縄文時代のものが最古であり、わが国で発達した装身具といっていい。

刻歯式竪櫛は福井県若狭町（旧三方町）鳥浜貝塚出土例が著名だが、平板な木地（木胎）を削り出して全体を成形した単体構造のものだ(6)（図7-①）。類例は多くない。筆者は「削り櫛」と呼んでいる。歯の部分が長い竪櫛は、土偶に表現された例から見て、用途としては挿櫛《さしぐし》で、髷《まげ》を結んでいたのだろう。

櫛の塗装工程は結び櫛と削り櫛では構造自体が異なるので、当然違いがある。後者は腕輪など他の木胎漆器と共通している（後述）。前者では棒状ないし板状の歯を紐で結わえて繋げたものだから、隙間や凹凸を埋める必要がある。これには樹皮や植物繊維などを乾燥させて粉末にしたものと生漆を混ぜた「コクソ漆」を施すことが多い。凹凸を埋めるだけでなく形を整える役割もあるので、塑形材あるいはモデリング材とよばれている。コクソ漆の上には鉱物粒子と生漆を混ぜたもの（地の粉漆）や炭粉粒子と生漆を混ぜたもの（炭粉漆）を下地として施し、精製漆を数層、さらに赤色顔料であるベンガラ漆や朱（辰砂）を数層塗り重ねる場合と、塑形材や下地がなくベンガラ漆がその役割を担っている場合がある。後者は石川県七尾市三引《みびき》遺跡（旧田鶴浜町三引、旧名称三引C・D遺跡）が最古の例であり、前者はより発達した技法といえるだろう。なお籃胎《らんたい》漆器にもコクソ漆と地の粉漆下地が用いられているが、弥生時代には継承されなかった(7)。

櫛の上塗り色は大半が赤色漆である。縄文中期後半～末ごろから鮮やかな朱（辰砂）が登場し、ベンガ

図４　縄文時代の結歯式竪櫛模式図

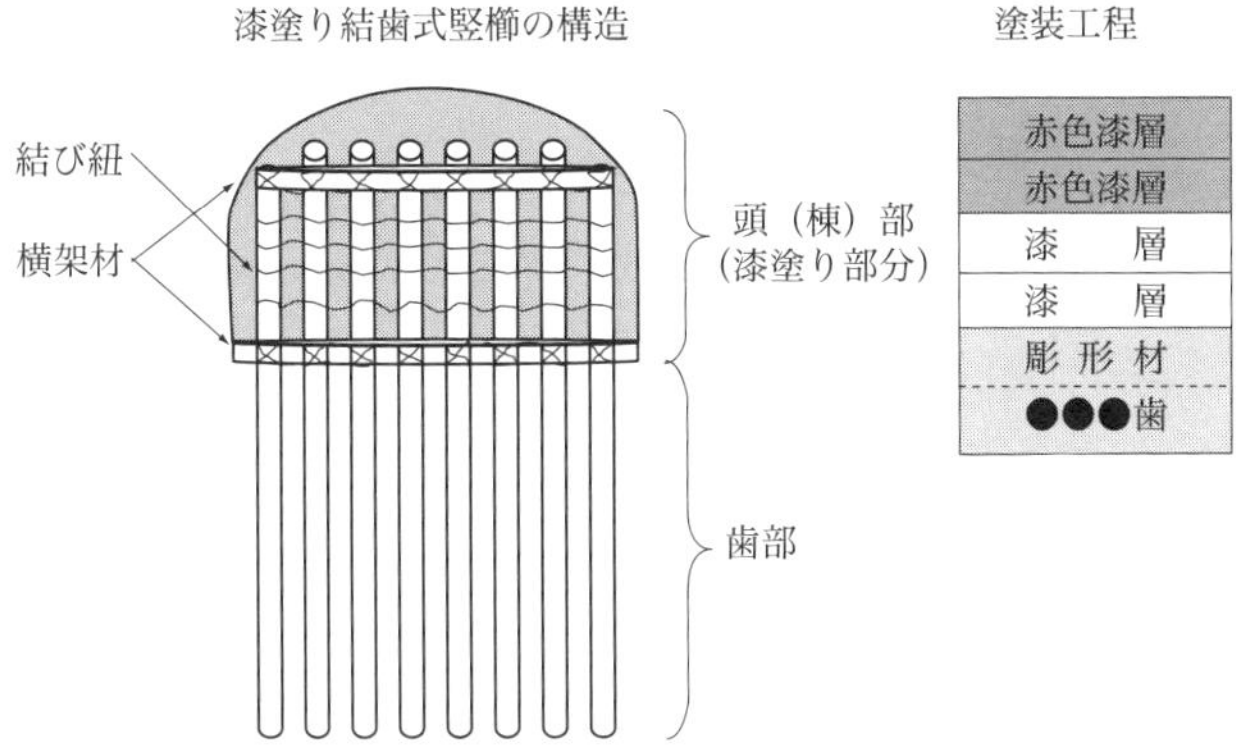

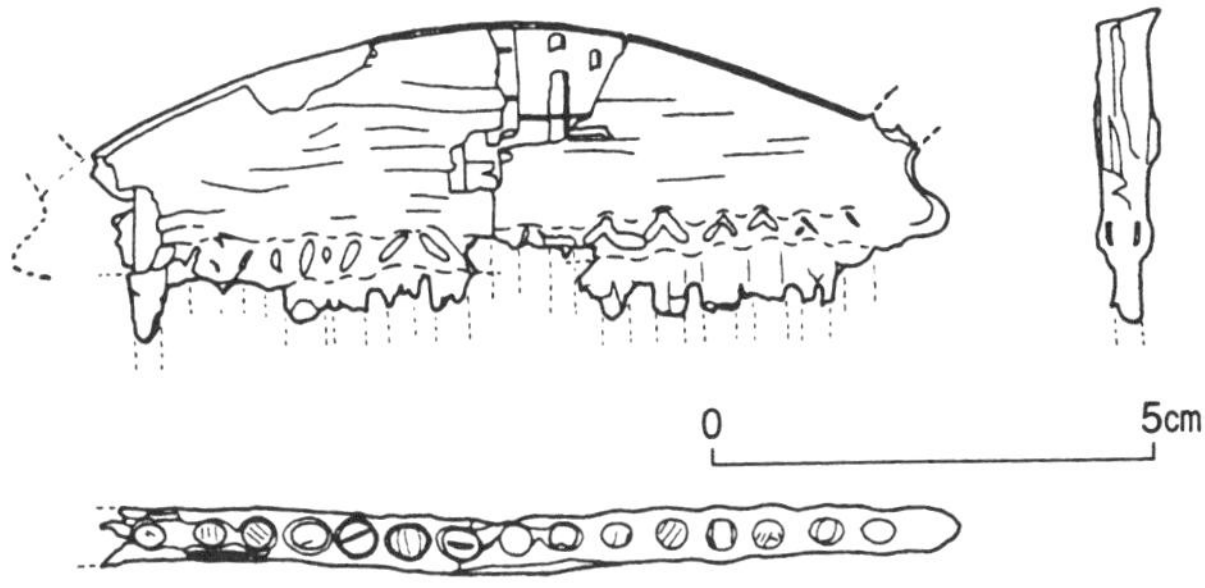

図５　石川県三引遺跡の漆櫛実測図（『三引遺跡Ⅲ』石川県埋蔵文化センター、二〇〇四年）

図６　三引遺跡の漆櫛（部分、左上に突起）（石川県埋蔵文化財センター蔵）

ラはその下層に塗られるようになる。朱は産出地が限られた貴重な顔料であり交易の対象となった（第六章参照）。しかし鮮やかなその色は漆の精製技術の発達がなければ出すことは不可能であり、すでに高度な段階にあったことの証明である。なぜ縄文人は赤色を好んだのか、なぜ歯部は漆を塗らなかったのか、頭部の形の意味などについて、後ほど考えてみよう。

石川県三引遺跡からは、縄文時代最古の漆塗り櫛（漆櫛と略）が出土した。日本海に長くつき出した能登半島には対馬海流が打ち寄せ、古くから大陸・九州・山陰からの人や文物が寄りついた。能登半島中ほどの七尾湾（富山湾側）に面した、旧田鶴浜町には中世修験道のメッカである赤蔵山（赤蔵山本宮寺）がそびえ、北麓の低湿地には縄文時代前期から江戸時代にわたる三引遺跡が営まれた。平成八年度調査区の縄文前期初頭期包含層（佐波・極楽寺式期）から、土器や石器、獣・魚骨などが大量に出土した。四区北西半部では丘陵裾に沿って最大厚約三〇センチの貝層が確認され、この貝層を基準に上・中（貝層）・下層と区別して縄文前期初頭期の遺物が取り上げられている。漆櫛は第四貝塚下層（A六層）から出土したもので、共伴した木片の放射性炭素年代測定では六五四〇±一二〇年が算出された。これはリビーの半減期五五六八年から算出されたもので（かつて炭素一四年代はその濃度の半減期が五五七八年で計算されていた）、現在では暦年代較正値が用いられている。暦年代較正値は、大気中の濃度には変動があったことが明らかにされているので、樹木年輪などからデータを補正し暦年代に較正したものだ。縄文土器の型式では第四貝塚下層と同一である第二貝塚下半部出土の縄文土器内面に付着した五点のガス比例計数管法（GPC法）、加速器質量分析法（AMS法）による放射性炭素一四年代測定の暦年代較正値は紀元前五二六〇〜五五一〇と算出されている。これらを参考にすると、第四貝塚下層は紀元前約五〇〇〇年前半代となり、櫛としては列島最古の資料となる(8)。漆櫛は縄文時代を通じて多用されており、中国大陸にも類例がないことを考えると、列島独自の意匠・技術である可能性が強くなってきた。

㈠　櫛の構造

頭（棟）部が半月状をなし、両端に小さな突起がある。残存幅一一・七センチ（復元幅約一三センチ）、残存部分の高さ三・二センチ、厚さ〇・六〜七センチである（図5・6）。歯は断面が楕円形（直径〇・三〜〇・五センチ）で一五本が確認でき、〇・二五〜〇・四センチ間隔で並んでいる。元来は一六本と考えられる。歯先は漆が塗られておらず、ほとんど残っていない。頭部下半の組み方は垂直の歯に対して二本の横架材（幅直径〇・三、厚さ〇・一五センチ）が渡され、植物繊維で「×」「入」「／」状に結わえられた、いわゆる結歯式の竪櫛である。頭部上半も繊維状のものでかがられていた可能性がある。頭部全体の骨組みはよくわかっていないが、横に走るたくさんの条線痕がみられるので、植物繊維の糸が隙間なく歯間を縫って固定する役割を担っていたと判断している。糸は腐食しているが、漆の凹凸からその形状をうかがうことができる。しかし下地がないために漆塗膜は全体に凹凸がいちじるしい（塗装工程参照）。上塗り色は黒色を帯びた茶褐色。歯の樹種はムラサキシキブ属である。

㈡　櫛の突起

櫛の形態で注目したいのは、半月状の頭部両端に付けられた小さな突起である（図6左端）。この突起は後出の福井県鳥浜貝塚例（刻歯式、図7-①）では成長した大きな二つの枝をもつものとなり、後・晩期には多くは本来の意味が忘れられて抽象的な三角状の突起に変化する（図7-④）。ただし、縄文晩期ながら新潟県新発田市青田遺跡の櫛（図7-②）は鳥浜貝塚とまったくと同じ形態的特長を有していることは

図７　縄文漆櫛の形

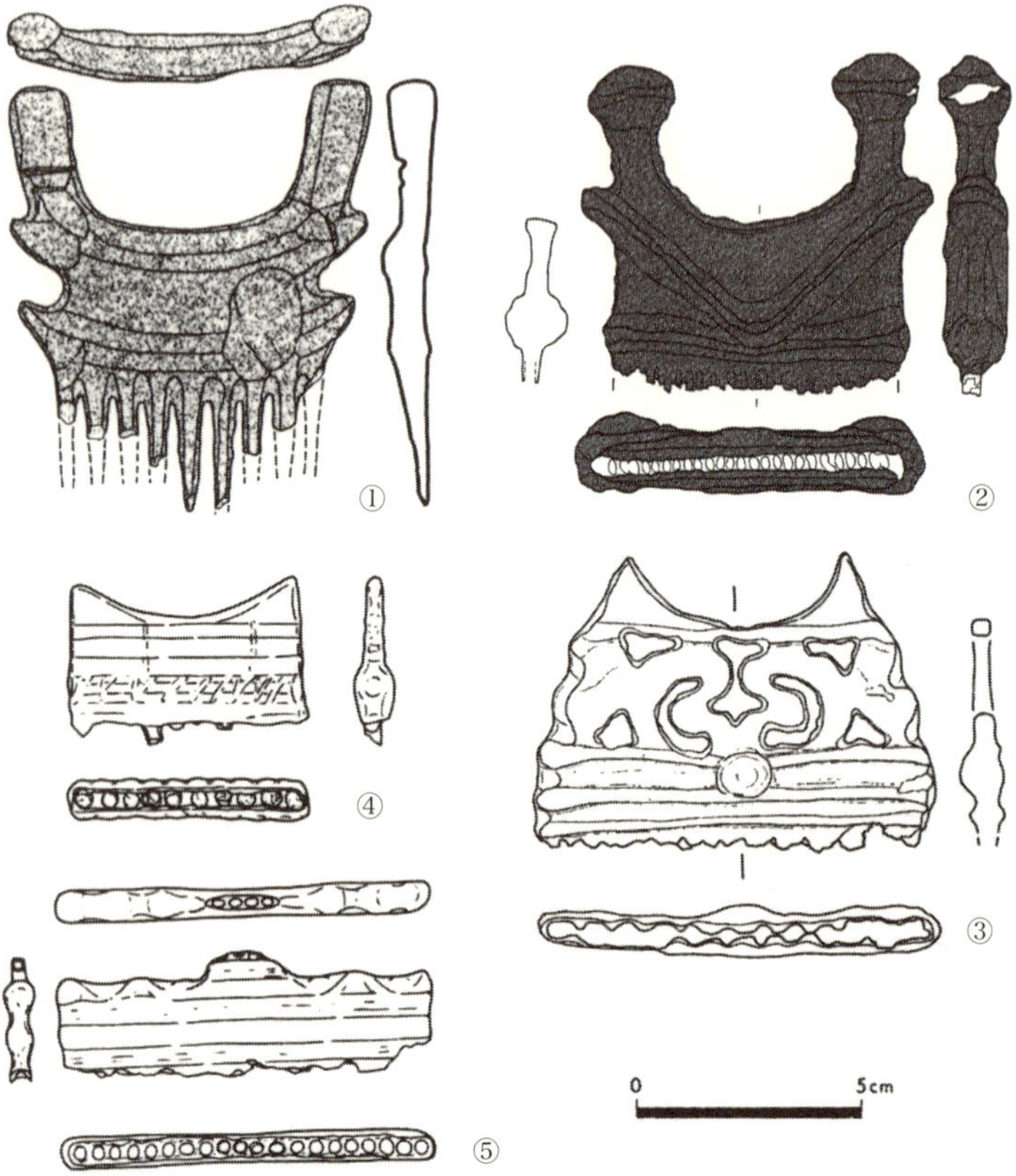

①　福井県鳥浜貝塚（前期）
②　新潟県青田遺跡（晩期）
③　北海道カリンバ３遺跡（後期）
④⑤　石川県米泉遺跡（晩期）

驚きだ。

鳥浜貝塚や青田遺跡例は明らかに成長した鹿角の表現である。抜け落ちてはまた新生する角は生命の永遠性、不老長生の象徴であり、北アジアのシャーマンも鹿角付きの装束を着用した(9)。結び櫛・削り櫛と製作技術の系譜は異なっていても、櫛にはこうした霊獣と漆の呪力がこめられていたと考えている。

㈢　塗装工程の分析

漆櫛の塗装工程の分析は、内外面数カ所から数ミリの塗膜片を採取し、ポリエステル樹脂に包埋後、その断面を研磨のうえプレパラートに接着し、さらに研磨を加えて偏光顕微鏡（透過光）と金属顕微鏡（反射光）で観察する。分析部位は頭部中央の横位断面（図8）で、下層から順に番号を付して説明したい(10)。

①　漆層（横架材の上に施された漆層）――層厚一〇〇～一五〇マイクロメートル（一〇〇マイクロメートルは〇・一ミリ）。

②　漆層――層厚二〇〇～三四三マイクロメートル。

③　ベンガラ漆層――層厚一〇〇マイクロメートル前後。二×一〇マイクロメートル程度のパイプ状ベンガラ粒子（以下ベンガラ粒子と略）が⑤層より密に分散する。褐色から透明だが、金属顕微鏡による反射光では黄褐色だ。岡田文男の分析では珪藻が検出されている(11)。

④　ベンガラ漆層――層厚一〇〇マイクロメートル。二×一〇～三七マイクロメートル程度の長いベンガラ粒子が粗く分散している。主に黒色だが、なかにはやや赤味のものもある（図9）。

⑤　ベンガラ漆層――層厚一〇〇マイクロメートル前後。漆だけの層にみえるが、透明な二×一〇マイクロメートル程度のベンガラ粒子の層である。反射光では黄褐色だ。

⑥　ベンガラ漆層――層厚一〇〇マイクロメートル前後。長径二×二マイクロメートル程度の長いベンガラ粒子も含んでいるが、全体にやや細かく二×五～一〇マイクロメートルのものが多い。下層のベンガラ粒子は黒色、上層は透明粒子が主体で、反射光では黄褐色である。

漆塗膜の証明――赤外分光分析

東京大学名誉教授の熊野谿従は、しばしば漆工史や考古学での漆工遺物の認定方法が、化学的証明に欠けていると指摘する。夫手遺跡や三引遺跡の塗膜が漆であることの化学的証明が必要であることはいうまでもなく、松江市教育委員会、石川県埋蔵文化財センターの協力を得て、赤外分光分析（FT-IR）を行なったので、結果を簡単に紹介したい（図10）。

赤外分光分析の理論については別項で紹介したが、図10は基準データである岩手県浄法寺産精製漆（③）に三引遺跡漆櫛（①）、同（下層、②）、そして同時代の漆容器である島根県松江市夫手遺跡（④）の赤外線吸収スペクトルを重ねたものである。縦軸は吸光度（Abs）、横軸は波数（カイザー）である。波数は一センチ当たりの波の数、つまり振動数を光速度で割ったものであり、波長の逆数だ。

基準データ③に近似するのは④（松江市夫手遺跡）で、一二八〇カイザー（フェノール）の吸収がやや減少している以外は劣化も少なく、漆成分をよくとどめている。これに対して①・②（三引遺跡）は、一六五〇～一六四〇カイザー（糖タンパク）、一二一〇～一二〇〇カイザーのショルダー、一〇七〇～一〇四〇カイザー（ゴム質）の吸収増大がみられる。これは劣化した古い漆塗膜の特徴であり、このほかの二九二五カイザー（炭化水素の非対称伸縮）、二八五〇カイザー（炭化水素の対称伸縮）、一七二〇カイザー（カルボニル基）、一四六五カイザー（活性メチレン基）、一二八〇カイザー（フェノール）の吸収を含めて検討すると、

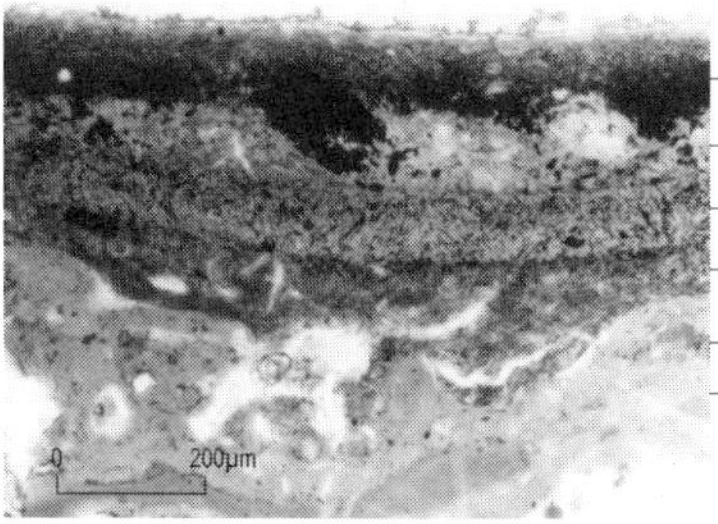

図８　三引遺跡漆櫛の塗膜分析（塗装工程）
（四柳嘉章，2004 年）

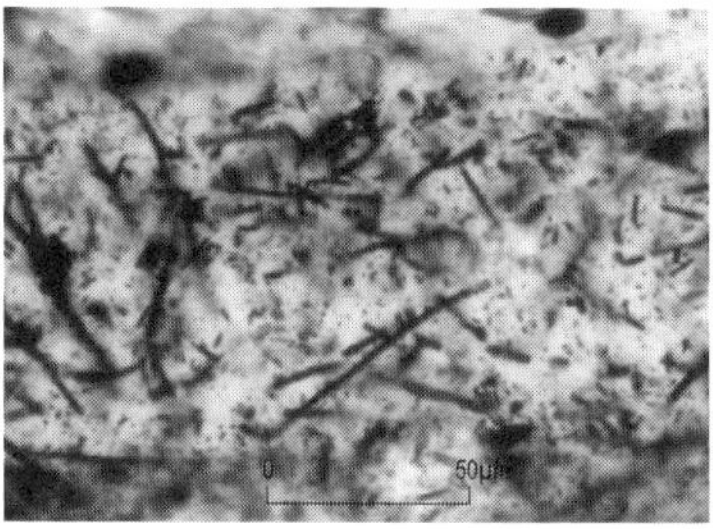

図９　三引遺跡漆櫛④層のパイプ状ベンガラ粒子（四柳嘉章, 2004 年）

図 10　三引遺跡，夫手遺跡漆塗膜の赤外線吸収スペクトル

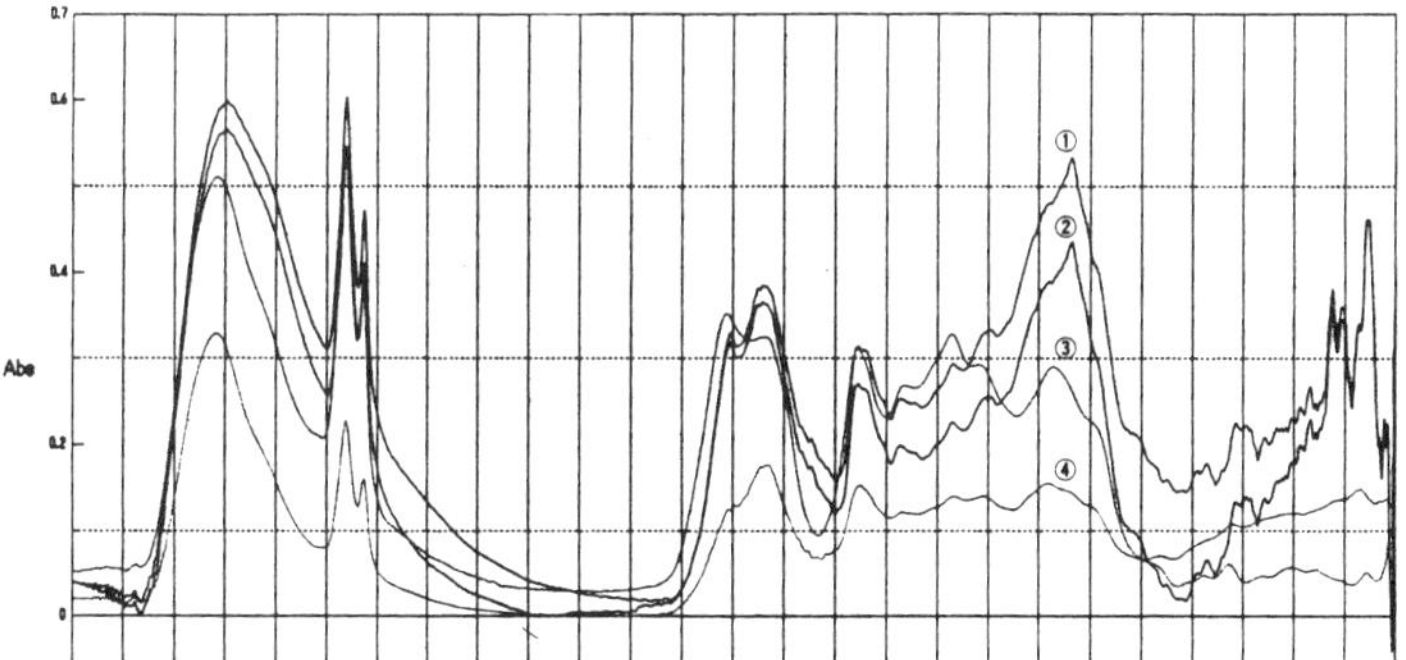

サンプル名　漆塗膜　　分解　$4cm^{-1}$　　積算回数　16　アポダイゼーション　Cosine
①石川県七尾市三引遺跡　　②石川県七尾市三引遺跡　　③精製漆
④島根県松江市夫手遺跡　　　　　　　　　　　　　　（四柳嘉章, 2004 年）

全体として漆による塗膜の特徴が十分確認できる。六〇〇〇年以上の時を経ても劣化・変質が少ない天然の高分子の発見と応用は、土器の発明に比肩しよう。

以上、列島最古の漆櫛について、膠着液の化学分析と塗装工程・ベンガラ粒子等の光学顕微鏡観察を行なった。膠着液は赤外分光分析によって同時代の島根県夫手遺跡の漆容器とともに、漆であることが確認できる。塗装工程としては最良の状態をとどめる部分において、素地の上に漆二層＋パイプ状ベンガラ漆四層（③〜⑥層）が観察された。しかも③・⑤・⑥層上部は反射光では黄褐色、④・⑥層下部は黒色で、これらが交互に塗装されていた。また地の粉（鉱物粒子）やコクソ漆といった下地・塑形材はなく、ベンガラがその役割をはたしている。したがって全体に凹凸がめだつ結果となっている。こうしたベンガラ粒子の用い方は、素地面がフラットな木胎容器や腕輪にはしばしばみられるが、籃胎および類似品における肉厚の成形には不向きである。

なお、ベンガラの使い分けについて岡田文男は、漆器の赤色顔料として用いられたパイプ状粒子は、酸化鉄の粉砕や赤土を燃焼させたものではなく、水田の用水路などでしばしば認められる水中に浮遊する鉄バクテリア生産物である赤褐色の泥層を燃焼して得られるものであるとしている。また、それは本来無色に近く、乾燥させるとやや褐色を呈し、乾燥後、燃焼させると赤色を呈すること、水中に生活する鉄バクテリア生産物を採取し、酸欠状態（還元状態）で保管すると、褐色から黒色に変化することを明らかにした。[12] 三引遺跡漆櫛では黒色と黄褐色のベンガラが用いられているが、前者には後者も混在しており、厳密な区別があったかどうかは不明だ。また燃焼によって赤色に発色したものは、今のところ確認していない。

第六章　縄文漆文化の展開

一　日本海と漆文化

赤色の糸

前章において縄文早期末〜前期初頭の島根県夫手遺跡、石川県三引遺跡出土遺物について取り上げてきたが、ほぼ同時代の例としては新潟県長岡市（旧和島村）大武《だいぶ》遺跡(1)（前期、六六〇〇年前）があり、ここからは漆塗りの紐が出土している。太さ一・五ミリ前後の紐ないし糸を二本Z方向に撚り合わせて芯とし、これに漆を塗って胎《たい》とする。その上にベンガラ漆が塗られている。紐の素材はカラムシなどの草本性繊維が推定されるという。同様の糸および結束糸（糸玉）は、北海道標津町伊茶仁《いちゃに》チシネ遺跡（前期）、同・小樽市忍路土場《おしょろどば》遺跡（後期）など北海道を中心に、新潟県新発田市（旧加治川村）青田遺跡（晩期）、福島県三島町荒屋敷遺跡（晩期）、滋賀県大津市粟津湖底遺跡（中期）などから出土している。なかでも荒屋敷遺跡の結束糸は植物繊維を一〇〜二〇本束にして撚り合わせて巻きやすく粘性を持たせるために地の粉《じこ》で練り固め、さらに同じものを二本撚り合わせて一本の糸にしていることがわかった。しかもこの地の粉は珪藻土と報告されている。珪藻土は珪藻化石を多量に含む岩石や地層で、微細な孔を持つ珪藻殻の粒子に漆がよくしみこみ化学的に安定した吸収増量材になること、ガラス質の微化石が硬く堅牢なベースをなすこと、また断熱性にも優れていることなどから輪島塗の下地として採用されてきた。こうした理由は不明にせよ、縄文時代に珪藻土利用があったことは興味深い。結束糸について小林達雄は、コミュニケーションの手段としての結縄を考えているようだ。赤色に塗ることで、特別な意識が作用していたのであろう。

焼付け漆

大武遺跡で注目されるのは土器に焼付け漆がみられるという永嶋正春の指摘だ。焼付け漆とすれば最古の例となり、福井県若狭町鳥浜貝塚や山形県高畠町押出遺跡の漆塗り彩文土器も共通した技法という[2]。焼付け漆は後世、武具や鉄釜などの金属に、短時間で効率よく漆塗りする場合に用いられてきたが、焼付け温度や時間、耐光性・耐候性・防食性などの科学的な解明はなされていなかった。この点について東京文化財研究所が各種実験を繰り返したところ、付着強度や防食性などが優れているのは、生漆で焼付け温度二七〇度C、素ぐろめ漆（精製漆）で一二〇度Cと報告している[3]（図1、表1）。

日本海は漆海道

三引遺跡と同時代とされる富山県小杉町南太閤山I遺跡からは、珍しい漆塗り状のひょうたん容器が出土した。外面は朱漆、内面にも薄く塗りが認められると報告されている[4]。呪術的な特別の価値が付与されたものかも知れない。永嶋正春の塗膜分析写真を見ると赤色（ベンガラ）層が四層観察できる[5]。膠着液の化学分析は行なわれていないが、図版で観察する限り、その可能性は高いと思われる。そしてやや時代が

図１　生漆の焼付け温度と最高硬度に達した時間

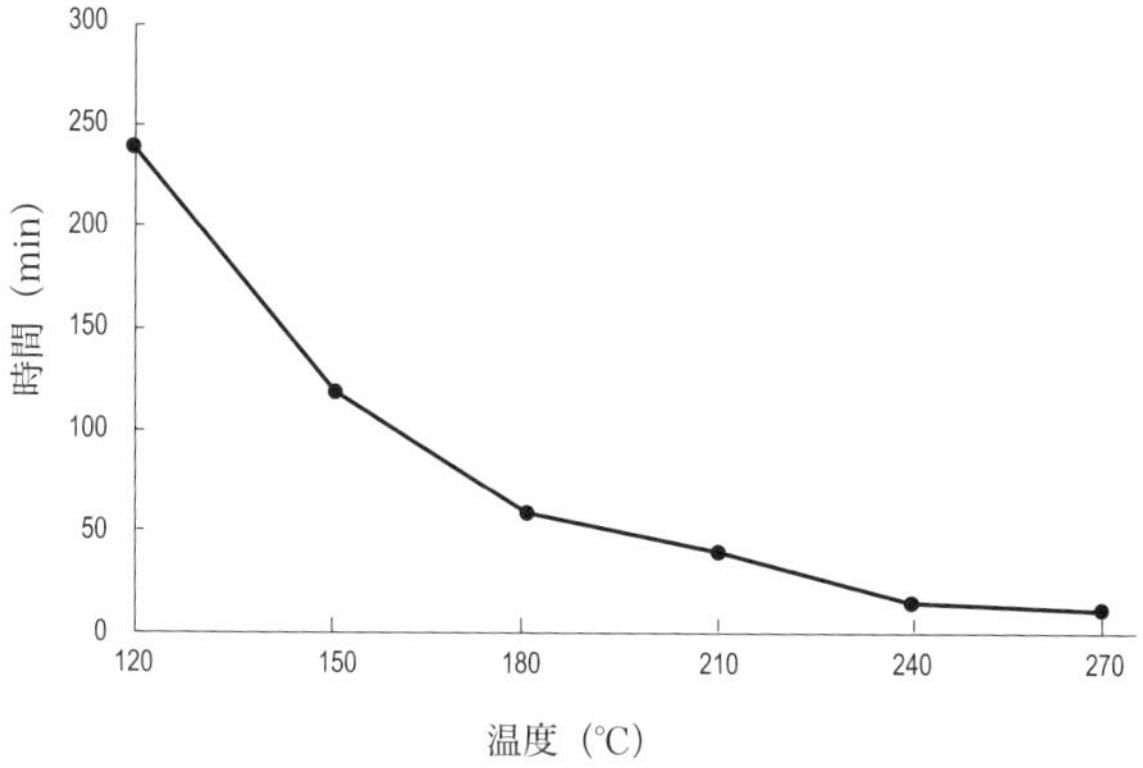

（『保存科学』第 37・38 号，東京文化財研究所，1997・1998 年）

表１　付着性，各種促進試験における漆の種類・乾燥温度の最適条件

評価項目	因子	性能比較		
付着性	漆の種類 最適温度	生漆 270˚C	＞	素ぐろめ漆 120，270˚C
耐光性	漆の種類 最適温度	生漆 240，270˚C	＜	素ぐろめ漆 すべて良
耐候性	漆の種類 最適温度	生漆 すべて否	＜	素ぐろめ漆 120，180，210，270˚C
防食性	漆の種類 最適温度	生漆 210，240，270˚C	≒	素ぐろめ漆 120，270˚C

注：　優＞劣
（『保存科学』第 37・38 号，東京文化財研究所，1997・1998 年）

図２　縄文時代の主な漆製品出土遺跡の分布

下る福井県鳥浜貝塚では、ヤブツバキの一木から削り出された双頭の赤色漆塗り櫛が注目を集めた（第五章図7-①）。縄文時代は木の文化であることを実証したこの遺跡からは、多数の漆器や漆塗り土器が出土したが、エゴマも検出されたことから、荏油《えのあぶら》（乾性油）として漆の溶剤に使われた可能性も考えられる[6]。

このように日本海沿いには、初期の漆器出土遺跡の分布が顕著であり、「漆海道」でもあった（図2）。中国浙江省《せっこう》余姚《よよう》県河姆渡《かぼと》遺跡の第四文化層（六五〇〇～六〇〇〇年前）からは、ウルシノキの花粉と木胎漆器（体部は瓜状の菱形で口の狭い台付の椀）が出土しており、後者は赤外分光分析で漆と同定された中国最古の例だ。初期の漆器出土遺跡が日本海側に多く、河姆渡遺跡にみられる江南型（長江下流域）玦状《けつじょう》耳飾（C字形耳飾）の出土も、日本列島への技術伝播を考える上で重要なヒントとなる。

二　漆と赤色顔料

縄文漆器はなぜ赤い

人間が利用した最初の化学変化は土器だった、というヨーロッパ考古学の重鎮であったゴードン・チャイルドの考えに対して、佐原眞（前国立歴史民俗博物館長）はヨーロッパでは五～六万年前に赤色を手に入れるために、赤鉄鉱を掘り出し高温で焼成していた事実を重視し、赤色への憧れが、石材の化学的変化の応用を導いたと説いている[7]。日本列島でも二万年前には赤色（ベンガラ）利用が始まっている（新潟県三条市荒沢遺跡など）。九州の鹿児島県と宮崎県で発見された列島最古級の土器にも赤色顔料（ベンガラ）が塗られていた。赤色は火の色・血の色、そして太陽の色であり、その循環から復活再生のシンボルとして神聖視されたことは、古典（『古事記』中巻、意富多多泥古《おほたたねこ》生誕を説く条、「赤土を床の辺りに散らし」）や民族例をみるまでもなく世界的に共通している。

では、漆と赤色顔料の出合いはいつごろであろうか。ウルシノキから採取され、ゴミなどを取り除いただけの生漆に、赤色顔料をいくら混ぜても鮮やかな赤色にはならず黒ずんでしまう。精製された漆があって初めて、光沢と深みのある赤色が得られる。こうした漆工技術と赤色顔料の精製・焼成技術が獲得された段階で応用可能となるが、その開始時期は北海道函館市垣ノ島B遺跡（約九〇〇〇年前）であろうことは前述した。

垣ノ島B遺跡のあと二〇〇〇年ばかり空白期間をおいて、石川県七尾市三引遺跡以降、櫛をも含めた本格的な漆器が登場することになる。それらは当初から赤色漆塗りされ、その対象は呪術的な遺物が多い。このことは、漆塗りの本質を探る上で重要なヒントとなる。今日でもそうだが、漆のカブレ現象そのものが畏怖であり、それが塗られたモノには、恐れ転じて破邪の意味が付与されたと思われる。精製された漆にベンガラや朱の赤色顔料を混ぜることによって、より光沢と深みのある赤色に変化する。その強い接着性と強靭な塗膜は、朽ちることなく物質の永遠性を保つ（今日でも漆塗膜をとかす溶剤はない）。このようにして漆は呪具を飾る必須の塗料になったと考えている。ちなみに、中国最古の漆器である浙江省河姆渡《かぼと》遺跡の木製椀も赤色漆塗りであった。

朱の登場

赤色顔料は主にベンガラと朱（辰砂《しんしゃ》、硫化水銀）であるが、朱は縄文時代中期後半～末に藍胎漆器とほぼ同じころ登場する。これは偶然とは思えないので、大陸との関係を検討する必要がある。朱は鮮やかな赤色を発することから珍重され、ベンガラを数層塗り重ねた上に上塗りとして朱漆を用いるようになった。

赤色に対する縄文的思考の特色は復活再生の色である赤色漆を、幾重にも塗りこめることに価値を見いだし、上塗り漆は朱をよしとしたのである。

縄文時代の朱の生産遺跡としては、三重県度会《わたらい》町森添遺跡（縄文後期後半〜晩期後半）が著名だ。朱が付着した磨石・敲石・石皿・台石など二八点や貯蔵用の土器類が多数出土している。(8) 朱は土器内で攪拌させて比重の重い朱を選別し、高温焼成して良好な発色の粒子を得る。森添遺跡出土の縄文土器には東北・北陸系と関西系があり、岐阜・北陸に中心をもつ御物石器《ぎょぶつ》（呪具）も出土しているので、漆文化圏と接触をもっていた。生産地が限られる貴重な朱は重要な交易手段であったろう。数十キロ上流には伊勢水銀の鉱脈があり、伊勢神宮もその縁辺にあたる。神宮が重視された背景の一因とも考えられる。

なお、弥生時代の朱は縄文時代とは異なる扱いを受けた。中国では不老不死の仙薬であり、それは加熱すればただちに蒸発し、さませばほどなく液体になるといった水銀の循環的な流転性に注目し、そこに永遠の生命力の源泉を見いだした。特に神仙思想のもとでは、不老長生を招く「丹」薬の最高位に位置づけられている。(9) 古墳の被葬者が朱で覆われた事例は枚挙に暇がないが、防腐剤でもある朱には、前代以来の意識が古墳時代にも継承されていたとみるべきだろう。この赤色に寄せる思いは、その後も人々の意識のベースに潜在し、ときおり姿を変えつつ顔を出してくる。

三　漆工技術の確立

縄文の漆工具

縄文時代にはすでに漆工芸の基本技術が出そろっていた。東京都東村山市多摩湖町下宅部《しもやけべ》遺跡の縄文時代後期の粘土層に、杭として打ち込まれていたウルシノキ七〇本（径一〇数センチ、全長一〇〜五〇センチ）が見つかり、うち約四〇本に一周する幅一センチ、深さ数ミリの線刻（掻き取り溝）が認められた。線刻間隔が広い（一五センチ前後）ので用途に問題もあるが、線刻内の黒色樹液からは疑いなく、赤外分光分析によって漆成分が検出された。漆の採取期間は六〜一〇月であるが、漆山での掻き取り用石器や箆《へら》の出土確率は低い。しかし掻き取った漆を入れた土器製容器（漆壺）と思われるものが、石川県七尾市赤浦遺跡（縄文中期）から出土している（図3）。それはやや首（頸部）のしまった小型の壺（高さ八・二センチ、口径七・六センチ）で、首のまわりには四つの穴がある。内部にはびっしり漆がつまり、一部外にも流れ出している。(10)だが、多くは樹皮製であったろう。ゴミを取り除いたり、色漆を調製するための濾し布は、石川県金沢市米泉《よないずみ》遺跡（縄文後〜晩期）、秋田県五城目町中山遺跡（縄文晩期）、青森県つがる市亀ヶ岡遺跡（縄文晩期）などで出土し、その繊維は米泉遺跡では二点ともアカソ、中山遺跡では苧麻《ちょま》を用いていた。(11)

精製漆を調整したと思われる土器は島根県夫手遺跡（縄文前期）、秋田県中山遺跡（縄文後期）、石川県金沢市米泉遺跡などから出土しており、米泉遺跡の深鉢形土器内面には、らせん状にかき回した痕跡が残されていた（図4）。生漆を入れた容器やパレットの出土はかなりにのぼる。福井県若狭町鳥浜貝塚からはエゴマ、石川県米泉遺跡からはエゴマ近似種が検出されており、食用以外に漆の溶剤として用いられた可能性もある。

縄文漆器では発色の良い赤色顔料の入手は不可欠であった。赤色顔料のうちベンガラ製造遺跡は、すでに旧石器時代末の新潟県荒沢遺跡などで確認されているが、縄文時代のベンガラ調製用石皿と磨石はかなりの遺跡で出土している（図5）。これを用いて赤鉄鉱や褐鉄鉱、赤褐色泥層を高温で焼成したのち細かく破砕したものを顔料として用いる。漆器製作遺跡としては新潟県新発田市館ノ内遺跡（D地点、晩期）、

図３　漆をおさめた有孔壺
（石川県赤浦遺跡）

図４　縄文時代の深鉢と濾し布
（石川県米泉遺跡，石川県埋蔵文化財センター蔵）

深鉢

濾し布

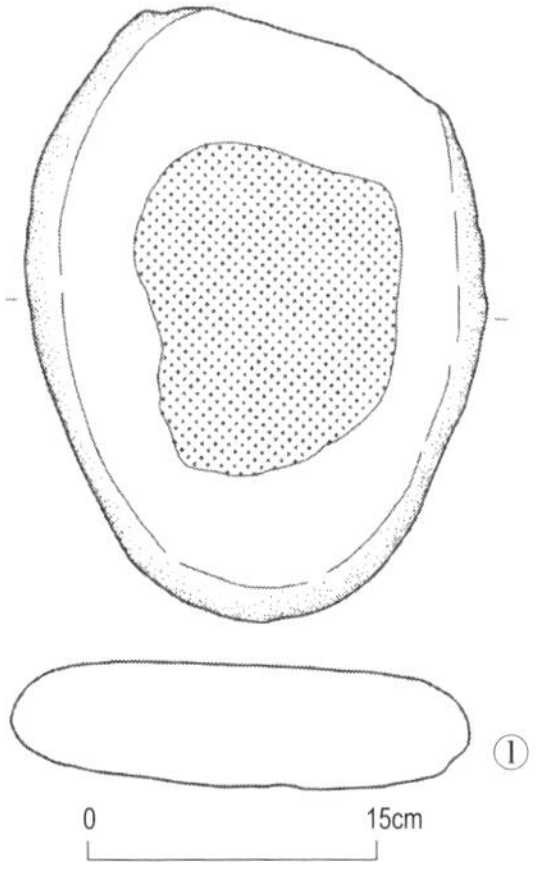

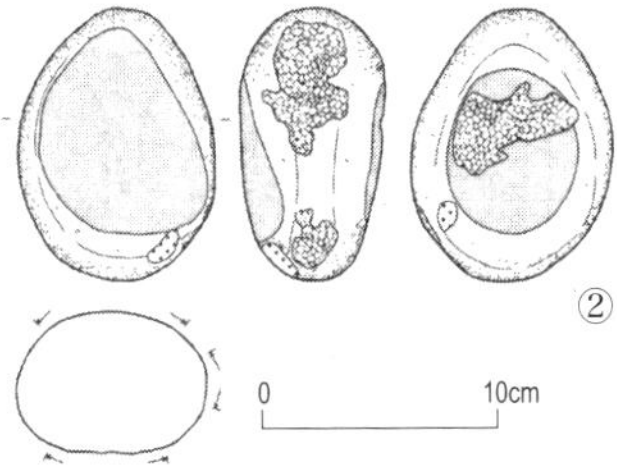

図５　新潟県元屋敷遺跡の赤色顔料を調整した石皿（①）と磨石（②）
（『元屋敷遺跡Ⅱ（上段）』朝日村教育委員会・新潟県，2002 年）

同朝日村元屋敷遺跡（晩期）に好例がある。漆器に朱が用いられるのは縄文中期後半からで、朱の生産遺跡としては、前述した三重県度会町森添遺跡（縄文後期後半〜晩期後半）が著名だ。その他の工具としては、作業板（台）、漆を練る箆、刷毛、筆、楊枝状の引っ掻き具などの使用は確かであろう。寿能遺跡の漆塗り土器には、明瞭に刷毛の痕跡が残り、動物の毛を用いた可能性が強いと報告されている。[12] また顕微鏡観察から塗膜表面に人為的に水平に研ぎだされた面も確認されているので、砥石が見つからない以上はトクサ（木賊）などの植物が用いられた可能性も考慮する必要がある。工具入れは樹皮製容器か土器だろうし、漆塗膜にゴミの付着がみられないものもあるので、埃を防ぐ空間ないし専用の小さな工房（小竪穴住居）が存在したように思われる。

縄文の漆工技術

漆それ自体は塗料ないし接着液であるが、他の素地（木・竹やつる性植物・皮革・土器など）と結びつくことによって付加価値を持った新たな個体を創造する。縄文時代の漆器は椀・皿・鉢・籃胎《らんたい》の容器、弓・太刀などの武器、櫛・腕輪・耳飾り・首飾り・腰飾りなどの装身具、杓子など多岐にわたり、また土器に幾何学文様が描かれた漆絵もある。

漆器の製作は素地に直接漆を塗るだけでなく、形を整えゆがみのない堅牢なものに仕上げるために下地が施される。福井県鳥浜貝塚（縄文前期前半）では、すでに漆に炭粉粒子や鉱物粒子（地の粉）を混ぜた漆下地が確認された。[13] しかし各地で用いられるようになるのは、後期・晩期である。籃胎漆器には高度な技術であるコクソ漆（漆に木の粉や繊維屑を混合したもの）が用いられている。次にいくつか塗装工程を見てみよう[14]（図6）。

■漆絵――山形県高畠町押出遺跡（縄文前期）の有孔浅鉢土器は、外面全体に赤色（ベンガラ）漆が塗られ、その上に黒色系漆で胴部中央を二本の二重線で区画し、上下に五～六本単位の細線で幾何学的な文様が縦横に描かれている。漆は粘稠《ねんちゅう》で筆状の工具を用いたと思われ、同様の技法は福井県鳥浜貝塚、山梨県天神遺跡でも見られる。これらの意匠は縄文土器と共通する面もあるが、土器内容物の再生を祈るなど特別な容器として製作されたのであろう。今ひとつ注目されるのは高知県土佐市居徳遺跡の木胎大型蓋（晩期後半、口径四四センチ）であるが、別項でとりあげたので参照願いたい。

■木胎容器――東京都中野区北江古田遺跡（縄文後期）では、炭粉漆下地にベンガラ漆・朱漆・朱漆の順に塗られていた。朱粒子は下層が粗く上層は細粒とするなどの工夫が見られる。(15)

■腕輪――石川県金沢市米泉遺跡（縄文後～晩期）では、塑形材の上に細粒のベンガラ漆六層が塗り重ねられ、五層の表層は研ぎが加えられたように水平であった。(16)

■籃胎漆器――竹で編み上げられた胎（器体）をベースに、モデリング材（コクソ漆・地の粉漆など）によって形を整え、これに下塗り漆～上塗り漆を施して完成させたもので、壺・鉢・籠などがある。秋田県中山遺跡（縄文後期末～晩期前半）の容器では、編み竹の上に樹皮を含むコクソ漆、植物素材を含むコクソ漆、炭粉漆、漆、赤色（ベンガラ）漆の順に塗装されていた。(17) 新潟県朝日村元屋敷遺跡での成形法は、モデリング材から次の二タイプに分けられる。(18)

①類――地の粉（鉱物粒子）漆下地による成形（報告書試料No.四二八――以下同）

②類――炭粉漆下地による成形（試料No.四二四）

①類は二層の下地の上に漆層一層、ベンガラ漆層一層。②類では炭粉漆下地にベンガラ漆で地

図６　縄文漆製品の塗装工程模式グラフ（四柳嘉章，1995 年）

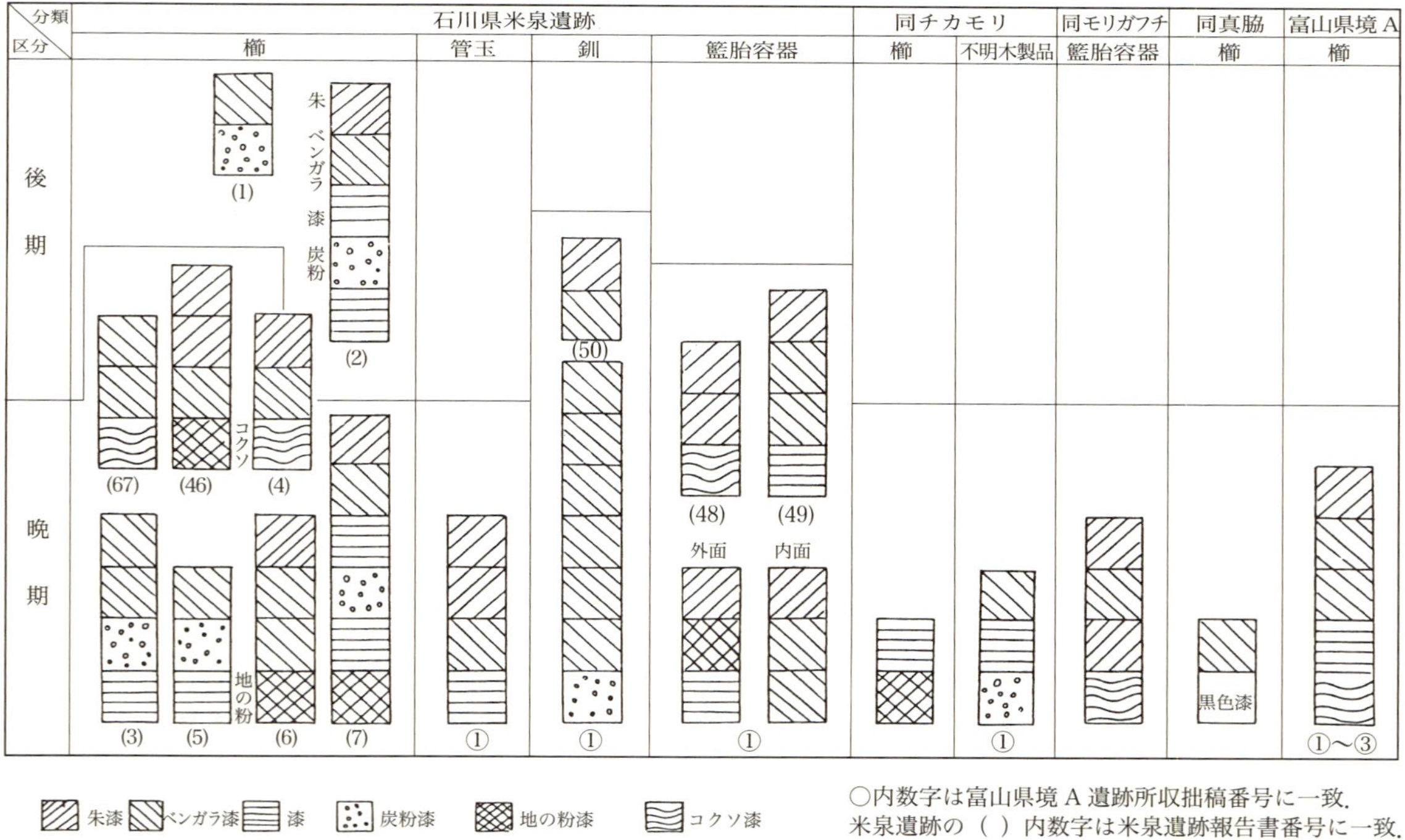

○内数字は富山県境 A 遺跡所収拙稿番号に一致.
米泉遺跡の（ ）内数字は米泉遺跡報告書番号に一致.

固めされた後朱漆が施される。そしてさらに二層のベンガラ漆という塗装工程である。朱漆層を途中に挟むことが特徴。№四二五（下地不明）は漆層をはさんでベンガラ漆が互層となっている。②類と同様にパイプ状ベンガラ粒子が確認できる。この他確認できなかったものとしてベンガラや朱漆を数層塗り重ねてモデリング材としたもの（③類、元屋敷遺跡櫛）やコクソ漆下地（④類）がある。秋田県中山遺跡の籃胎漆器ではコクソ漆の上に炭粉漆の例がある。

■櫛――歯材に横木（横架材）を渡して糸で結束し、漆を膠着液としたモデリング材で成形した上、漆で塗り重ねた結歯式竪櫛。元屋敷遺跡の例から紹介する。形態は頭（棟）部飾りのデザインは不明であるが平棟二点、透かしを有するもの四点、上塗り漆は二点が朱漆、七点がベンガラ漆で、前者の試料№四二二のベンガラはパイプ状粒子が顕著である。試料№四二五（籃胎漆器）のそれよりもやや大形といえる。いずれも発色がよく精製漆が使用されたことの証左である。上塗り漆の顔料に朱を用い、その下層はベンガラという赤色顔料の使い分けは、列島各地にみられる共通した観念といえる。構造材は残っていないが、№四二〇は結束部が大きくめだつ例である。その他のものはもじり編みや巻きつけたものであろう。成形法はモデリング材から次の三タイプに分けられる。

①類――地の粉（鉱物粒子）漆下地による成形（試料№四一四）
②類――コクソ漆による成形（試料№四一六～四二〇）
③類――ベンガラ漆による成形（試料№四二二）

①類は地の粉（鉱物粒子）漆下地二層の上に漆層が一層、上塗りはベンガラ漆一層。③類は糸の上に漆が塗られ、さらに三層のベンガラ漆と朱漆が施されたもの。ベンガラ漆がモデリング材となっている。②類が最も多く、コクソ漆の上にベンガラ漆が一～四層塗り重ねられたものだ。

新潟県糸魚川市(旧青梅町)寺地遺跡では①・②類が認められ、富山県朝日町境A遺跡では②類、石川県金沢市新保チカモリ遺跡では②類、石川県金沢市米泉遺跡では①・②類に加えて炭粉漆下地(④類とする)が認められる。後・晩期の櫛はこの①〜④類の塑形材が基本といえる。石川県能登町真脇遺跡で黒色塗膜下地と報告されているものは④類と思われる。また米泉遺跡では①類と④類の併用が認められる。③類の類例は少ないが、米泉遺跡では管玉や籃胎漆器において採用されている。

■弓――埼玉県大宮市寿能遺跡(縄文中期後半)の飾り弓は二種類の糸(植物性繊維)で巻きつけられ、〇・一ミリ前後の厚さの中に一〇層程度の漆層厚が確認されている(ベンガラ漆層は三層)。[19]

■樹皮製装身具――石川県真脇遺跡の土坑墓の一つから、板敷きの上に横たえられた縄文時代中期の壮年期人骨が発掘され、階層社会に入っていたと注目を集めた。この人骨の胸から腰にかけて、赤色(ベンガラ)漆塗りの首飾りないし腰飾りがかけられていた。素地は樹皮と思われ、先端はリング状に折り曲げられていた。塗装工程は素地の上に炭粉漆下地・漆・ベンガラ漆の三層であった。真脇遺跡では縄文前期から晩期の漆液容器が出土しているので、ここで製作された可能性も残されている。[20]

樹種の選択と木取り

埼玉県寿能遺跡では漆器の形態によって樹種が異なり、杓子・壺はイヌガヤ、鉢・皿はサクラ、トチノキであった。また木取りにも約束事があり、杓子・壺は木を割らずに刳りぬいた芯持ち材で、ほかの容器にこうした傾向は見られない。[21]福井県鳥浜貝塚と青森県三内丸山遺跡の比較では、主に前者はトチノキ・ケヤキ、後者はクリが用いられていた。この差は何か、加工技術ないし利用文化の違いなど、今後の検討課題である。[22]

以上から縄文漆器では漆の精製技術、顔料の精製（調整）、下地や塑形材、赤色顔料の塗り重ね、研ぎなど基本的な技術が出そろっていたことが知られる。

四　装身具と木胎漆器

装身具の宝庫――北海道・カリンバ3遺跡

北海道恵庭市カリンバ3遺跡は札幌―苫小牧低地帯（石狩低地帯）の西南部、JR恵庭駅の北北東約一キロに位置し、旧カリンバ川の右岸標高二五〜二六メートルの低位段丘面に営まれている。縄文時代から近世アイヌ期にかけての複合遺跡であるが、とくに縄文時代後期末の大型土坑墓を中心に、多数の漆塗り装身具が出土したことで注目を集めた。[23]

縄文後期末の住居跡は二軒だが、後期から晩期にかけての土坑墓は三〇〇基をこえた。なかでも一一八・一一九・一二三号土坑墓の副葬漆塗り装身具は、質量ともに群を抜いている。一一九・一二三号土坑墓の事例を紹介する。

一一九号土坑墓の平面プランは楕円形で、上部で一六四×一四〇センチ、深さは六五センチ。底面は平坦で周囲の壁面も垂直近くに掘り込まれている。底一面に赤色顔料のベンガラが敷き詰められ、南北に二つの遺体が確認された。土層の観察から同時に葬られた合葬墓と推測されている（図7）。北側人物の頭部周辺からは、櫛、髪・額飾り、耳飾り、サメの歯などがまとまって出土し、胸には玉・勾玉の首飾り、左右の腕には腕輪をつけている。南側人物は頭に櫛とヘアピンを挿し、頭か胸は琥珀と滑石製の玉で飾ら

図７　北海道カリンバ３遺跡 119 号土坑墓と副葬漆製品

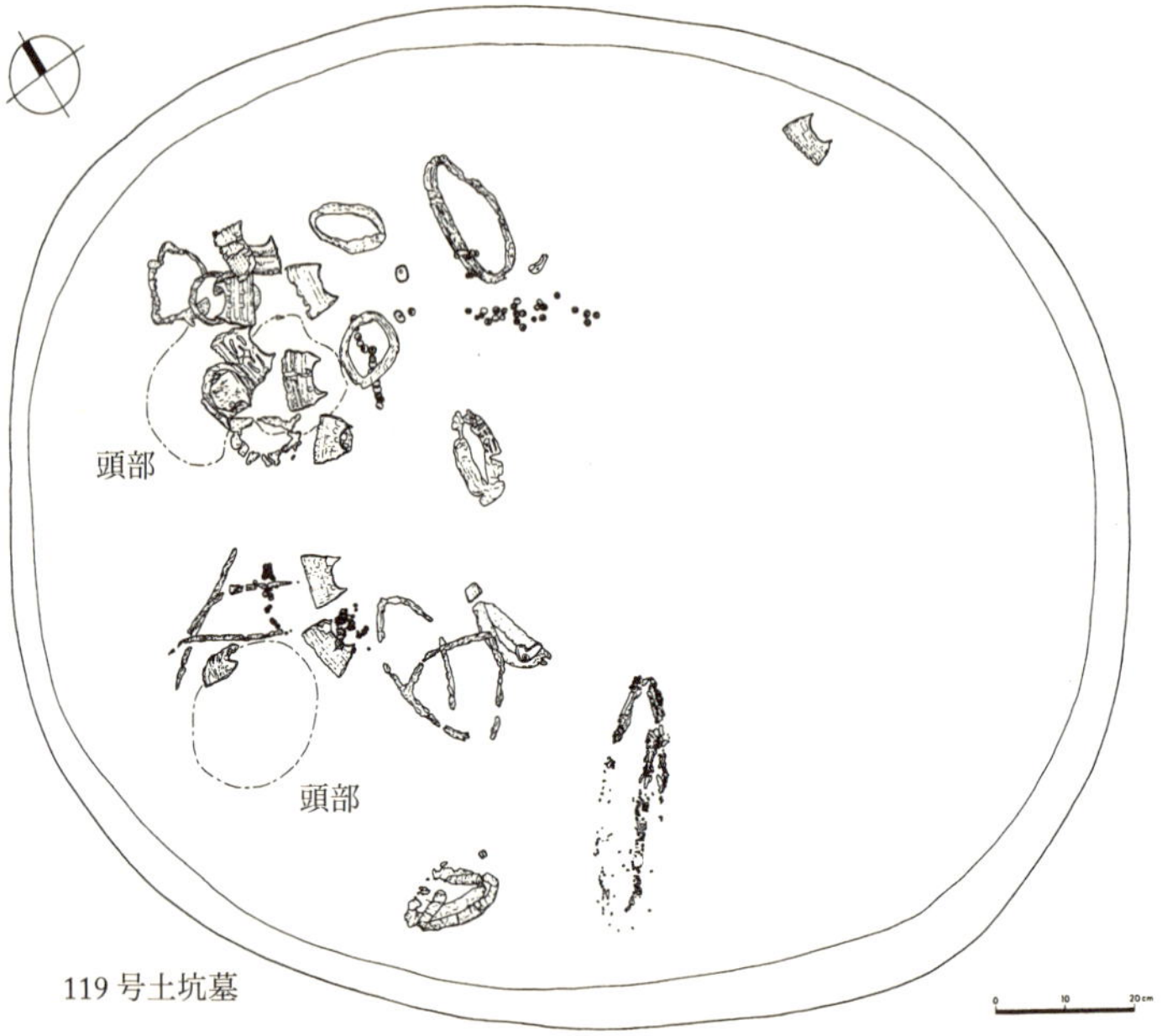

119 号土坑墓

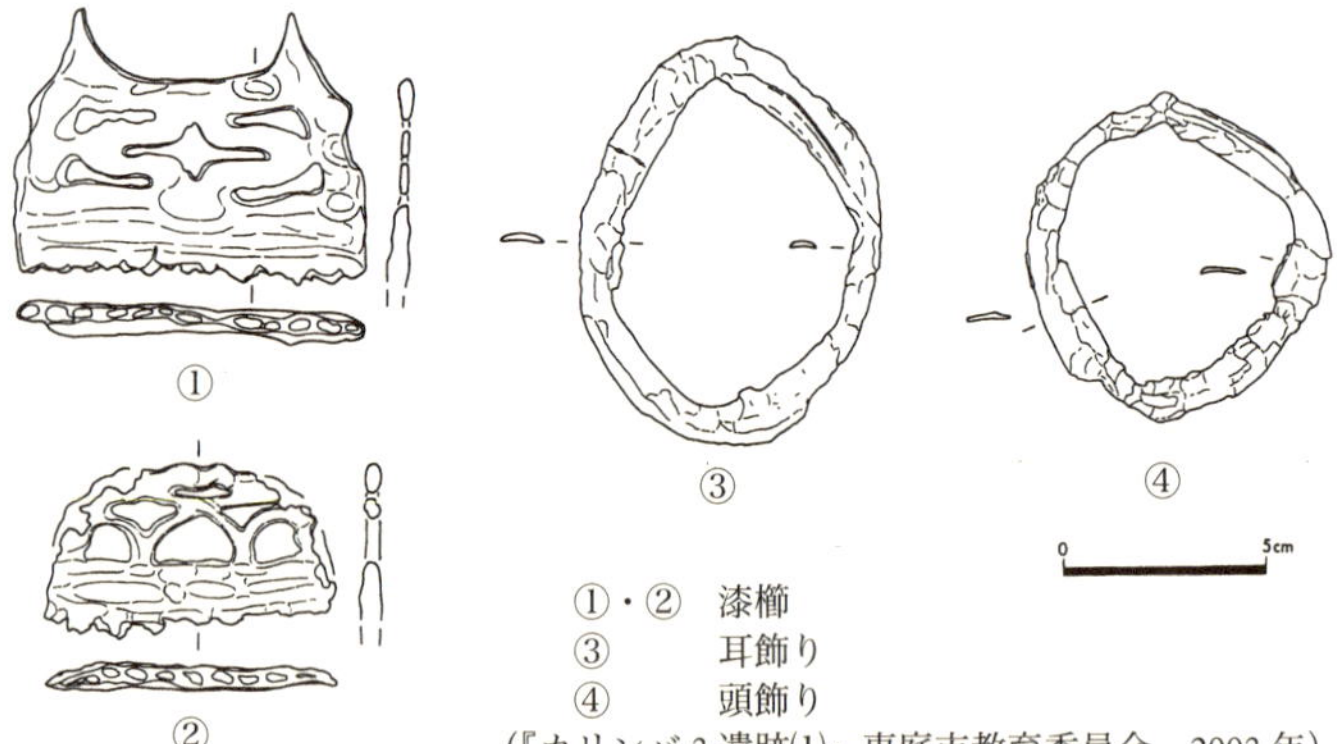

①・②　漆櫛
③　　　耳飾り
④　　　頭飾り
(『カリンバ３遺跡(1)』恵庭市教育委員会，2003 年)

図８　カリンバ３遺跡土坑墓被葬者の装身具着装推定図
（『カリンバ３遺跡(1)』恵庭市教育委員会，2003年）

れていた。左腕にはピンクとオレンジ色の腕輪二点と玉のブレスレットを巻いているようだ。胴から腰にかけては腰飾り帯がみられる。なお漆製品から加速器質量分析計による炭素一四年代測定を行ない、暦年代に補正したところでは約二九〇〇～三二〇〇年前と算出されている。

一二三号土坑墓の平面プランは円形で、上部で一六五×一五八センチ、深さ九一センチの深いものだ。底面は平坦で壁面も垂直に近い。底一面に赤色顔料のベンガラが敷き詰められ、ヒトの歯が五カ所で確認された。これも五人同時埋葬の合葬墓と考えられている。西南側の人物は髪に二個の櫛を挿し、胸付近に滑石や琥珀の玉がまとめて置かれていた。その東側には頭を東側に向けた人物がいる（髪に櫛二個を挿す）。墓の中央には滑石と琥珀玉の首飾りをつけ、腰飾り帯をまいた人物が横向きに膝を曲げて葬られている。帯の周囲から黒色漆の腕輪の痕跡が確認されたので、両腕にはめていたものと思われる。その北側に髪に三個の櫛を挿し、漆塗りのリング四個とサメの歯が付けられた額飾りを着装した人物が、顔をわずかに北に向けていた。耳飾りと滑石と琥珀の首飾りもつけている。北東側には漆の紐に漆輪と勾玉や玉からなる首飾りをつけた人物が埋葬されているらしい（図8）。

以上石製品以外はすべて漆製品で、遺跡全体で一二五点が出土している。一一九・一二三号土坑墓出土品の分析は未報告であるが、そのほかの分析結果が小林幸雄によって報告されているので、だいたいのことは推測できる。(24) 櫛はすべて赤色（朱またはベンガラ）漆塗りの結歯式竪櫛で、両端に角状突起があり、棟（頭部）の部分に透かし文様（切抜き）があるものとないものとに分けられる。大半が漆塗膜だけの状態であり、円形ないし楕円形の歯部の樹種は不明だ。塗装工程は漆に植物繊維などを混ぜた塑形材（モデリング材、コクソ漆）を用いるものとそうでないものがあり、その上の赤色漆はベンガラ漆二層を塗り、上塗りが朱漆のもの、朱漆だけのもの、ベンガラ漆だけの三種類がある。髪飾りは素地（樹皮や草皮か）の上に直接漆を塗り、さらに二層のベンガラ漆に朱漆を塗り重ねている。紐状製品も同様の工程であった。

北海道では縄文後期～晩期にかけて、漆製品が副葬品として重要な位置を占め、その利用は最盛期をむかえるが、カリンバ3遺跡では赤色顔料の作業場が検出されたことで、顔料調製が行なわれていたことがはっきりした。すでに小樽市忍路土場遺跡からは櫛のほか、糸玉・紐・装身具・土器などに漆塗りが施され、漆容器（パレット、土器と樹皮製容器）や赤色顔料を貯蔵した土器などの出土から、三浦正人は櫛などの小品については北海道における「自家生産」説（漆は交易入手）を提唱している。(25) その論拠の一つは忍路土場遺跡では黒色系漆櫛が赤色漆櫛よりも多く存在することから、赤色漆を塗る前段階の未製品と考え、かつ四号作業場跡では黒色系漆櫛二点と赤色顔料を入れた浅鉢が出土したことから、作業途中の段階と認識したことによる。小林幸雄の塗膜分析写真を観察すると、赤色漆櫛と黒色系漆櫛とでは塗装工程が異なっているように観察される。黒色系漆櫛の完成品である石川県金沢市チカモリ遺跡の例では、地の粉漆下地

(モデリング材兼用、若干の炭粉粒子を含む) に精製漆を施しただけの簡素なものであり、忍路土場遺跡と類似している。したがって黒色系漆櫛は必ずしも赤色漆櫛の未製品とはいえないし、浅鉢に黒色系櫛と赤色顔料が入っていたのは別の意味があることも考えてみる必要がある。

なお、漆製品盛行の背景として木村英明は、「遅くとも縄文時代後期の中葉 (手稲式期、例えば小樽市忍路土場遺跡) に自家生産を開始していたらしい漆塗り櫛が、石棒に代わってその呪術的役割を強化し、やがて墓にまで納められるに至ったということであろうか」とのべている(26)。

とまれ、ウルシノキが植栽されていないところで漆工技術は生まれないので、当初は技術を身につけた工人の移動を考えなければならない。ただし今後の考古植物学的調査によってウルシノキが確認されるケースも否定できず、北の大地における縄文時代漆工生産の証明には、さらなる科学的な検討と遺物に即した跡づけが必要である。

縄文のタイムカプセル——新潟県青田遺跡

新潟平野の北部、かつての紫雲寺潟中心部から想像もしない縄文時代晩期終末の青田遺跡 (新潟県新発田市、旧北蒲原郡加治川村大字金塚《かなづか》所在) が確認され、亀甲形とよばれる掘立柱建物跡が五〇棟以上も検出された。低湿地という有機質遺物の保存には格好の条件によって、丸木舟、櫂、簾、筌《うけ》(陥穽《かんせい》具)、曲物、弓、漆製品などが多数出土し、縄文のタイムカプセルとして注目を集めている(27)。漆製品の科学的調査については、新潟県教育委員会の協力を得て、一部塗膜分析や赤外分光分析などを行なった。一部内容を紹介したい (図9)。

漆製品としては赤色漆塗り結束糸 (糸玉)、飾り弓、櫛、腕輪などがある。結束糸は撚り糸を二〇~三

図９　新潟県青田遺跡出土の漆製品と工具

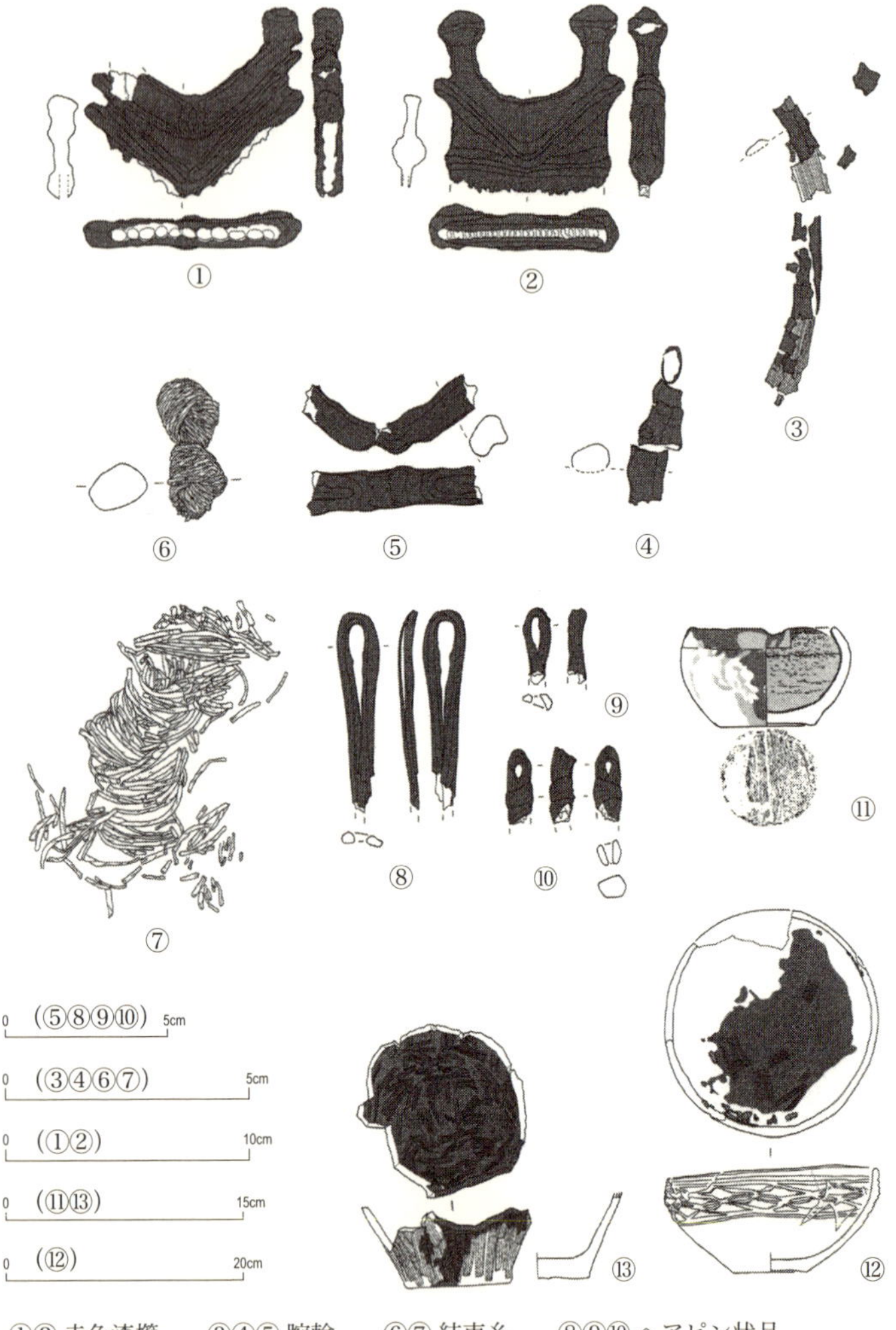

①② 赤色漆櫛　③④⑤ 腕輪　⑥⑦ 結束糸　⑧⑨⑩ ヘアピン状品
⑪ 漆容器　⑫⑬ 漆パレット
(『青田遺跡』新潟県教育委員会，2004 年）

○本ほど束ねて結び目を作ったものだが、著者の調査ではこの糸のなかには植物繊維の上に生漆、さらにベンガラ漆が二〜三層塗られている例がかなり確認された（図9-⑦）。漆塗り糸を柔らかいうちに、束ねて結束したということになる。なぜこのような手の込んだことをしたのだろうか。束ねた本数と結び目に意味があるとしたら、結束後に漆塗りしたのでは、一本一本の形状がわからなくなってしまう。くっきりと見えるようにするには、面倒でもこうしたことをする必要があったのかもしれない。五○点ほど出土しているが、荒川隆史によると、結び目にはある種の規格があるらしい。同様のものは北海道忍路土場遺跡、福島県荒屋敷遺跡、新潟県分谷地A遺跡、滋賀県栗津湖底遺跡をはじめ広範な地域で確認されており、小林達雄國學院大學教授は沖縄・先島諸島の藁算《わらざん》に一脈通ずる、文字以前の記号ではないかとしている。ヘアピン状品（図9-⑩）は植物繊維の上にベンガラ漆一層の簡素なものだ。腕輪は植物繊維の胎の上に生漆とベンガラ漆数層が塗られているが、なかでも図9-③は五〜六層のベンガラ漆が確認された。これとよく似た例は石川県米泉遺跡で確認している。図9-⑤は木胎の腕輪で、生漆＋ベンガラ漆二層である。以上のベンガラは、すべていわゆるパイプ状粒子を磨り潰したもので、長さ一二マイクロメートル以下、直径は○・五〜○・一マイクロメートルという細いものだ。今後、漆パレット内のベンガラ粒子との比較検討が課題となろう。

櫛は角状（双頭）突起が付いた結歯式竪櫛（赤色漆一点、黒色漆一点）が出土しており、縄文前期の福井県鳥浜貝塚の刻歯（挽歯）式竪櫛と実によく似ている。櫛については別項で取り上げたが、こうした突起は明らかに成長した鹿角の表現であり、抜け落ちてはまた新生する角は生命の永遠性、不老長生の象徴であった。約四○○○年の時間差はあっても櫛の精神性は確かに受け継がれていたと考えざるをえない事例である。このほか黒色漆塗りの飾り弓などが出土しているが、製作技法の詳細は永嶋正春の元で検討中だ。(28)

さらに青田遺跡からは赤色顔料であるベンガラの塊とベンガラ漆を調製した漆容器（図9-⑪）が出土しており、漆工生産が行なわれていたと判断される。とくに漆パレットには刷毛状の痕跡をとどめるものが数点確認できたことは重要なことだ（図9-⑫・⑬）。ある本には縄文人は手や指先で漆を塗っていたとの記述があった。そうでないことは塗膜の状態をみればわかることだが、今回の痕跡で刷毛使用が証明されたとみてよいだろう。

中国春秋・戦国時代の楚漆器の影響か──高知県居徳遺跡

高知県土佐市居徳《いとく》遺跡（土佐市高岡町乙居徳外に所在）から、中国春秋・戦国時代漆器の影響が濃厚といわれる、蓋形漆器（縄文時代晩期中〜後半）が出土し注目を集めた。居徳遺跡は、太平洋に注ぐ仁淀《によど》川西岸の沖積平野に潜在する四カ所の埋没丘陵とその谷部にわたり、標高九メートル、東西約四〇〇メートル、南北約七〇〇メートルである。平成九・一〇年度にわたって約二五〇〇〇平方メートルが高知県埋蔵文化財センターによって調査され、木鍬、木胎漆器、大洞式土器、大型土偶などが出土している。遺跡自体は縄文後期〜中世の複合遺跡だ。蓋形漆器について調査担当者曽我貴行・佐竹寛の観察所見をもとに紹介しよう(29)。

蓋形漆器（樹種クスノキ、口径四四センチ、器高一一センチ、図10）は隅が丸い方形で、コーナー部分にブタ鼻状の突起、頂部には丸い摘《つま》みが付いている。木地は薄く黒色漆が塗られ、さらに精製漆で器面の凹凸を平滑にして下地を整えている。補修孔が口縁部に三個、体部に一個あり、口縁部の二孔には補修の紐が残っていた。全体に磨耗もあり、長期にわたって使用された精神的価値の高いものと推測されている。

外面の加飾は摘みから突起にかけて全体を四分割する縦位の隆帯と、さらに横方向に二つの隆帯が置か

図 10　高知県居徳遺跡の漆塗り蓋（『1997 古代史発掘総まくり』アサヒグラフ第 3950 号，『居徳遺跡』高知県立歴史民俗資料館，2001 年）

れて三段に分割されている。文様は隆帯も含めて各区画内に、朱漆による弧状に連なった花弁状の意匠が描かれているが、各区画ではそれぞれ違った意匠を構成している。本漆器の特徴は繊細で緻密な筆法による弧状の意匠構成にある。こうした朱漆絵による意匠構成は縄文時代にはみられないもので、類似したものを周辺に求めるとすれば中国の春秋・戦国時代、なかでも楚墓から大量に出土した漆器であろう。まったく同じ意匠はないが、多用される弧状や幾何文様のなかに共通する雰囲気が感じ取れる点では、楚漆器の影響下に成立した可能性は否定できない。曽我・佐竹は「北部九州の雀居《ささい》遺跡ならびに菜畑遺跡出土漆器との関連が確認されれば、文様・手法ともに東日本のそれとは違った技術体系の中で生まれた可能性を示す遺物でもある。そうなるとこれまで東日本の漆文化に比べて明らかにされる機会が少なかった縄文晩期の西日本で、独自の高度な技術体系をもつ漆文化が形成されていた可能性も否定できない」とのべている。

だが、突起や摘みが付く蓋形の器形は東北縄文晩期後半の亀ヶ岡（大洞《おおぼら》）文化の影響であり、居徳遺跡からは朱漆塗りの大洞C２土器と西日本の弥生時代前期の板付Ⅱ式土器が共伴している。江坂輝彌慶應大学名誉教授は、大洞C２土器は東北北部で製作されたものが高知県下まで運搬されたものであり、蓋形漆器の朱漆絵は大洞C１・C２式土器の文様と共通点が認められると指摘している。(30) 現状では二つの見解が出されているが、塗装工程などの科学分析結果もふまえて総合的に判断する必要がある。なお、一部漆塗り土器や木胎漆器の科学分析も行なわれているが、後者については十分なデータが得られていないので、今後の課題となっている。(31)

第七章　弥生〜古墳時代の漆器

一　弥生〜古墳時代の漆工技術

縄文と弥生的思考の差

縄文時代では北陸や東日本に盛行した漆器が弥生時代になると激減し、北部九州に顕著となった。その種類は容器・装身具・武器・狩猟具・祭祀具などで縄文時代と変わりないが、赤色漆主体の縄文漆器に対して大きな変化が見られる。弥生時代前期は赤色と黒色漆の塗り分けと、ときに細密な意匠で飾るものも見られるが、中期にはその意匠性が消え、後期になると黒色漆が主体となり古墳時代に移行する(1)（図1・2）。技法では縄文時代の籃胎《らんたい》漆器に用いられた高度な技術であるコクソ漆が、弥生時代には受け継がれることはなかった(2)。塗装工程では炭粉漆下地などを施したのち二回ほど漆を塗り、上塗りとして赤色漆を一回施すものが多くなり、斉一的で大陸的な文様を持った漆器に対応している。つまり、赤色漆を何層も塗り重ねる縄文漆器に対して、弥生のそれは簡素なものであり、中国漆器の影響といわれている。また塗装工程の簡略化は、木工技術の発達による器面調整の向上が要因という。しかし縄文漆器にも器面調整の丁寧なものはいくらでもあり、太陽の色・血の色・復活再生の色である赤色漆を、幾重にも塗りこめることに価

図1　弥生時代の漆製品①

1：奈良・唐古（櫛・前期）　2：大阪・安満（櫛・前期）　3：三重・納所（櫛・前期）　4：島根・西川津（櫛・前期）　5：大阪・安満（簪・前期）　6：大阪・東奈良（櫛・後期）　7：福岡・下徳力（櫛・後期）　8：奈良・唐古（釧・前期）　9：福岡・拾六町ツイジ（釧・前期）　10：佐賀・菜畑（高杯・前期）　11：同（椀・前期）　12：奈良・坪井（剣把頭・中期）（栗山伸司，1989年を改変）

図２　弥生時代の漆製品②

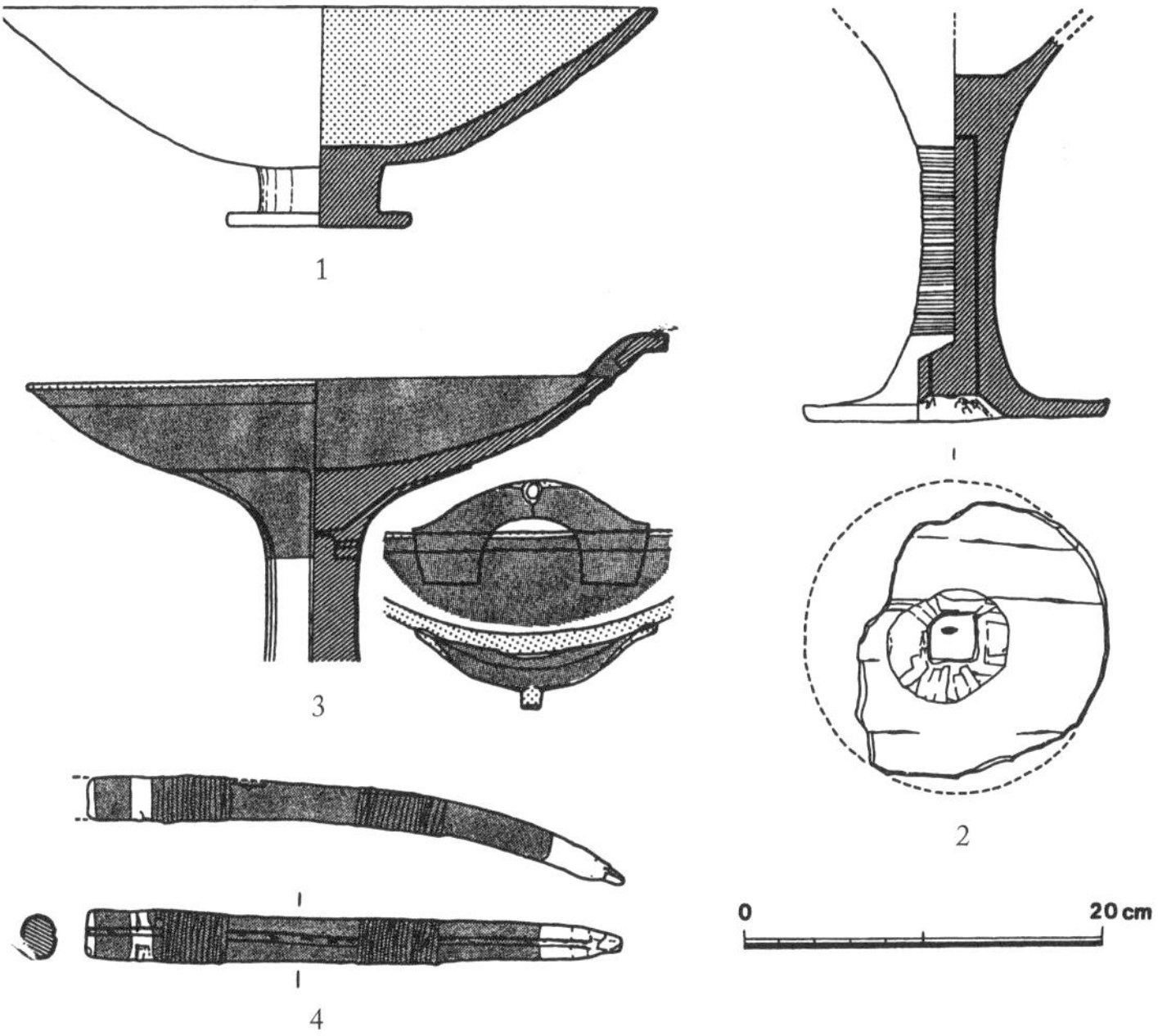

1：愛知・篠束（高杯・中期）　2：大阪・池上（高杯・中期）　3：石川・西念南新保（高杯・後期）　4：愛知・朝日（弓・中期）（栗山伸司，1989年を改変）

値を見いだした縄文的思考と、器形や用途の機能を重視する弥生的思考の差と思っている。価値観の変化とともに縄文的思考と技法は次第に衰退していったが、北陸や東日本の動向はよくわかっていない。弥生時代中期から後期にかけて木地に直接漆を塗布することや、漆以外の膠着液が新たに出現するといわれている[3]。後者については柿渋をあげる研究者もいるが、化学的に証明された事例はない。

黒色漆の盛行

弥生時代後期から古墳時代の主流となる黒色漆は、油煙や松煙などの炭素系粒子を漆に混ぜたもので、朝鮮半島や中国漢代漆器とも共通した特色である。佐賀県神埼市吉野ヶ里遺跡（後期）出土の木胎漆器蓋（黒色地）は、稜の部分が赤色漆で縁取りされたもので、漢代漆器に酷似している[4]。しかし弥生時代を通して漢代漆器に描かれた竜・瑞鳥などの動物文や雲気文、黄・緑色の彩漆《いろうるし》などは採用されることはなかった。

畿内では前期遺跡として著名な奈良県田原本町唐古《からこ》・鍵遺跡から、赤色漆の透彫飾板や木胎腕輪と黒色漆の木胎腕輪、木胎鉢、弓が出土している[5]（図1）。櫛は構造的には縄文時代と同じ竪櫛であるが、北部九州、近畿、島根に分布の中心があり、縄文時代とは対照的である。なかでも島根県松江市西川津遺跡の櫛（前期）は一七本の歯に直交して、三四本の糸が巻きつけられたものや、刺繍のカットワークと同じ透かし彫り技術のものが見つかっている[6]。また松江市西川津町タテチョウ遺跡（前期後半〜中期前半）の櫛にみられる鋸歯状の赤色漆絵は、韓国石村洞土坑墓出土品に類似した文様がある[7]。

佐賀県鳥栖市柚比本村《ゆびほんむら》遺跡（弥生中期）から、細形銅剣の赤色漆塗り鞘が出土した。鞘飾りの碧玉約三〇〇個を赤色漆で塗りこめたもので、ベンガラと朱漆四層が確認されている。碧玉による鞘飾りは大陸にも類例はなく、赤色漆を何度も塗り重ねる技法は縄文的である[8]。一方、福岡市雀居《ささい》遺跡木製盾（後期）の塗装工程は、黒色漆＋漆、滋賀県彦根市松原内湖《ないこ》遺跡の木製短甲（古墳前期）では黒色漆＋黒色漆の順と報告されている[9]。黒色顔料（油煙）を塗り重ねる技法は漢代の漆器に広く確認されており、わが国では弥生時代以降も継承されている。

東日本では弥生時代の良好な資料に恵まれないため、縄文時代の漆工技術は継承されなかったと考える見解もある。しかし西日本の漆器にも縄文的なものがあり、その技術が忽然と消え去ったとは考えにくい。新潟県朝日村二又遺跡（弥生中期）からは、口縁部を欠くが底径六・五センチ前後のコップ状の小型無文土器の内外面に生漆が塗られていた。通有の器形ではないので、あるいは祭祀的なものかもしれない。他に赤色（ベンガラ）漆塗り土器も出土しており、木胎漆器が製作された可能性は否定できない[10]。北陸では宮本哲郎や楠正勝が弥生時代後期後半に木工用ロクロ（轆轤）導入の可能性を指摘しているが[11]（図2）、木工技術史の成田寿一郎は否定している[12]。

北部九州の縄文〜古墳時代出土漆器の塗装工程を広く分析調査した岡田文男は、前述と重複するが、その特色を次のようにまとめている。縄文時代晩期後半から、下地に漆と木炭粉（炭粉）ないしは黒色の物質を施し、その上に二回程度の透明漆（透漆）をかけて基層とし、さらに一度だけ赤色を塗布したものや、細線による施文（漆絵）漆器が出現するが（唐津市菜畑遺跡、福岡市雀居遺跡）、前代の縄文晩期のものと比較して非常に斉一的な特徴をもっている。以後、弥生時代前期に類例が増加し、後期で消滅するらしい。そして弥生時代中〜後期にかけて、木地の表面にじかに漆を塗布する技法や、漆以外の膠着液を用いる技法が出現する。同時に油煙などの黒色顔料の利用が始まり、古墳時代に継承される。これらは中国大陸、朝鮮半島との交渉を示す傍証だとしている[13]。こうした点を考慮に入れながら、次に北部九州以外の事例として、弥生時代では岡山県津島遺跡の漆塗り木弓、古墳時代では石川県畝田・寺中遺跡の漆塗り櫛を取り上げることにしよう。

なお、弥生時代の朱は縄文時代とは異なる扱いを受けたことはよく知られている。中国では不老不死の仙薬であり、それは加熱すればただちに蒸発し、さませばほどなく液体になるといった水銀の循環的な流転性に注目し、そこに永遠の生命力の源泉を見いだした。特に神仙思想のもとでは、不老長生を招く「丹」薬の最高位に位置づけられていた[14]。『魏志倭人伝』には倭人は水銀朱で身体装飾をしているとあるが、実際にはベンガラによる赤彩が多かったと思われる。このほか朱の効能としては、防腐剤・皮膚病薬（梅毒）、あるいは金銀のアマルガム法など多岐にわたり、今日に至るまで利用されている。水銀については和田萃《あつむ》の興味深い論考があるので参照されたい(15)。

二　弥生時代の漆塗り木弓

石目塗状の木弓――岡山県津島遺跡

岡山県三大河川の一つである旭川西岸の沖積平野に営まれた岡山市津島遺跡は、瀬戸内周辺では最も著名な遺跡として国指定史跡となっている。一九九九年度に隣接した北東部の発掘調査が行なわれ、河道から多量の木製品（弥生後期後半）が出土した。なかでも注目されたのは漆塗り弓である(16)。

漆塗り弓は直線状に伸びる芯去《しんさ》り材（樹種マテバシイ）で、断面は楕円形だ（図3）。現存長三九・一センチ、幅二三・五～二五ミリ、厚さ一五～一六ミリ。弓幹《ゆがら》と弣《ゆづか》（握部分）について分析調査を行なった。弓幹全体は木地の上に黒色漆（黒色顔料は油煙）が、基本的には二層塗られている。各層厚は一〇～三七マイクロメートルの薄いものだ。木胎の縦方向にヤセが見られるが、塗膜は麗しい光沢をとどめている。弣部分は弓幹とは異なる技法が見られたので、やや詳しくとりあげたい。

弣部分の塗装工程は木地の上から、塗装順に番号を付して説明する（図4）。①石英主体の石、鉱物粒子を含む黒色漆層。層厚一七一～二二〇マイクロメートル。黒色顔料（油煙）が層全体に分散している。針葉樹片も少し含まれている。石英の大きなものは短径二〇〇×長径二四五マイクロメートルほどだ。肉眼では一見鉄鉱物のようにみえるが、研磨していくと本来の白色となる。粘土鉱物が含まれていないので、石英の多い砂礫から均一なものを選択した可能性が強い。②黒色漆層。層厚七～二九マイクロメートル。黒色漆層は二～三層の部分もある。③朱漆層。層厚五～三〇マイクロメートル。鉱物粒子全体を覆ってお

図３　岡山県津島遺跡の漆塗り弓（『津島遺跡 4』岡山県教育委員会，2003 年）

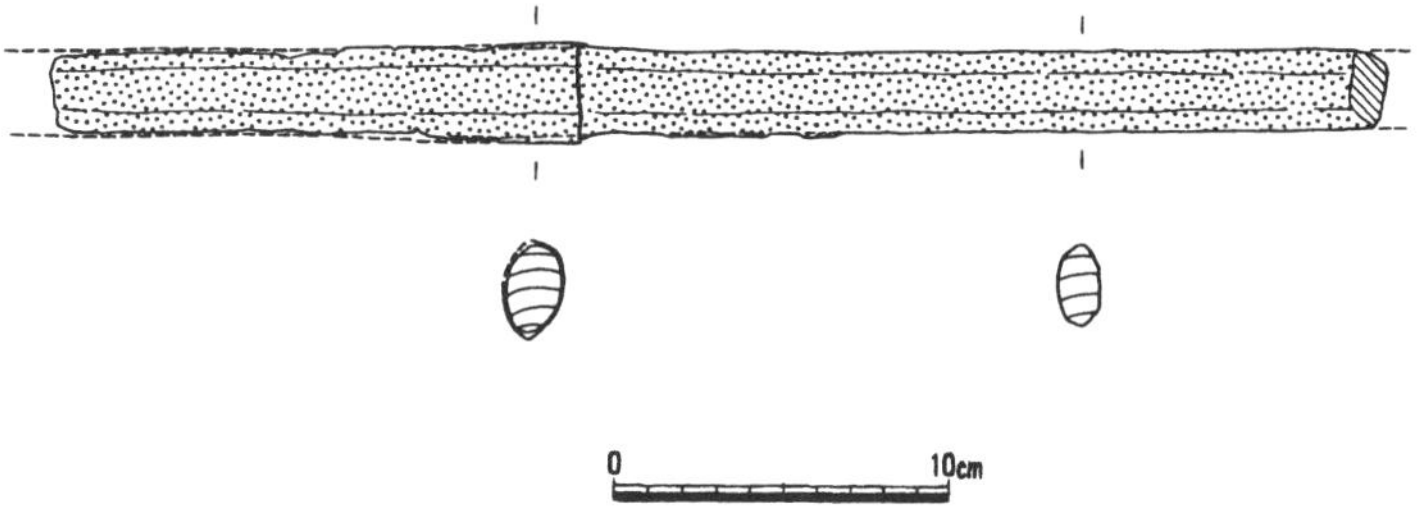

図４　弥生時代弓の塗装工程（岡山県津島遺跡，四柳嘉章，2003 年）

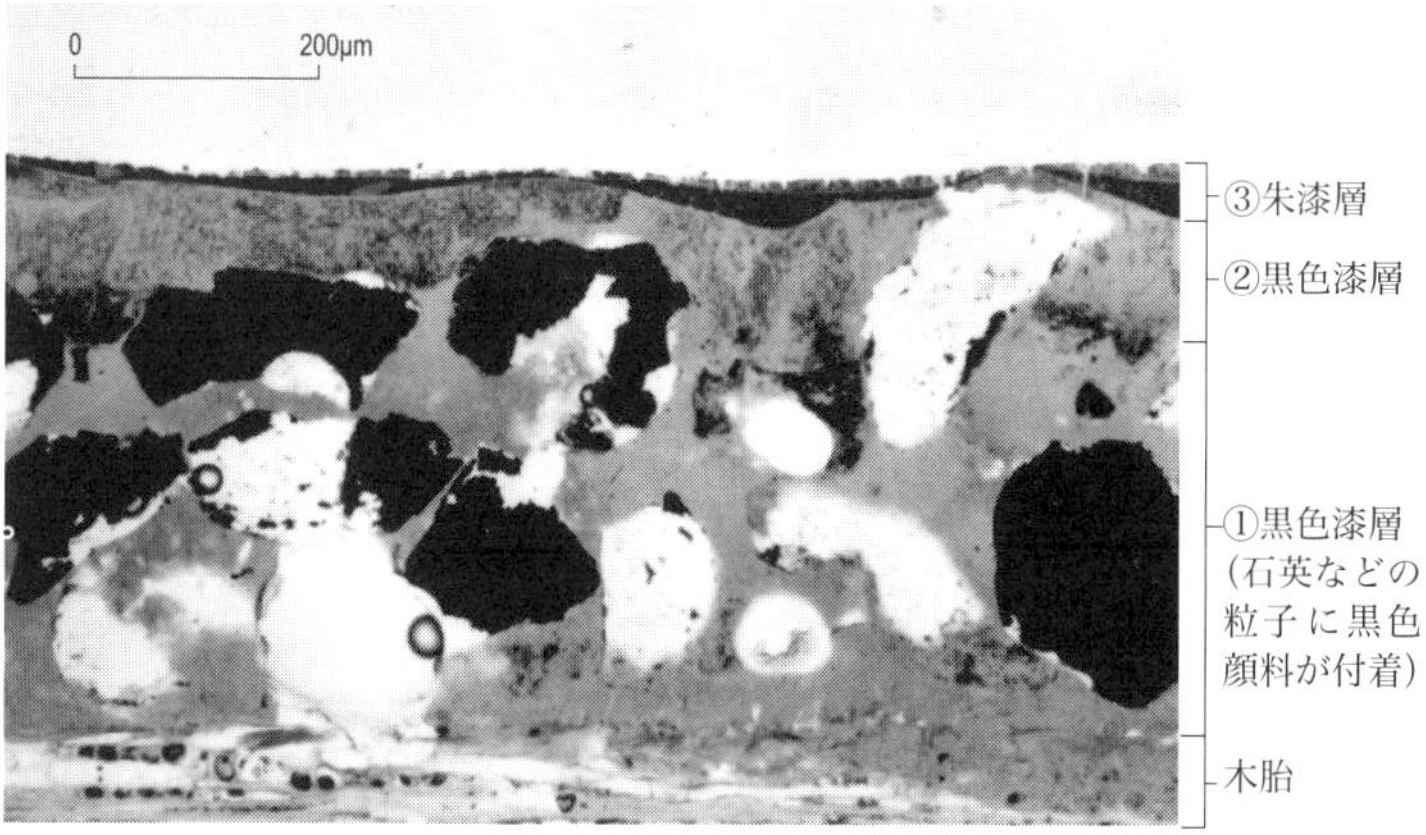

らず、粒子間の窪みに沈澱している。このため表面から見ると黒と朱の美しい斑紋に仕上がっている。

　要約すると弭部分は〇・一〜〇・二ミリほどの石英主体の砂礫を漆の上に均一に蒔き、黒色漆、朱漆を塗って石目《いしめ》塗《ぬり》状になっている[17]。特に石英粒子には黒色顔料が強く付着している反面、朱漆層が薄いため凹凸いちじるしい粒子間に溜まり、朱色と黒色のバランスが美しく絶妙の仕上がりとなっている。この技法は使用に際しての滑り止めかと思われるが、美的な意識も見られ、けっして実用一辺倒ではなさそうだ。このほか同様の黒色漆塗りの弓幹（樹種スダジイ）や赤色顔料が塗られた盾（樹種モミ）などが出土している。

さて、弓幹全体は木胎の上に二層の黒色漆が施されていたが、福岡市雀居遺跡の木製盾（弥生後期後半）では、黒色漆層＋漆層、滋賀県彦根市松原内湖遺跡の木製短甲（古墳前期）では黒色漆層＋黒色漆層の順と報告されており[18]、後者が津島例と同じ塗装工程だ。こうした黒色顔料（油煙）を塗り重ねる技法は漢代の漆器に広くみられるところで、わが国では弥生時代以降も継承され、古代・中世漆器では上質漆器に不可欠な工程として意識されていた。真っ黒で深い底つやがあることを「漆黒《しっこく》」というが、つやつやとして奥深い黒色に寄せる日本人の思いは、元来は東アジアに共通した技法から生まれたものだ。とまれ黒色漆塗りされた弓幹と弭部分を石目塗状に塗装した漆塗り木弓例は珍しく、弥生時代武具の漆工技術を探る上で貴重なデータが追加された。また漆工的装飾のすばらしさからも、そこには弓によせる弥生人の精神世界が凝縮されているように思える[19]。

三　古墳時代の結歯式竪櫛

櫛の構造と塗装法――石川県畝田・寺中遺跡

金沢港に隣接した金沢平野北部の金沢市畝田西・中・東・無量寺町一帯には、縄文時代から近世にかけての重要な遺跡が密集しており、畝田《うねだ》・寺中《じちゅう》遺跡もその一つである。河道（SD〇一六）に沿うように、古墳時代中〜後期、古代の掘立柱建物跡・井戸などの遺構が確認されているが、平成一一年度の調査で、河道から五世紀代の黒色漆塗りの櫛が二点出土した[20]。結歯式竪櫛とよばれる小型の櫛で、古墳に埋葬された人物の副葬品として納められることが一般的だ。全国的な出土量は多いが、科学的に塗装技術を報告した事例は意外と少ない[21]。報告書は未刊だが、石川県埋蔵文化財センターのご好意で概要を紹介する。

ここでとりあげる古墳時代の結歯式竪櫛の基本的構造は、一〇本前後の細い竹を中央で束ねて逆U字状に折り曲げ、さらに帯状に結束の上、竹などの横架材（横木）をそえて補強している。帯状部分の素材は糸・布・樹皮がある。長い歯部が特徴だが、漆塗りされていないため腐食して残っていない。全体に光沢がある黒色漆が施されているが、そのサイズや塗装技術は次のようなものだ（櫛の構造や名称は第五章図4参照）。

㈠　A櫛（総黒色漆）

素材の竹一〇本（一本の幅約一ミリ、厚さ約三ミリ）を中央でしばり、さらにはずれないように一本ずつかがっている。そして逆U字状に折り曲げ、合計二〇本の櫛歯としている。折り曲げた部分は帯状に結束されており、縦幅約五ミリ、横幅約二七ミリである。その素材は細い糸で、一本の太さは〇・一ミリ以下だ。この帯状結束部の下に補強の横架材（竹）が両面からそえられており、糸は歯部とほぼ垂直にかがっている。これより上部の頭部ないし棟とよばれる部分の最大長約一五ミリ、歯部の最大厚約一・五ミリ。

塗装工程（図6）は竹素地の上には鉱物粒子などによる下地はなく、①漆層、②黒色漆層（黒色顔料は長径〇・五マイクロメートル以下の微細な油煙粒子）、③漆層（部分によって二層）の順であった。全体の塗りは薄く歯の直上では約一〇マイクロメートル（〇・〇一ミリ）、歯間の窪みでは約二二六マイクロメートル（〇・二二六ミリ）であった。

図５　古墳時代の漆櫛頭部（石川県畝田・寺中遺跡，石川県埋蔵文化財センター蔵）

図６　古墳時代漆櫛の塗装工程
（石川県畝田・寺中遺跡，石川県埋蔵文化財センター蔵，顕微鏡写真＝四柳嘉章）

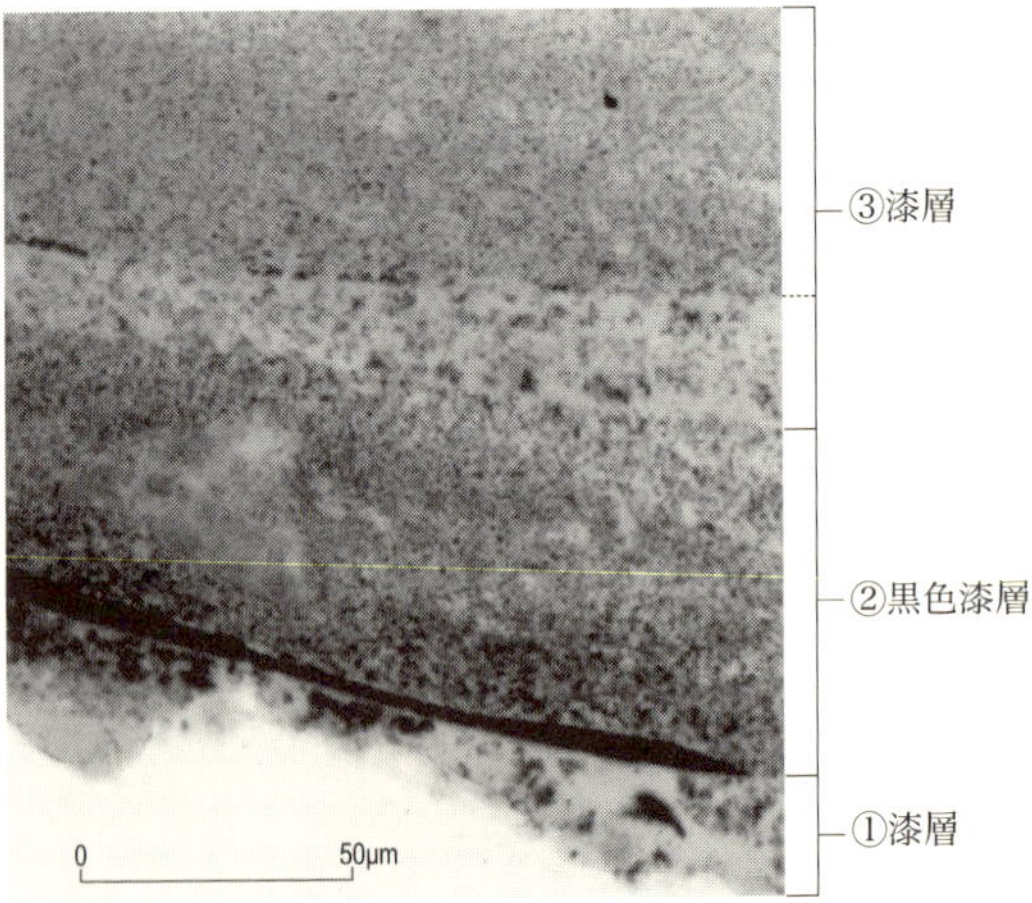

(二) B櫛(総黒色漆、図5)

素材の竹一二本(一本の幅約一ミリ、厚さ約一～二ミリ)を中央部でしばり、さらにはずれないように一本ずつかがっていることはA櫛と同様で、櫛歯の合計は二四本だ。一本一本が平坦に削りだされている。帯状結束部の素材は細い糸で縦幅は不明だが、横幅約三四ミリ、厚さ約三ミリである。一本の糸の太さは〇・一ミリ以下だ。横架材は剝離のため遺存しないがA櫛と同じとみて大過ない。漆塗り工程は①漆層、②黒色漆層の順で、A櫛の③漆層にあたる塗りはみられない。全体の塗りの厚さは一八八～二八四マイクロメートルである。

画一的な量産品

以上、同じ河道から出土した二本の櫛は、全体の構造と塗装技術が復元できる良好な事例だ。サイズに若干の違いはあるものの画一的な同じ構造であり、漆塗りの手間からいえば小さいA櫛がすこし丁寧ということになる。ともに油煙と思われる煤を黒色顔料として漆に混ぜた黒色漆を用いており、これは光沢と深みがある黒色に仕上げるためには不可欠な技法といえる。こうした結歯式竪櫛の古い例は、福岡市飯盛大石遺跡(弥生中期)の甕棺内出土例があるが、盛行するのは古墳時代だ。

畝田・寺中遺跡に隣接する畝田D遺跡は古墳時代前期の玉生産集落であり、大和の政権と密接な関係にあったと考えられる。列島内で出土している多くの結歯式竪櫛は、共通した技法で製作されており、きわめて画一性の強いものだ。こうした櫛は配布品なのか、それとも玉と同じく在地生産なのか、科学的な比較データの集積が待たれるところだ。なお、結歯式竪櫛は五世紀前半代に盛行、七世紀代には消滅し、中国起源の横櫛に置き換えられ今日に至っている。(22)

四　古墳時代前期の漆祭祀

神殿の周溝に廃棄された祭祀遺物――石川県太田ニシカワダ遺跡

上塗り漆の色は時代によって流行りがあった。縄文時代の呪具や装身具などには、再生や生命の躍動を体現する塗料として、主に赤色漆が塗られた。ところが弥生時代後期以降、状況は一変して黒色漆が主流になった。黒色漆そのものと黒色漆塗り土器が祭祀の対象となった珍しい例が、能登半島の石川県羽咋《はくい》市太田ニシカワダ遺跡で確認された。

太田ニシカワダ遺跡は、日本海に大きく突き出した能登半島基部の旧邑知《おおち》潟の縁辺に位置している。日本海―邑知潟―小浦川流域を介して内陸部、さらに山を越えて富山湾とつながる要衝の地だ。わずか四〇〇平方メートルの調査範囲で、パンケースにして四〇〇箱前後の古墳時代前期遺物が出土し、なかに石《いし》釧《くしろ》・管玉《くだたま》・未製品などもあり、玉造《たまつくり》工房の存在が明らかとなった。調査範囲が狭いために全体像は明確ではないが、神殿と思われる建物を囲む方形の溝から、漆工遺物、石釧・管玉・未製品、機織具、剣やミニチュアの杵形祭具、鹿角製品、建築部材など出土遺物の大半が出土している(23)。国指定史跡吉崎・次場《すば》遺跡(弥生前期～古墳初頭)とは至近距離にあり、邑知地溝帯の両丘陵と海岸部には、能登屈指の古墳群が形成されている。

漆工関係遺物の分類

筆者が観察した漆工関係の遺物は八〇点で、すべて土器。土器片を漆のパレットとして利用したものもある。漆塗りを部位で分類すると、一位は内外面黒色漆塗りされたもので全体の三一・二五%、うち器形別では高坏が六〇%、壺が一二%である。二位は外面黒色漆塗りの二六・二五%で、器形別では壺六七%、甕一九%である。三位は内面黒色漆塗りで一八・七五%、器形別では高坏四〇%、壺一二%である。用途別に整理すると次のようになる。

漆が盛られたもの　すべて高坏（図7）
漆が内蔵されたもの　ミニチュアの壺、鉢
黒色漆塗りされたもの　高坏が圧倒的に多く、次いで壺

こうした器形の組み合わせと塗彩意識は実に祭祀的だ。古墳時代の漆塗りは主に武具や装身具で、大半が黒色漆塗りであり、当遺跡でも一点（甕の口縁部内面にベンガラ塗り）を除けばすべてが黒色漆塗りであった。この黒色意識は弥生時代後期から古墳時代、および中国・朝鮮半島の同時代の漆製品に共通している。

黒色顔料の証明

これまで自明の理として紹介してきた「黒色漆」は、松煙や油煙の煤が含まれた漆をさしている（近世以降になると鉄系化合物も使用）。松煙は松を燃焼させた煤で、大小さまざまな粒子からなるのが特徴だ。油煙は胡麻、菜種油などの油を燃焼させた煤で、こちらは粒子が細かく均一であるため、黒色の発色も良好となる。しかし、実際のところ肉眼観察では判断できない。そこで塗膜片をポリエステル樹脂に包埋し研磨のうえ、プレパラートに接着して再研磨し、顕微鏡下で観察する。図7左はその顕微鏡写真で、径〇・五マイクロメートル以下の微細な黒色粒子が観察されるが、大小の不均一な粒子から構成されているの

で松煙と判断され、漆は透明性がよく不揃いなゴム質水球も確認されないので、生漆ではなく精製漆と思われる。膠着液が漆であることは、赤外分光分析（図8）によって確認できる。

黒色漆の呪力

太田ニシカワダ遺跡は旧邑知潟縁辺の微高地に営まれた、古墳時代前期の工房的集落で、漆工遺物のほかに木製祭祀具の剣形や杵形模造品、機織りの部材、鹿角製品、そして玉造《たまつくり》工房の存在を示す石釧や管玉未製品が出土した。これらの多くが建物を囲む方形の溝から出土したことは興味深い。

漆工遺物の構成は黒色漆塗りされた土器と黒色漆を内蔵したミニチュアの壺や鉢など約一〇〇点である。黒色漆塗りされたものの大半が供献用土器の高坏であり、これに黒色漆が盛られ、祭祀土器とされるミニチュアの壺や鉢にも、黒色漆が納められていた。これらが神殿と考えられる一間四方の中央建物において祭祀行為に供され、その後溝に廃棄されたものと推測している。問題は祭祀行為の内容だ。生漆《きうるし》であるならば六月ごろに行なわれる初鎌儀礼ともとれるが、漆山ではなく里の工房で行なわれた点では疑問が残るし、なぜ黒色漆なのかという謎が解けない。漆に神性が宿るという信仰の根幹は、やはり漆が持つ強烈なカブレ現象であろう。顔や手足のカブレは普通の倍ぐらいに見るも無残に腫れ上がり、一週間ぐらいは治らない。この自然の偉大なる現象に恐怖を感じて霊力（タマ）を認め、やがてカシコキカミ（貴神）の一つとして崇拝されたことも十分に考えられる。カブレ転じて邪悪を払う霊験が付与されたことは、岡山県倉敷市上東遺跡（弥生後期）での事例が参考となる。

上東遺跡では航海安全のために手向けられた祭祀土器群とともに、生漆が内蔵されたミニチュアの壺が二点出土した(24)。これなどは漆のカブレ現象転じて、邪悪を払う霊力を有するがゆえの祭祀行為と解釈しな

図７　高坏に盛られた黒色漆（右）と黒色顔料の顕微鏡写真（左）
（『太田ニシカワダ遺跡』羽咋市教育委員会，1999 年）

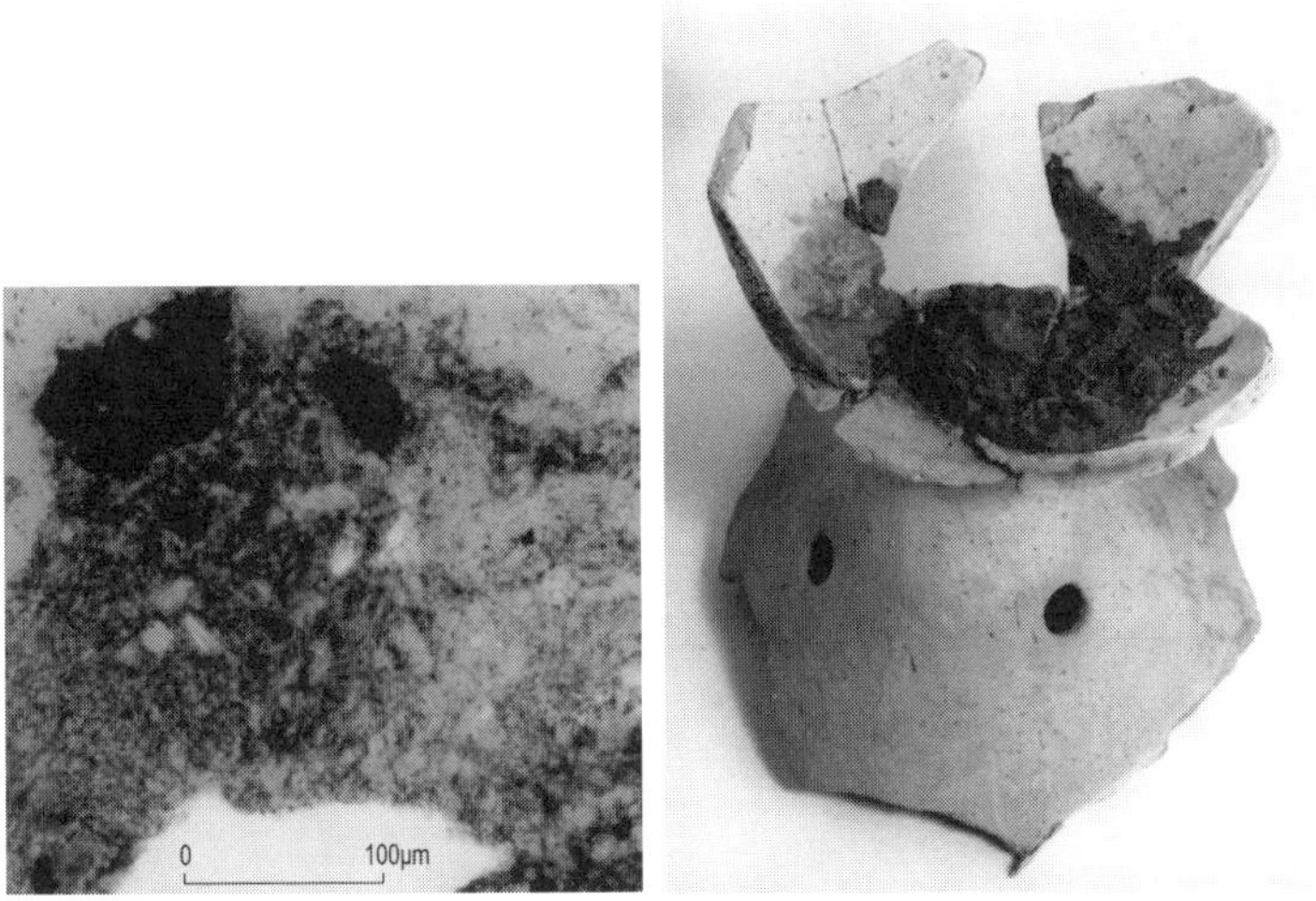

図８　祭祀土器におさめられた漆の赤外線吸収スペクトル

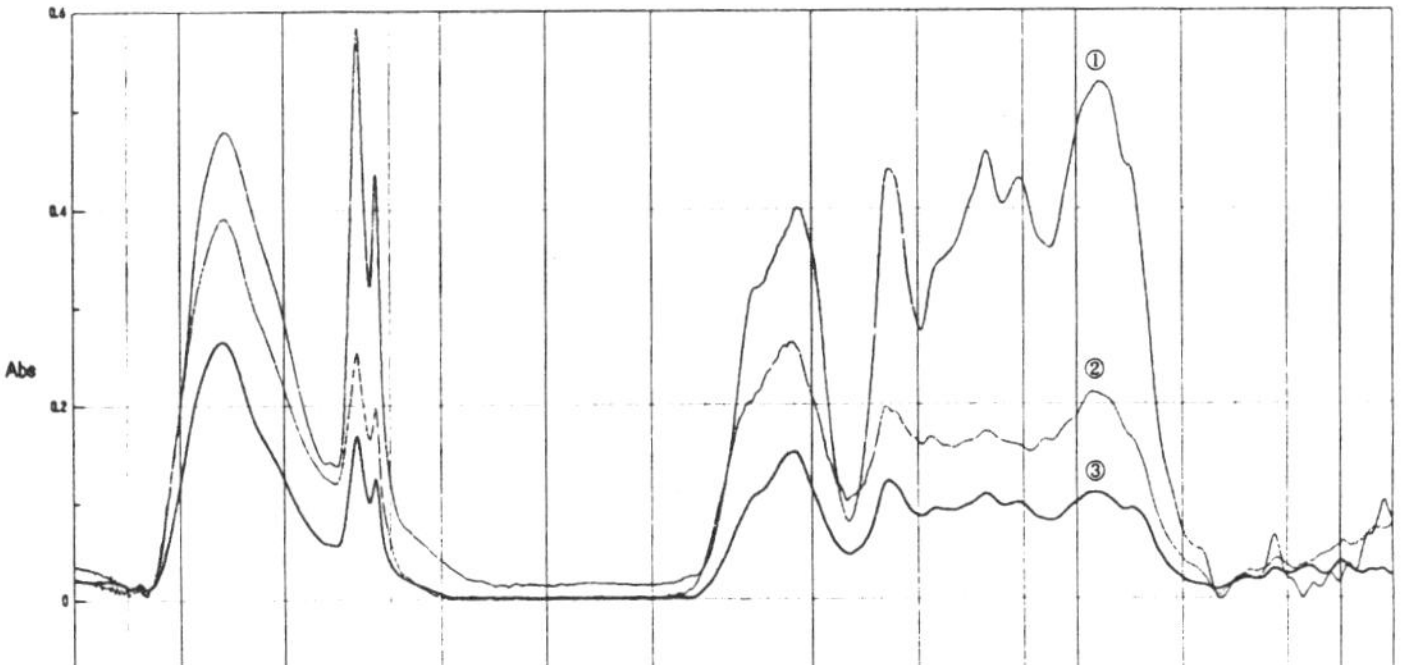

サンプル名　漆　　分解　4cm^{-1}　　積算回数　16　アポダイゼーション　Cosine
① No. 29　　②現代の生漆塗膜　　③ No. 5
（石川県太田ニシカワダ遺跡，四柳嘉章，1999・2002 年）

ければ、漆の存在意義が見いだせない。さらにこうした基層意識（霊魂観念）に加えて、弥生時代後期以降、武具や装身具に施された黒色漆は、黒の美しさを一層引き立て、気高いものに仕上げている。武具であれば近寄りがたい神々しさを放ったことであろう。これは神宝として奉納された刀装具をみれば納得できる。生漆や透漆《すき》だけでも茶黒色化するが、麗しく深みのある黒色に仕上げるためには、精製漆と黒色顔料が不可欠である。それゆえに高坏に盛られたのは、生漆ではなく黒色漆であり、その製品である黒色漆塗り土器も捧げられたのであろう。最初は漆そのものにカミの霊力を認めたが、やがて捧げる神饌に転化していったのではないだろうか。奈良県石上神宮の御神体・韴霊《ふつのみたま》剣が精霊から神格化したのとは異なり、かしこき器体を飾ることで漆の霊力が温存されたというべきかも知れない。これは見え隠れしながら今日まで継承されている基層意識と考えている。

今日、漆器産地では漆祖祭が毎年とりおこなわれているが、太田ニシカワダ遺跡例は漆信仰の原点を探る上で貴重な発見といえる。本書では漆工遺物に限定して紹介してきたが、同じく溝に廃棄された木製祭祀具（剣形、杵形模造品）、機織りの部材、鹿角製品、石釧や管玉未製品が同じ祭祀に使用されたものかもさらに検討しなければならない。同じとした場合、石釧を除魔的な儀器とする説(25)は、漆のカブレと同義であり興味深い。福岡県沖ノ島一六・一八号遺跡など、岩上祭祀にみる鏡・玉・剣・太刀などの祭祀遺物とはかなり様相を異にするが、漆の祭祀的世界の解明も古代人の精神文化を理解するうえでは重要だ。それにしても、こうした漆工と玉造集団を掌握した主体は、大和政権との関係も含めて興味ある課題だ。周辺古墳群と集落遺跡の動向をふまえつつ、潟湖縁辺という遺跡立地から広く日本海的視野で考察する必要性を痛感する。(26)

第八章　古代の漆器生産

一　古代漆器の生産構造

国家工房の漆工人

律令国家における漆器生産は『大宝令』（七〇一年）では、大蔵省管下に「漆部司《ぬりべのつかさ》」が置かれ、「正一人掌二ル雑塗柒(漆)ノ事一ヲ。佑一人。令史一人。漆部廿人。使部六人。直丁一人」（『令義解』職員令）の構成であった。『令義解』によると漆部二〇人のうち七人は前代の伴造《とものみやつこ》から選ばれ、それが部民の系譜を引く品部《しなべ》一三人を配下にもっている（表1）。その内訳は漆部（漆塗り専門）一〇戸、鞍の下敷きを作る泥障《あふり》（馬具、漆塗、革製の泥よけ）二戸、革張（臨時召役）一戸から各一人が召し出されている。武者小路穣は伴造系から七人を出しているところからみて、部民が一〇戸だけであったとは考えにくく、相当数の予備軍が裾野に広がっていたとみている(1)。

だが、八世紀末〜九世紀初頭には律令制の諸矛盾が表出し、官司の整理統合が行なわれた。大同三（八〇八）年一月、漆部司は画工司とともに内匠寮《たくみりょう》に含められ、最終的な定員は長上一三人（うち漆塗二人、轆轤一人）、番上一〇〇人（うち漆塗工一〇人、轆轤工二人）となった。この併合の目的は内匠寮の強化、つまり技術官人の統一とそのもとでの供御のための生産物の集中的な管理生産の実現のためといわれている(2)。

なお、村尾次郎は品部、雑戸《ざっこ》の特徴について「品部、雑戸は公民と同じように口分田を受け、租・庸・調を負担すべき身分であったが特別な職能によって特別な労役につかなければならなかったので、多くは調と徭役を免除されていたかぎりでの特殊身分である」、「この免除も出役の当人についてであって、その出役者の属している戸が免除になるのではない。すなわち、戸それ自体が品部、雑戸なのでなく、特定の戸から出役した一人一人の技術者が中央に集められ組をつくって伴部の指揮下に入ったとき、その組織の内にある者を指して品部・雑戸と呼ぶのである。品部、雑戸は階級ではなくて、官制上の身分にすぎない」、「品部こそ大宝令における特殊職能者集団の正式な身分であって、雑戸は、おそらく大宝令以前のいずれかの法のなかに規定されていたものであり、それが一部除きれないままに、いわば変則的に、品部の仲間としてもぐりこんできたのだとみた方が適切のように思われる」とのべている(3)。

奈良時代の技能民の編成は地方から雇役民として集められたが、強制的徴発の匠丁《たくみのよぼろ》と違って漆工民の場合、すでに中央で下級官人として活躍している人物が、人脈を用いて貢進した例がある。

貢上
私部酒主年廿　但馬國氣多郡餘部郷戸主私部意嶋戸口
知塗漆
天平寶字六年十二月十六日
貢上人右大舎人少初位上私部得麻呂　（『大日本古文書』一六巻）

表1　塗部司の構成

総称	名称	戸数	労務規定	免課	伴部	類別	所管
漆部	忍海戸狛人	5	役日不定（年料牛皮20張以下）				大蔵省漆部司
	竹志戸狛人	7					
	村々狛人	30		調・役	典革1人 狛部6人	品部	
	漆　　部	10	経年毎戸（1年間）	調・役		（品部？）	
	泥　　障	2	臨時召役	徭役（調は徴収）	漆部20人（内，7人は伴造）	品部	
	革　　張	1					
	限外漆部	5	（臨時召役？）	徭役（調は徴収）		品部	
	限外泥障	8					
	限外革張	3					

（村尾次郎『律令財政史の研究』吉川弘文館，1964年）

図1　古代の漆貢納国（『平城京展』朝日新聞社，1989年）

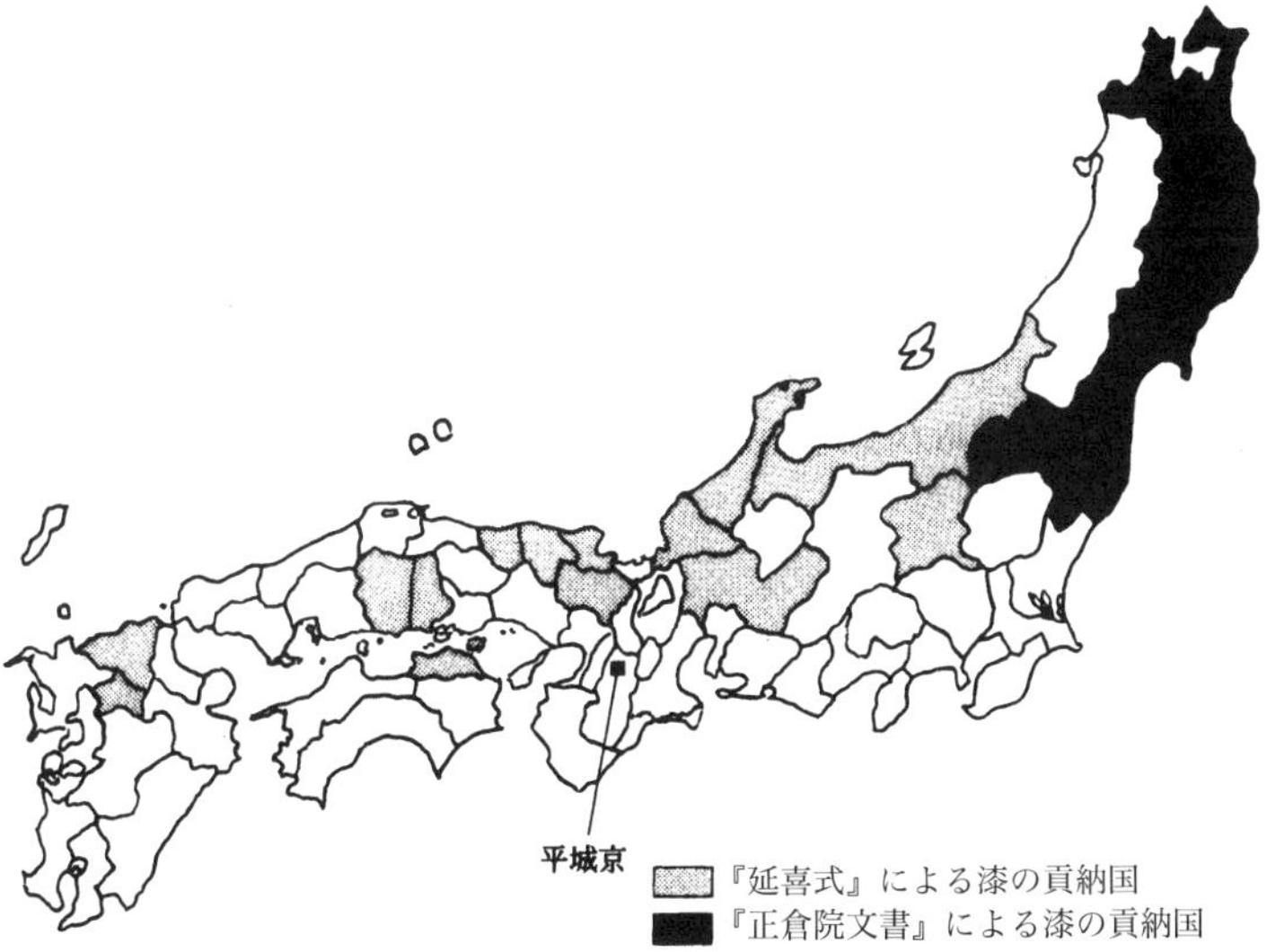

中央官人（右大舎人）である私部《きさいちべ》得麻呂が、同族関係を利用して私部酒主を貢進した例で、同様のケースは優婆塞《うばそく》（俗生活をしながら仏道修行に励む者）や写経生などにもみられる[4]。

ウルシノキの植栽政策

貴重な漆と桑の入手は古代国家にとって最優先事項であった。植栽の督励が天平二〇（七四八）年と、大同三（八〇八）年に出されている。『出雲国計会帳』では天平六（七三四）年一〇月に「桑漆帳」一巻が上申されている[5]。この「桑漆帳」は四度公文枝文で、中央政府に地方政務の実情を上申する重要な帳簿だ[6]。その内容について『令義解』巻三『養老令』「田令十六条」をみると、漆は上戸一〇〇根以上、中戸は七〇根以上、下戸は四〇根以上を五年で植え終わるように定めている。古代は家族数によって戸を上上戸から下下戸の九等に分けられていたが、上戸は青年男子六〜七人、中戸は四〜五人、下戸は三人以下だ。この漆の植栽は全国的に実施された形跡はなく、畿内周辺、越国、丹波、因幡、出雲、陸奥、上野国などが対象であった[7]。

平安時代にまとめられた法令集『延喜式』によると、中男作物《ちゅうなんさくもつ》（一七〜二〇歳以下の男子に地方の特産物を貢進）として漆を貢進する国は上総・上野・越前・能登・越中・越後・丹波・丹後・但馬・因幡・備中・備後・筑前・筑後・豊後、交易雑物《こうえきぞうもつ》（諸国が正税で産物を購入して中央に貢進した品）の漆は、越前・加賀・越中・越後国である（図1）。『正倉院文書』では陸奥国・上野国などの漆が寺院造営に際して調達されている。また製品としての「漆塗韓櫃《からびつ》」（庸）は、伊勢・尾張・三河・遠江・近江・美濃・越前・越中・丹波・但馬・播磨国、大宰府は年料（毎年一定量の品を中央に貢進）として、「朱漆酒海《しゅかい》・下食盤《おろしのさら》・中《ちゅう》盤《のさら》・飯椀《いいまり》・羹椀《あつもののまり》・盤《さら》・盞《さかづき》・黒漆提壺《ひさげつぼ》」など各種の品々一一六八点を貢進している。これなどはまさしく国家工房の生産を補うもので、ほかに尾張・長門両国の施釉陶器（瓷器《しき》）の貢進はよく知られている。

漆器・工具出土遺跡の性格

七世紀は宮都や寺院建立にともなって漆の需要が増大した。前期難波宮（難波長柄豊碕宮に比定）からは漆付着土器が一二〇〇点以上出土しているが、多くは瓶や長頸壺などの漆運搬具だ(8)。法隆寺若草伽藍跡からも漆運搬具の平瓶・細頸壺・𤭯《はんぞう》が出土しており(9)、七世紀後半以前において、周辺諸国から漆が集荷されたことを示している。藤原京造営と併行して進められた明日香村紀寺跡東南部の調査では、漆箆などの漆工遺物とともに須恵器の平瓶《ひらか》・短頸壺・横瓶《よこべ》・粗製土師器の漆運搬具が出土している(10)。奈良県明日香村飛鳥池遺跡（七世紀後半〜八世紀前半）は官営工房群で、富本銭の鋳造遺物や金・銀・銅・鉄・ガラスの工房のほか、漆の運搬容器・パレット・刷毛・漆濾し布が出土している(11)。七世紀中葉に造営がはじまった九州の大宰府跡でも、平瓶や壺が出土しており、これらの運搬容器は器形的特長から、周辺国から搬入されたものだ(12)（図2）。

八〜九世紀ともなると平城京跡や平安京跡のほか、各地の国衙《こくが》、郡衙、寺院、在地豪族層の居館跡、祭祀遺跡などから漆器や漆工具の出土例が、枚挙に暇がないほど増加している。生産にかかわる漆工具を出土した遺跡にかぎって、重要と思われるものをあげてみよう。

東北では奈良・平安時代に陸奥国府が置かれ、奈良時代には鎮守府も併置された律令政府による東北地方経営の一大拠点であった多賀城（宮城県多賀城市）と付属工房である山王遺跡からは漆濾し布、漆パレット、漆蓋紙（漆紙文書）、精製容器、それに下地粉である「土漆五」と記した木簡が出土している(13)（八世紀）。羽前では二〇棟あまりの倉庫群が整然と並び、木簡や墨書土器が出土した山形県山形市石田遺跡(14)（八世紀

図２　都城や寺院造営のために各地から運ばれた漆運搬具

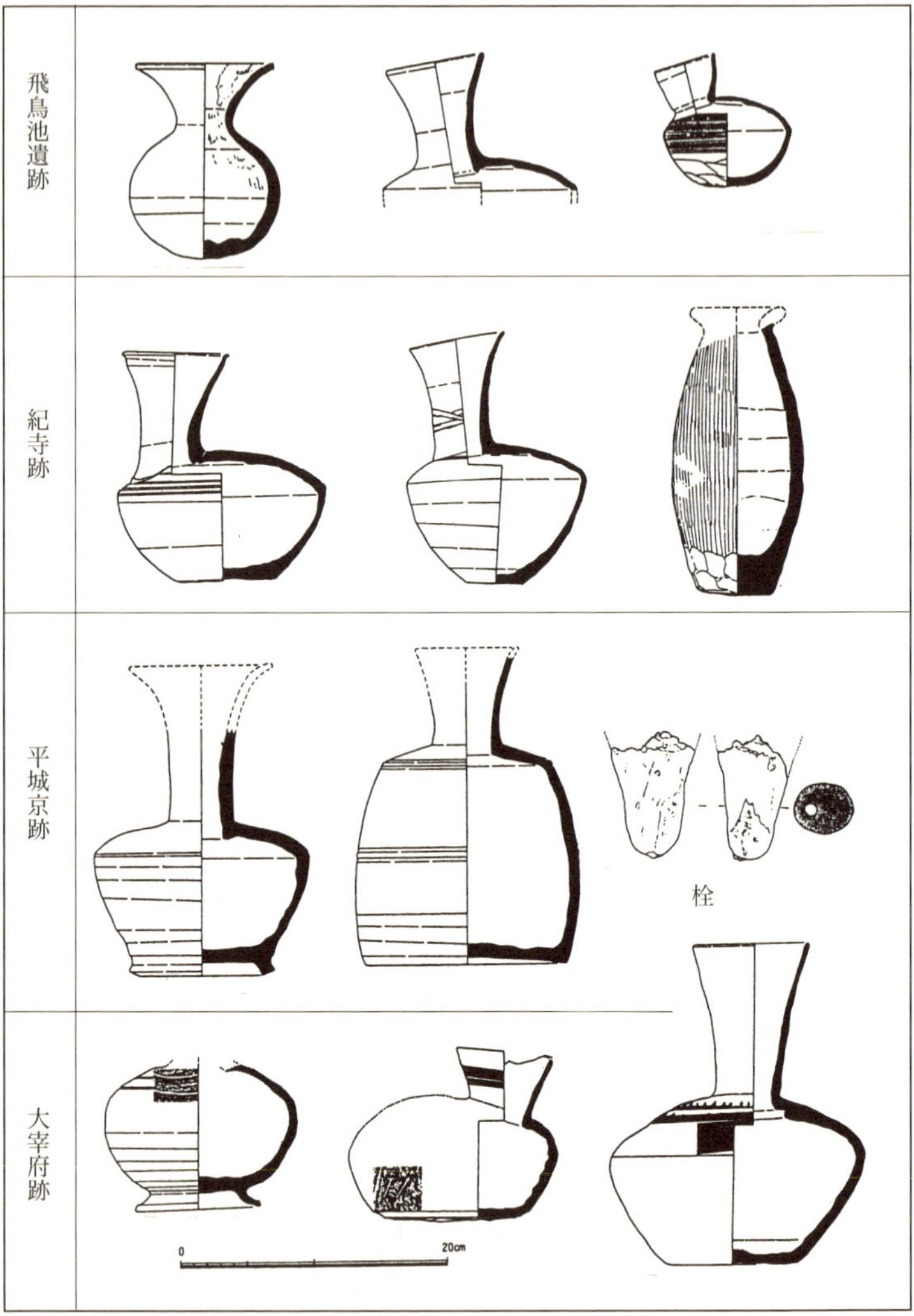

末～九世紀中葉、官衙関連遺跡)、鐙《あぶみ》、「狄帯建一斛」などの木簡、「揖保」の墨書土器が出土した山形県米沢市古志田東遺跡[15](九世紀、在地豪族層の居館)、木簡や漆容器(曲物)の山形県鶴岡市山田遺跡[16](官衙関連遺跡ないし在地豪族層の居館、八世紀後半～九世紀前半)、磐城では須賀川市大字日照田字松原遺跡[17](祭祀遺跡)、常陸では竪穴住居内部から具注暦はじめ多量の漆蓋紙(漆紙文書)などが出土し、常陸国衙付属工房に比定される茨城県石岡市鹿の子C遺跡[18](八世紀末～一〇世紀)、下野では竪穴住居跡の拡張部分から漆蓋紙(漆紙文書)、漆容器(甕)、漆が付着した麻布(濾し布)などが出土し、下野国の官衙や寺院の付属工房に比定される栃木県那珂川町上宿遺跡[19](八世紀中葉)がある。

北陸は漆工遺物の出土が最も多い地域だ。越後では川跡から木簡(「合籾五石五斗」「麻続マ(部)宿奈麻呂」)、墨書土師器(「木」「王」)・須恵器(「村」「廣」「古」)と漆器としては希少な蓋、灰釉写し有台小盤、ローカル色の強い鉢などが出土した新潟県胎内市船戸桜田遺跡[20](官衙関連遺跡、八世紀後半～九世紀)、「井家」「守部」「安麻呂」などの墨書土器や封緘《ふうかん》木簡状木製品、木地盤・椀、在地的な椀・盤・高杯などの漆器が出土した胎内市船戸川崎遺跡[21](官衙関連遺跡、八世紀後半～九世紀代)、飯の請求文書(木簡)、内面漆塗り曲物などの胎内市中倉遺跡[22](官衙関連遺跡、八～九世紀前半)、延暦一四(七九五)年の月朔木簡や曲物漆容器、蓋・椀・盤など各種木地製品の出土で知られる新潟県阿賀野市発久遺跡[23](官衙関連遺跡、八世紀末～九世紀)、「沼垂城」「郡司符」木簡などの発見で古志《こし》郡衙関連遺跡とされる新潟県長岡市八幡林遺跡[24](八～九世紀)、漆蓋紙(漆紙文書)が残る漆パレットの新潟県新発田市桑ノ口遺跡[25](官衙関連遺跡、九世紀後半～一〇世紀前半)、施釉陶器・帯金具類と多数の漆パレットや漆蓋紙、内面漆塗り曲物などの新潟県加茂市馬越遺跡[26](官衙関連遺跡、九世紀末～一〇世紀前半)、など。

越中では漆篦や漆刷毛の富山県入善町じょうべのま遺跡[27](荘家跡、八世紀後半～九世紀)、漆パレットや漆書き土器の富山県小矢部市桜町遺跡(28)（在地領主・生産関連遺跡、八世紀後半）、漆塗り筒形容器、漆書き土器の富山県氷見市総領浦之前遺跡(29)（在地領主層関連遺跡、八〜九世紀）、などである。能登では大宝令以前から漆を集荷していたことで注目される石川県珠洲市北方E遺跡(30)（郡衙関連遺跡、七世紀後半〜八世紀前半）、加賀では掻き取り痕が残るウルシノキが出土した石川県かほく市指江《さしえ》B遺跡(31)（神社ないし在地有力者層の居館）、古代北陸道に沿い、漆紙・漆パレット・椀荒型などの石川県津幡町加茂遺跡(32)（官衙関連遺跡、八〜一〇世紀）、「官」「依」などの墨書土器、漆塗り土師器長胴甕、ほぼ完全な状態の漆容器の曲物とその蓋紙である漆紙文書の石川県金沢市戸水C遺跡(33)（加賀国府津関連遺跡、九世紀後半）、宝相華唐草文に金箔押しされた「巡方」帯金具が出土した石川県金沢市畝田ナベタ遺跡(34)（加賀国府津関連遺跡、九世紀前半）、郡が大野郷にあてて発行した郡符木簡や漆パレットの石川県金沢市畝田・寺中遺跡(35)（郡衙関連遺跡、八世紀）、弘仁一三（八二二）年の木簡と漆革箱・高杯・稜椀・皿・合子《ごうす》漆器の石川県金沢市戸水大西遺跡(36)（官衙関連遺跡）、漆パレットの石川県白山市横江荘家遺跡(37)、漆運搬具（平瓶）の石川県白山市米永古屋敷遺跡(38)（官衙関連遺跡、七世紀末〜八世紀前半）があげられる。

近畿は都城で大半を占めるが、丹波国衙付属工房に比定される京都府亀山市池尻遺跡(39)から、漆運搬具の長頸壺や漆工具が大量に出土し、なかには北九州産と思われるものが含まれているという(40)（八世紀前半）。国分寺では漆塗り須恵器・漆パレット・運搬容器が多数出土した備後国分寺や安芸国分寺(41)が注目されている。九州最大の漆集荷地は、西海道・九国三島の税が集められた大宰府（福岡県太宰府市）である。大宰府からは年料として、「朱漆酒海・下食盤・中盤・飯椀・羹椀・盤・盞・黒漆提壺」など一一六八点を貢進しており、これを証明するように各地から運びこまれた漆運搬具の平瓶・長頸壺、貯蔵具の甕、漆パレットなど漆工具が多数出土している(42)（七〜八世紀）。以上、各地出土のごく一部を取り上げたが、これらと

『正倉院文書』や『延喜式』所載の漆貢納国（中男作物・交易雑物・漆塗韓櫃など）の分布（図1）に重ね合わせてみると、より実態にせまることができる。

漆の調達と価格

古代寺院が各地で造営されるようになると、生産量に限りがある貴重な漆はなかなか調達できなかったらしく、ずいぶんと遠方から運ばれた事例がある。近江国石山寺の造営は天平宝字五（七六一）年に始まり、工事責任者は造東大寺司主典《さかん》安都雄足《あとのおたり》、造営費用も造東大寺司からあおぐというものであった。そこで使用される漆は、平城京の東西市で購入している。さらに陸奥殿個人（陸奥守・藤原朝臣朝獦《あさかり》か）から漆四斗を四五〇文で購入している（天平宝字六年、『大日本古文書』五巻）。貴重な漆の広域的な調達の実体が知られて興味深い(43)。

さらに漆の値段について『正倉院文書』中の、天平六（七三四）年に興福寺金堂建立時の「造仏所作物帳」（『正倉院文書』第一巻五六六）によると、漆一升が一九〇文ないし二〇〇文、天平宝字六（七六二）年の「六人部荒角解」（『正倉院文書』第五巻五）では、陸奥・上野国の上品漆は二六〇文、中品二五〇文、越の国の漆は二三〇文であった。米一升が天平六年で〇・二文、天平宝字六年で五〜一〇文であったことを考えると、いかに漆が貴重であったかが知られる(44)。中世になると漆一升銭一貫文の記録もあり、さらに高騰しているが、これについては別項でとりあげる。

なお地方政治の乱れとして、尾張国守藤原朝臣元命《もとなが》の暴政を郡司百姓たちが朝廷に訴えた上申書「尾張《おわりの》国郡司百姓等解《くにぐんじひゃくしょうらのげ》」（『平安遺文』）に、漆の調達をめぐる闘争が取り上げられている。これは一〇世紀末、国司の過酷な収奪に対して、三一カ条にわたって書き上げた嘆願書だ。うち第一八条に蔵人所の召しありとして、通常の漆貢納量三斗四升のほかに、一〇余斛(石)を追加徴収しようとしたのである。この量は一日がかりの収穫量が五合（約〇・九リットル）とすれば、いかに法外な量であったかがわかる。[45]

身分表示の器

古代漆器の材料研究に文献と考古資料の詳細な比較検討を行なった小林行雄は、奈良時代を「黒漆の時代」とよんだが、[46]平安時代は朱漆の時代だ。藤原氏の氏長者交替儀式（「朱器渡り」の儀）や正月の大臣大《だい》饗《きょう》（宴会料理）において使用する伝家の重宝は「朱器台盤《だいばん》」である。この朱漆塗りの食器・酒器類と台盤（テーブル、図４）は、天皇家の三種の神器に相当するもので、藤原氏間でこれをめぐる抗争がくりひろげられた。こうした政治的背景のなか、朱漆器はステータスとして定着した。台盤は長さ八尺、四尺のものがあり、いくつも並べて使用されている（『類聚雑要抄』『年中行事絵巻』『江家次第』など）。朱器台盤が伝家の重宝となった時期については、岩井隆次によると一〇世紀の終わり、藤原兼家（九二九～九九〇年）の頃という。[47]

さて、律令の施行細則を収めた『延喜式』（「大膳上」、「大炊寮」）では、宴会などに用いる食器・酒器は天皇・中宮などは銀器、親王から三位（四位参議含む）までは朱漆器、四位・五位は烏（黒色）漆器・土器（緑釉陶器）、それ以下は土器（須恵器・土師器）といったように身分を反映したものとなっている。

右新嘗會宴食料依前件。雑器親王已下三位已上朱漆。四位已下五位已上烏漆。丼土器（「大膳上」）

宴會雑給

親王三位以上。四位參議。別米一升二合。命婦三位以上同之。自餘諸節亦同。四位幷内命婦。大歌別八合。笛工。國栖別二升。其飯器參議已上並朱漆椀。五位以上葉椀。命婦三位以上藺笥。加笥。五位以上命婦「並」陶椀。加盤。（「大炊寮」）

「宴會雜給」では、宴会に出される食品目は五位以上（三一種）とそれ以下では半分の差があり、上級貴族の前には同じ器形のほか大中小のものが並んだ（図4）。漆器には飯椀《いいまり》・羹椀《あつもの》（汁椀）・盤《さら》・窪杯《くぼつき》（深めの皿）などの種類があり、挽物本来の形のほかに金属器や三彩陶器、須恵器を写したものがあった。(48) 古代には器の種類と量が身分を反映したが、中世では限られた器形の大量生産に変化している。

なお、前述のような食器の身分制が定まったのは、『延喜式』が後醍醐天皇の命により延喜五（九〇五）年に着手、延長五（九二七）年完成、施行康保四（九六七）年であることを考えると、朱器台盤同様一〇世紀代ではないだろうか。

古代漆器の製作材料

古代漆器の製作材料が記載されたものに『正倉院文書』（興福寺金堂建立にかかる「造仏所作物帳」）や『延喜式』がある。とくに後者の記載は詳細で、古代技法を解明する上での必読書だ。出土漆器の分析結果（図3）と比較しながら、古代漆器の製作技法を垣間見ることにしたい。

『延喜式』（五〇巻）は律令の施行細則を収めたもので、前述のように、延長五（九二七）年に完成した（既存の弘仁式・貞観式も併合）。しかし施行されたのは康保四（九六七）年であるから、四〇年後のことだ。(49)『延喜式』（「内匠寮式」）から、黒色漆器と朱漆器を何点か器形別に抽出してみよう。

図３　古代漆器の塗装工程（石川県寺家遺跡，9 世紀，四柳嘉章，1991 年）

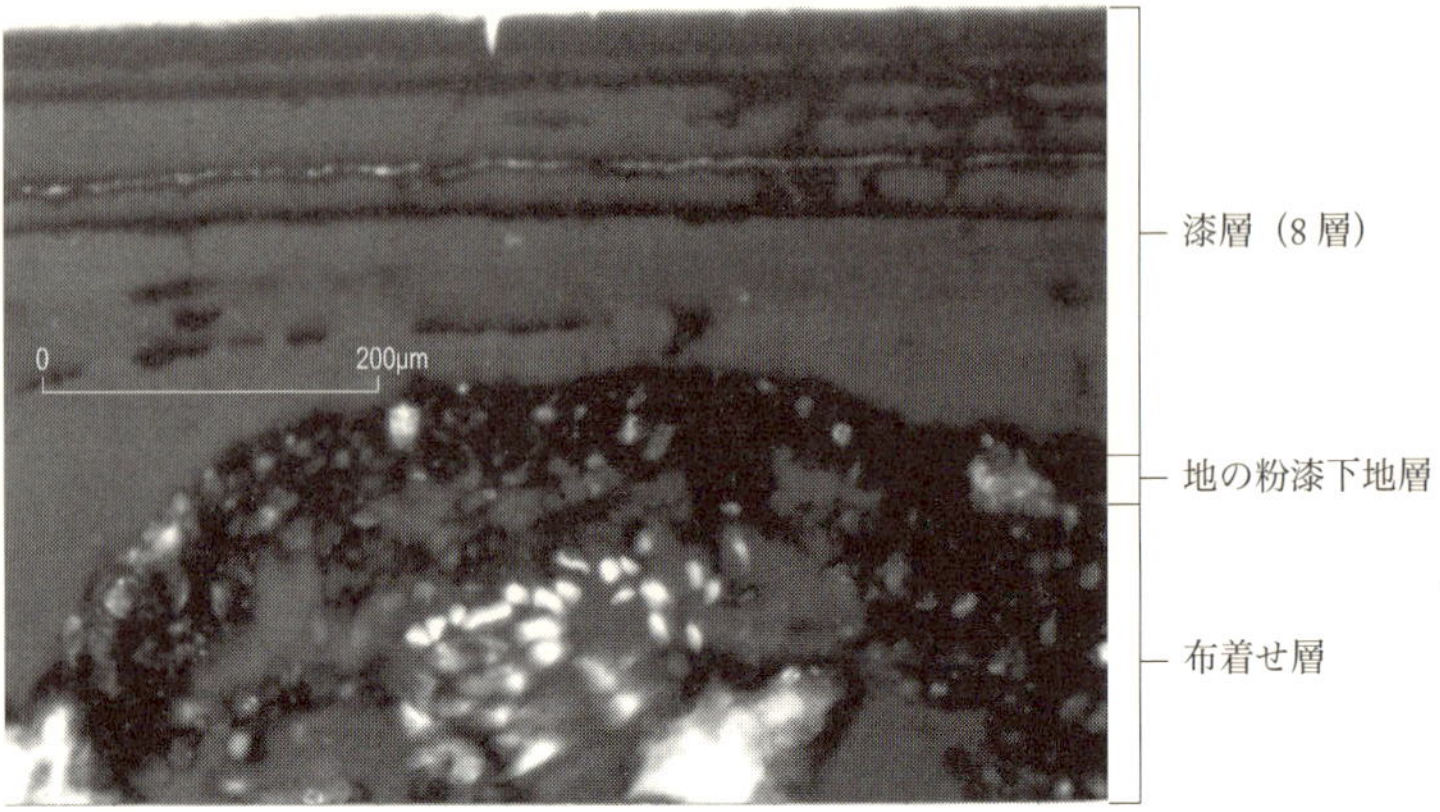

図４　永久 4（1116）年正月 23 日，内大臣（藤原忠通）母殿大饗・饗応指図
（台盤の上に 33 品が手前から調味料・なま物・干物・菓子の順に並べられている）

烏《くろ》漆器（黒色漆器）

■大椀《だいのまり》一口径八寸六分深三寸。料。漆一合七勺。貲布一尺。掃墨四尺。綿二両。功半人。

■中椀《ちゅうのまり》一口径七寸八分深二寸。料。漆一合四勺。貲布九寸。掃墨四勺。綿二両。功半人。

■盤《さら》一口径八寸。料。漆一合一勺。貲布五寸。掃墨三勺。功半人。

■窪杯《くぼつき》一口径五寸。深一寸五分。料。漆七勺。貲布三寸。掃墨二勺。功小半人。

■手洗《てあらい》一口径一尺七寸。深六寸。料。漆一升。絹八両。細布三尺。調布四尺。掃墨五合。焼土六合。炭五斗。單功七人。

■椋《はんぞう》一合高一尺。周二尺四寸。料。漆七合。絹一尺。綿七両。細布二尺。掃墨四合。焼土五合。單功六人。

■大壺《だいのつぼ》一合。料。漆四合。絹一尺。綿六両。細布一尺五寸。掃墨三合。焼土五合。單功四人。

朱漆器

■飯椀《いいまり》一口径八寸。料。漆一合二勺。朱沙一分。貲布五寸。絁。布各一寸。綿三分。掃墨二勺。油一勺。炭一升。長功一人大半。中功二人。短功二人小半。

■盞《さかづき》一口径七寸。料。漆一合七勺。朱沙一分。貲布二寸四分。絁。布各一寸。綿二分。掃墨一勺。油一勺。炭一升。長功一人。中功一人小半。短功一人大半。

■羹椀《あつもののまり》一口径七寸。料。漆一合二勺。朱沙一分。貲布五寸。絁。布各一寸。綿三分。掃墨二勺。油一勺。炭一升。長功一人小半。中功一人小半。短功一人大半。

■盤《さら》一口径八寸。料。漆一合一勺。朱沙一分。貲布五寸。絁。布各一寸。綿二分。掃墨一勺。油一勺。炭一升。長功一人。中功一人半。短功二人。

■下食盤《おろしのさら》十枚各方一尺七寸。料。漆五升。朱沙十二兩。掃墨二升。焼土二升。油三合。貲布一丈。絹六尺。
綿三屯。炭一斛。單功卌人。
■酒海《しゅかい》一合受一斗五升。料。漆一升六合。朱沙六兩。貲布五尺。絁。布各二尺。綿八兩。掃墨二合。油
一合。長功卅四人。中功卌人。短功卌六人。
■花盤《はなざら》一口径九寸。料。漆一合五勺二撮。朱沙一分四銖。貲布九寸。絁。布各二寸。綿三寸。掃墨二勺。
油一勺。長功一人大半。中功二人。短功二人小半。

その他

■朱漆臺盤《だいばん》。三面各三尺加臺。料。漆九升。朱沙卌兩。掃墨三升。油五合。焼土五升。綿三屯。絹七尺。
細布一丈二尺。信濃布一丈二尺。調布一丈五尺。伊豫砥一顆。青砥二枚。阿膠十兩。炭一斛。單功
廿五人。
■御斗帳《みとちょう》一具。高八尺一寸、方一丈二尺二寸。……漆一斗四升。掃墨四升。洗刷料油四合。木賊四兩。篦十
株。……紋漆料帛三尺。石見綿四斤。調布三尺。……黏料糯米二升。伊豫砥一顆半。青砥一枚。合
漆料焼土一斗四升。炭二斛。和炭十一斛七斗五升。長功二百卌人二人。……漆百一人。中功二百八
十二人半……。單功三百廿三人。……(『延喜式』「内匠寮式」)

『延喜式』の記載事項を理解するにあたって、未掲載分も含めて簡単な用語解説をしておきたい。まず紋漆料は漆を絞る料で、帛《はく》(絹)、綿(真綿)、布(麻)があげられているが、綿によってウルシノキから採取した荒味漆《あらみ》の不純物を取り去る。炭には炭《あらすみ》(荒炭、堅炭か)、和炭《にぎすみ》(焼成温度の低い炭)があり、精製

漆の加熱用の他、下地粉や研ぎ用などの用途も考えられる。下地の「土漆」「焼土」は、ともに地の粉（鉱物粒子）と生漆を混ぜた下地粉であるが、「焼土」は焼成された地の粉の他に、土器片や瓦片の粉末が考えられる。黏料《ねやす》には布着せの布材や接着用の糯米《もちのよね》・小麦粉があげられている。布着せは奈良時代には則《そく》（堙）とよばれ、貲布《さよみ》、絁《あしぎぬ》、細布などがある。貲布は麻布、絁は大化改新の詔に「フトギヌ」とあるので、平織りの粗い絹布と考えられ、細布はより細かい絹布であろう。掃墨《はいずみ》は荏胡麻油の油煙ないし松煙の煤からなる黒色顔料で、それぞれに粒度や形状が異なるので、着色力も一様ではない。これと漆を混ぜて奥深い光沢の「漆黒」色を得る。その表面色が黒色・紫黒色・暗茶色・茶色などさまざまであるのは、漆の経年変化のほかに油煙、松煙などの粒度・包被性・着色力の差に起因する。伊予砥（白砥）は中研ぎ、青砥（山城佐伯・宮川）は中研ぎから仕上げ研ぎ、木賊《とくさ》（常緑のシダ植物）は下地の研ぎや研磨に用いられた。朱沙は天然の辰砂（硫化水銀）で、上塗漆に混合される赤色顔料である。油には胡麻油と荏油《えのあぶら》（エゴマ）があり、前者は洗刷料、後者は乾性油であるから光沢のある塗り面を作り出すために漆に混ぜたと考えられる。阿膠《にかわ》は接着液で、哺乳動物の皮や骨に含まれるコラーゲンを酸、アルカリまたは熱水によって処理・抽出したもので、これを精製したものがゼラチンだ。合と口の違いは前者が蓋付き、後者は蓋無しである(50)。

労働時間や度量衡については、長功は日の長い四〜七月の作業量、中功は二・三・八・九月の春秋の作業量、短功は一〇・一一・一二月・正月の冬季の作業量である（「営繕令」）。量の単位は十進法による斛（石）・斗・升・合・勺（夕）・撮（抄）の単位が使用された。これにも大小の基準があり、大升一升は小升三升にあたる。大升は穀物の計量に用いられたもので（「雑令」）、これ以外は小升である。澤田吾一によると、大升はメートル法以前に換算すると四・〇六合としており、小升では一・三五合となる。長さの単位は十進法による丈・尺・寸・分の単位が用いられ、これにも大小の別がある。大尺一尺は一尺二寸で、これは土地を測る場合に用いられた（「雑令」）。本書での尺は小尺であり、曲尺九寸七分九厘余、つまり二九・六七センチにあたる(51)。

以上を踏まえて出土漆器と比較した場合、いくつか疑問点が浮上する。それは黒色漆器、朱漆器を問わず食器類のほとんどについて、品質を左右する下地粉の記載がないことだ。方形の下食盤（したしさら、おろしものさら）の「焼土二升」は例外といえる。考えられることは、いずれにも記載されている炭の一部が漆下地（炭粉漆下地）に使用されたか、あるいは掃墨が着色材だけではなく、下塗りに使用された可能性だ。後者は漢代や弥生時代漆器、平城宮跡出土の金銀蒔絵八角棒(52)、新潟県六斗西遺跡（九世紀末、椀、未発表）、中世では埼玉県広木上宿遺跡(53)（手箱）・石川県小島西遺跡（椀、未発表）や沖縄県今帰仁《なきじん》村百按司《ももじゃな》墓(54)の漆龕《しつがん》（漆棺）において確認できる。

下地粉について興味深いのは、次の酒海とよばれる酒樽（罇）の記載である。

> 酒海三合。各受二斗。二合料。漆四升。朱砂十六兩。貲布一丈。絹。布各四尺。綿一斤。油四合。炭一斛。一合料。漆二升。掃墨七合。焼土八合。貲布五尺。絹布各一尺五寸。油一合。炭二斗五升。單功十三人。朱漆八人。黒漆五人。

三合のうち、二つの朱漆器では下地粉の記載がなく、黒色漆器には「焼土八合」とある。黒色漆器の椀・盤・杯などは、赤色漆同様に下地の焼土は記載されていないが、格別な椀・手洗・大壺や御輿・御腰輿・腰車・厨子・御斗帳、臺盤などには焼土が用いられている(55)。

先にも引用した、

右新嘗會宴食料依前件。雜器親王已下三位已上朱漆。四位已下五位已上烏漆。幷土器（「大膳上」）

宴會雜給

親王三位以上。四位參議。別米一升二合。命婦三位以上同之。自餘諸節亦同。四位幷内命婦。大歌別八合。笛工。國栖別二升。其飯器參議已上並朱漆椀。五位以上葉椀。命婦三位以上藺笥。加笥。五位以上命婦「並」陶椀。加盤。（「大炊寮」）

は、朱漆器・黒色漆器（烏漆）が身分表示として位置づけられていることを示す、著名な記載である。問題は「親王已下三位已上朱漆」「四位參議」とされた朱漆器には下地粉の記載はなく、「四位已下五位已上烏漆」の黒色漆器には、最上の漆下地である焼土が使用されていることだ。出土品の朱漆器では地の粉漆下地や炭粉漆下地が用いられており、こうした齟齬については、科学分析データのさらなる集積を待って、検討すべき重要な課題といえる。

平安時代末期に成立した『類聚雑要抄』も漆器の材料研究には欠かせない書籍だ。四巻からなる宮中や貴族階級の有職書で、年中の供御饗饌、室内の設備、五節の雑事、寝殿の母屋と調度などについて図入りの解説がある。「香壺筥《こうのつぼのはこ》」（図5）の製作材料は次のようなものだ(56)。

深三寸八分。内甲厚五分。蓋鬘九分。

用途料三寸半板九尺五寸。各四尺五寸。

木道單功七十疋。各卅五疋食。

図５　『類聚雑要抄』の香壺筥（『群書類従』1933年）

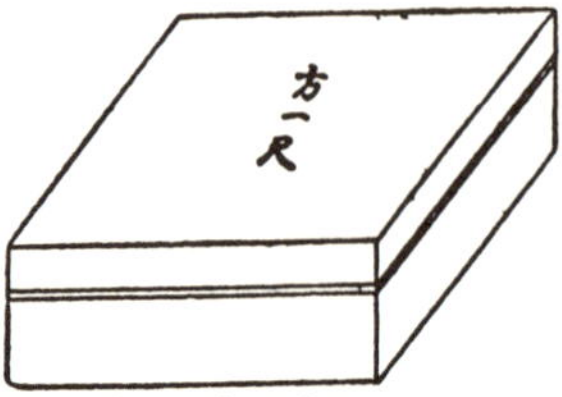

香壺筥一雙。甲乙。
深三寸八分。内甲厚五分。蓋鬘九分。
用途料三寸半板九尺五寸。各四尺五寸。
木造單功七十疋。各卅五疋矣。
螺鈿料千三百疋。各六百五十疋。
同堀入料百疋。各五十疋。
堺書料百疋。各五十疋。
蒔繪料金廿九兩二分。各十四兩三分。
漆一升三合。各六合五勺。
同書料磨料五百六十疋。各二百八十疋
裏塗五疋。各二疋三丈。
口白錫二斤。各一斤。
置料卅疋。各十五疋。
入玉料百疋。

螺鈿料千三百疋。各六百五十疋。
同堀入料百疋。各五十疋。
堺書料百疋。各五十疋。
蒔繪料金廿九兩二分。各十四兩三分。
漆一升三合。各六合五勺。
同書料磨料五百六十疋。各二百八十疋。
裏塗五疋。各二疋三丈。
口白錫二斤。各一斤。
置料卅疋。各十五疋。
入玉料百疋。

本例については、かつて吉田光邦が紹介しているが[57]、材料（用途料）について、改めてみてみたい。筥は元来円形のものをさすが、図では角が尖った方形となっている。サイズは長さ一尺、深さ三寸八分、蓋の厚さ五分、蓋鬘《かずら》（蓋の側面）は九分で、蓋と身の合口部分に白鑞《びゃくろう》とよばれる錫ないし錫鉛合金（白錫）の置口（覆《ふく》輪《りん》）をつけた印籠蓋造《いんろうふたづくり》形式の箱と思われる。

螺鈿蒔絵による豪華な漆器で、当時の最先端をゆくものであったろう。労賃は指物細工（木道）はじめ、疋とあるから絹の計量単位で計算されている。[58]このように絹は貨幣としての機能を有していたが、一三世紀前半には銭貨の計算単位に転化している。[59]蒔絵材料の金粉二九両二分や螺鈿貝（夜光貝か）の一三〇〇疋は、ほかの漆器と比較してもかなり高額だ。このころの金一両は絹二五疋に相当する。[60]

螺鈿には貝の価格以外に、それを埋めるための彫込料（掘入料）と貝片の製作や意匠にそって切り抜く作業（堺書料）があげられている。蒔絵および研ぎ出し、漆塗りの労賃は五六〇疋で、螺鈿にくらべるとかなり高額だ。蓋・身の置口の労賃も分量のわりには、指物細工（木道）の約半分近くを占めている。塗りは内外面でかなり差があったらしく、内面（裏塗）は安価だ。入玉料はよくわからないが、彩色ガラス、真珠、碧玉などを埋め込むことであろうか。

漆は一升三合を要している。漆の値段については別項でとりあげたが、奈良時代では天平六（七三四）年で漆一升が一九〇文ないし二〇〇文（『正倉院文書』第一巻五六六）、天平宝字六（七六二）年では、陸奥・上野国の上品漆は二六〇文、中品二五〇文、越の国の漆は二三〇文（『正倉院文書』第五巻五）、米一升が天平宝字六年で五～一〇文であったことを考えると、漆の貴重さが知られる。[61]中世になると漆一升銭一貫文の記録もあるほどだ。なお、材料記載で欠けているのは紐金具や箱の組み手に打ちつける釘などの金属類である。

古代の漆工房

奈良県明日香村飛鳥池遺跡（七世紀後半～八世紀前半）からは、富本銭の鋳造遺物や金・銀・銅・鉄・ガラス工房のほか、漆の運搬具・パレット・刷毛・漆濾し布が出土し、多様な工房群の存在で注目を集めた。

藤原京跡や平城京跡でも同様の工具が出土しているが、製品としての漆器出土量は遺物全体からから見ればごくわずかであり、珍重されたことがわかる。漆工房の実態はよく知られていないが、平城京右京八条一坊十四坪の鋳造工房に接して、漆工遺物が多数出土した土坑（SK二〇〇一）や漆曲物容器が出土した井戸（SE二〇二〇）があり、これより東側に漆部司所管の漆工房が存在したと推測されている(62)。

仙台市の中心部から北東約一〇キロメートルに位置する多賀城跡（宮城県多賀城市）は、奈良・平安時代に陸奥国府が置かれ、奈良時代には鎮守府も併置された律令政府による東北地方経営の一大拠点としてよく知られた存在だ。多賀城周辺遺跡の一つである山王遺跡は、多賀城跡の南から南西にかけて広がる広大な複合遺跡で、八幡地区からは七〜八世紀の一〇〇棟をこえる竪穴住居跡や掘立柱建物跡が検出されるなど多賀城創建前後の様子が明らかにされた。呪術的な斎串や卜骨が出土する一方で、黒色漆塗り柄香炉（七世紀前半）が注目を集めた。柄香炉は仏器であり、仏教がいちはやく東北地域の拠点に導入されたことを示す貴重な事例である。

奈良時代の遺物のなかに漆工房の存在を示す木簡（作業日誌）、漆パレットの蓋紙（漆紙文書）、濾し布、漆パレットに転用された土師器や須恵器の坏・蓋、漆の精製容器として使用された須恵器の甕が東半部から集中して発見されている。日々の作業を書いた一号木簡（SE五〇二一出土）には、「土漆」の語があった。これは漆器製作上の材料等を記した『延喜式』にも見られるもので、生漆と地の粉（鉱物粒子）を混ぜて下地作業に用いる「地の粉漆下地」のことだ。当然これに用いる篦もあったはずだ。

漆紙文書は漆パレットの蓋紙として用いられたために残ったものだが、第一〇次調査分の一号文書は、天平五（七三三）年または同一二（七四〇）年のいずれかと考えられる戸口損益帳草案、二次文書は東大寺盧舎那仏造営の際、陸奥守として黄金九〇〇両を貢献し、国家的大慶事と称賛された百済王敬福《くだらのこにきしきょうふく》の

図６　栃木県上宿遺跡の漆工房跡（栃木県教育委員会，1994 年）

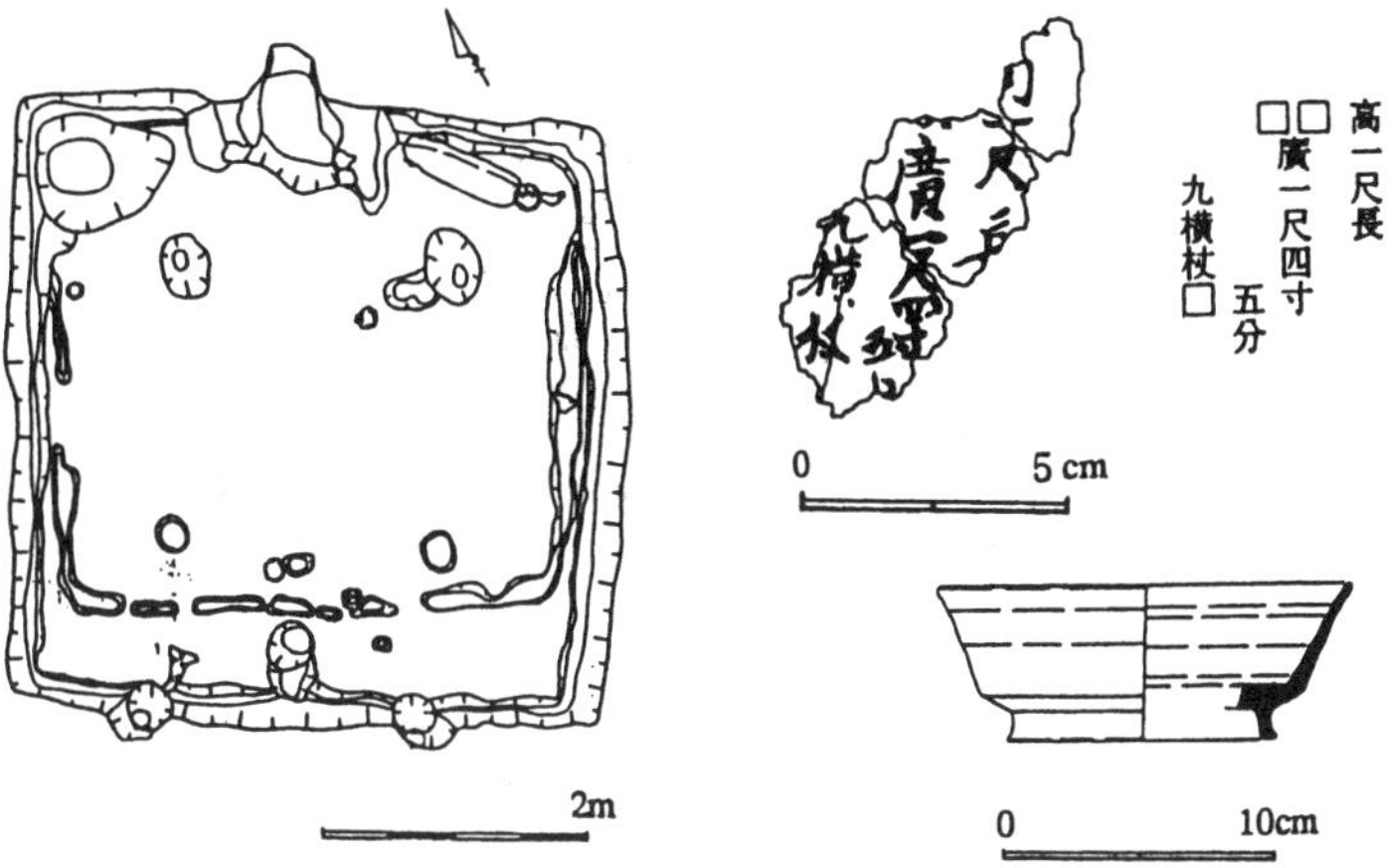

名前が見えることで知られている。[63] なお、宮城県川崎町下窪遺跡の竪穴住居跡から、九九などが記された漆紙文書が出土している。竪穴住居跡（九世紀後半〜一〇世紀前）は隅丸方形で四・一×三・九メートル、南側に凝灰岩の切石で築かれたカマドが付いたものだ。共伴遺物には方形の漆盤、鉄製刀子、木製品、皮製品（漆紙か）、土師器、須恵器などがあり、一般住居としては家財が多く特殊なものを含んでいる。[64] したがって官工房的なものと推測している。川崎町小野は『延喜兵部省式』諸国駅伝馬条にみえる小野駅の比定地でもあることから、その関連性も考慮する必要があろう。

地方で具体的に工房跡が発掘された好例として、栃木県那珂川町上宿《うわじゅく》遺跡（八世紀中葉）があげられる。それは約四メートル四方程度の小さな竪穴住居跡で北側にカマドが置かれ、南側に一メートルほど拡張された部分から漆蓋紙（漆紙文書）、漆容器（土師器甕）、漆が付着した麻布（濾し布）、漆器、その他土師器、須恵器類が出土した。この拡張部分が製品や漆工具の置き場となっていることは、一般の竪穴住居を漆工房用に改造した、つまり埃を防ぐための空間処理（間仕切り）を行なったと考えられる（図6）。

漆容器の蓋紙である漆紙文書には「高一尺長□　廣一尺四寸五分　九横杖□」の記載がある。この寸法からして調度類と思われ、下野国の官衙や寺院の付属工房とする根拠の一つになっているが、この工房ですべての工程が行なわれたわけではない(65)。

茨城県石岡市鹿の子《かこ》C遺跡は、八世紀末～一〇世紀の竪穴住居跡が一六九棟、掘立柱建物跡三一棟、鍛冶工房跡一九基などが検出され、漆工・鍛冶・紡織などからなる常陸国衙付属工房に比定されている。竪穴住居跡内部から具注暦《ぐちゅうれき》はじめ多量の漆蓋紙（漆紙文書）が出土したことで著名だが、漆工具が出土した一四九号竪穴住居跡は東西四・五六×南北四・四九メートルで、やや隅が丸い方形だ。竈が敷設されており、床面や覆土から漆蓋紙（漆紙）や漆付着土器が出土している。一四八号竪穴住居跡は南北三・八三×東西七・〇二メートルの長方形で竈が敷設されており、漆蓋紙・漆塗膜が出土している。鍛冶工房跡は竈もなく炉跡が存在するので性格は明確だが、漆工具を出土した竪穴跡は特別な装置もなく一般住居跡との区別がつかない(66)。上宿遺跡の場合もそうであるが、埃を嫌う漆工作業において、どの工程までがここで行なわれたかが問題となる。一四八号竪穴住居跡出土の漆塗膜が鍵を握っているような気がする。この塗膜分析から作業途中の未製品か、あるいは完成品が持ち込まれたのか、器形は何か、など興味ある話題が提供されるはずである。なお、遺跡造営の背景には蝦夷征討のための武器調達が考えられており、とすれば漆は武器の塗装が主であったかもしれない。

二　都城の漆器

土器・須恵器・陶磁器・漆器・金属器などの食器類は、お互いに「写し写され」の関係にある場合がしばしばみられる。器形のなかで興味深いのは、須恵器の坏類が、六世紀末〜七世紀前半の段階で、突如高台付きのもの（有台）に変化することだ。この現象は金属器、漆器、ガラス器などの影響と思われるが、この時期の漆器は希少で、有台の例は奈良県坂田寺ＳＧ一〇〇から出土したロクロ挽きの盤（木地製品、七世紀中葉）がある程度で、よくわかっていない。

七世紀以前の漆器椀・杯・盤類について先行的な例を朝鮮半島に求めると、まず三国時代の新羅、つまり古新羅時代の慶州・金冠塚古墳（五世紀後半〜六世紀前半）の副葬遺物があげられる。金冠塚古墳はその名が示すように、黄金製宝冠をはじめ貴重品が多いことで知られている。漆器もかなりの量があり、円形板・盤、椀・鉢・盒・高杯などが確認できる（図7）。これらの下地には漆に鉱物粒子（地の粉）を混ぜた漆下地が施され、上質品には布着せがみられる。各種器形のなかで図7‐4（総黒色、口径約一五センチ、器高六センチ、底径一二・五センチ、「平底漆鉢」）は、わが国の須恵器坏、漆器杯に近似した器形で、先行例として注目される。須恵器のルーツとされる伽耶土器・新羅土器にも同じ器形はなく、口縁部が外反する点から金属器写しなのか、あるいは漆器独自の器形なのか検討を要する。

加飾は朱と黄色顔料による漆絵と蜜陀絵《みつだえ》があり、漆絵では中国南北朝時代特有の忍冬唐草文・アカンサスまたはパルメット文・蓮華文・竜鳳文などが描かれている。蜜陀絵の技法は荏油や桐油に蜜陀僧（酸化鉛）を加えて加熱処理した油に、各種顔料を混ぜて描く（油画法）か、彩色した後全面に乾性油を塗る（油引法）もので、白など漆ではだせない色彩の表現が可能だ。金冠塚古墳例ではどの方法を用いたのか定かではないが、幾何学文・鋸歯文・蓮華文などが描かれている。これらは中国南北朝時代に共通した意匠で

図7　古新羅の漆器（原図＝梅原末治『慶州金冠塚・飾履塚発掘調査報告』1932年，小泉顕夫，1969年）

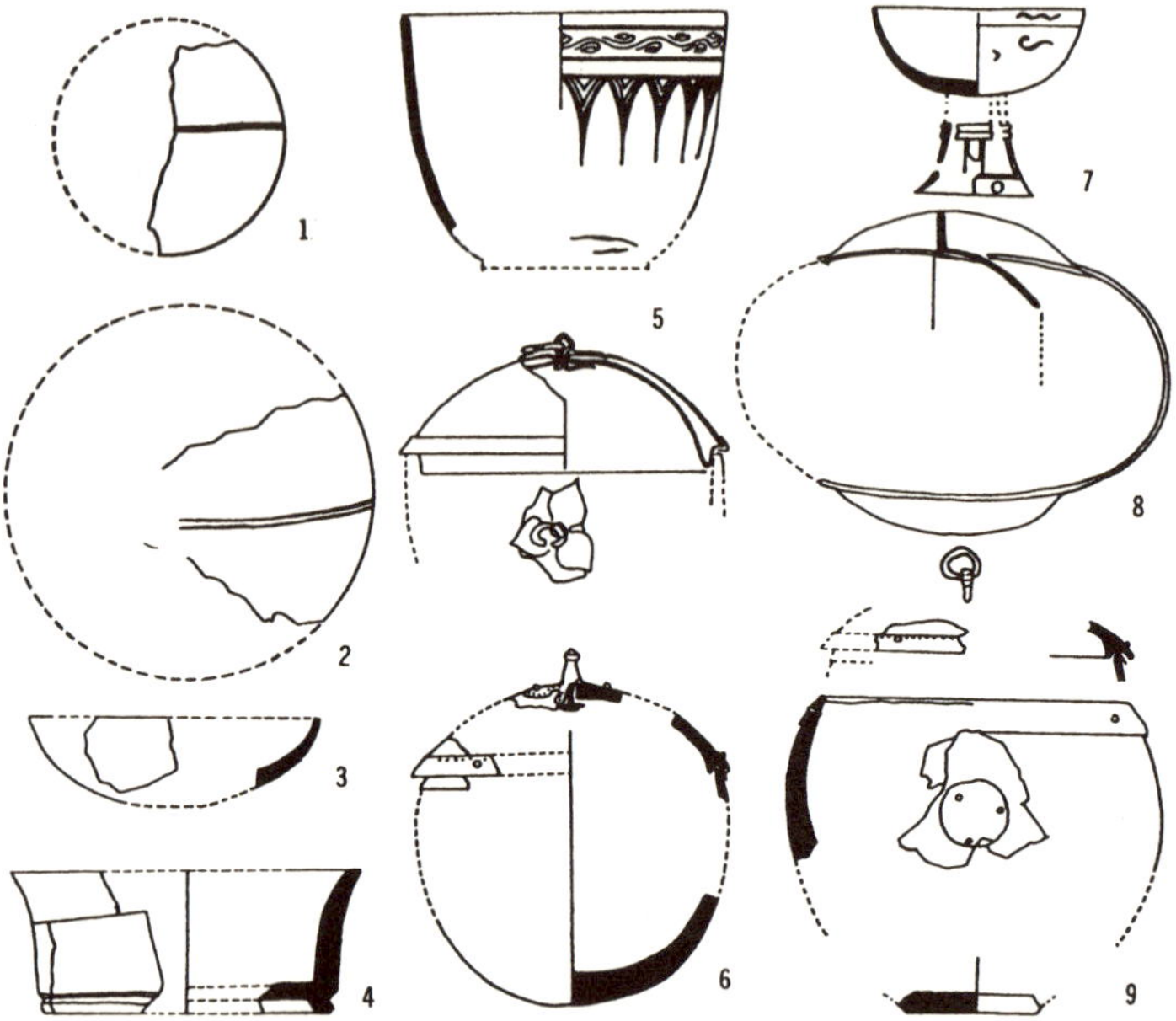

あるものの、新羅産の可能性が高いとされている[67]。

次に益山市弥勒寺跡から出土した百済時代の「木心漆器」（ロクロ挽きの木胎漆器、七世紀）の椀盤類が、わが国奈良時代に先行する事例で共通点が認められる。椀盤ともにロクロで薄く挽きだされ、下地などの詳細は不明だが、上塗りは黒色漆である。椀はやや長めの高台が付くもので、盤は無高台だ[68]。わが国では七世紀の食器・容器類の事例がきわめて乏しいので、中国も含めた比較検討が必要である。

次に、奈良・平安時代の出土漆器の系譜について考えてみよう。金子裕之は平城宮・京跡出土漆器を主体に、八世紀の漆器を三群に整理している[69]（図8・9）。

(a)　金属器系の漆器。佐波理《さはり》（銅に数%程度の錫と鉛を加えた合金）の重椀《かさねわん》など金属食器と形が共通する

(b) 三彩陶・須恵器系の漆器。奈良三彩あるいは須恵器と形が共通する器種(5〜11、17〜23)。

器種(1〜4)。

(c) 挽物系の漆器。円筒形の合子《ごうす》など、この時代の挽物(ロクロ製の木器)と形が似た特徴をもつ器種(24〜28)。

＊すべて総黒色。2・8が九世紀前半であるほかは八世紀代。

金属器系の漆器としては、蓋付きの杯(1〜3)、同じく重椀(入れ子)で体部中ほどに稜が付き端反《はぞり》となるもの(4)。1・3は八世紀前半〜中葉。2は天長五(八二八)年の告知札に共伴し、八世紀に出現したもの。32は長屋王邸の建物跡(SB四六三一)から出土した大型の盤(現存最大径四一・三センチ、八世紀後半)。口径が大きいので手洗いなどが考えられ、体部に紐帯を巡らしていることなどから金属器写しの可能性がある。

三彩陶・須恵器系の漆器のうち、21は小型の蓋付き薬壺で上下を別々に挽いて接合したもの。22は木地のままであるが、いずれも奈良三彩写しで、漆器としては珍しい。8は輪高台の杯で、見込みの凹凸がいちじるしいものだ。高橋照彦は須恵器の粘土紐巻上げの状態を写したものとしている。9は平底の杯で最も出土例が多い。17・18は高杯。地方では新潟県長岡市八幡林遺跡や石川県金沢市戸水大西遺跡に好例がある。

挽物系の漆器。円筒形の合子など木器特有の器形をさしており、26は長岡京左京六条十一町の建物(SB二〇四二一)出土の合口造り合子(直径一七・七センチ、器高八・六五センチ)。正倉院に同器形の檜薬合子がある。

なお、八世紀末から九世紀には白磁・青磁とよばれる越州窯系の中国磁器が伝来し、これを写した漆器

図８　金属器系，三彩・須恵器系の漆器（金子裕之，1995 年）

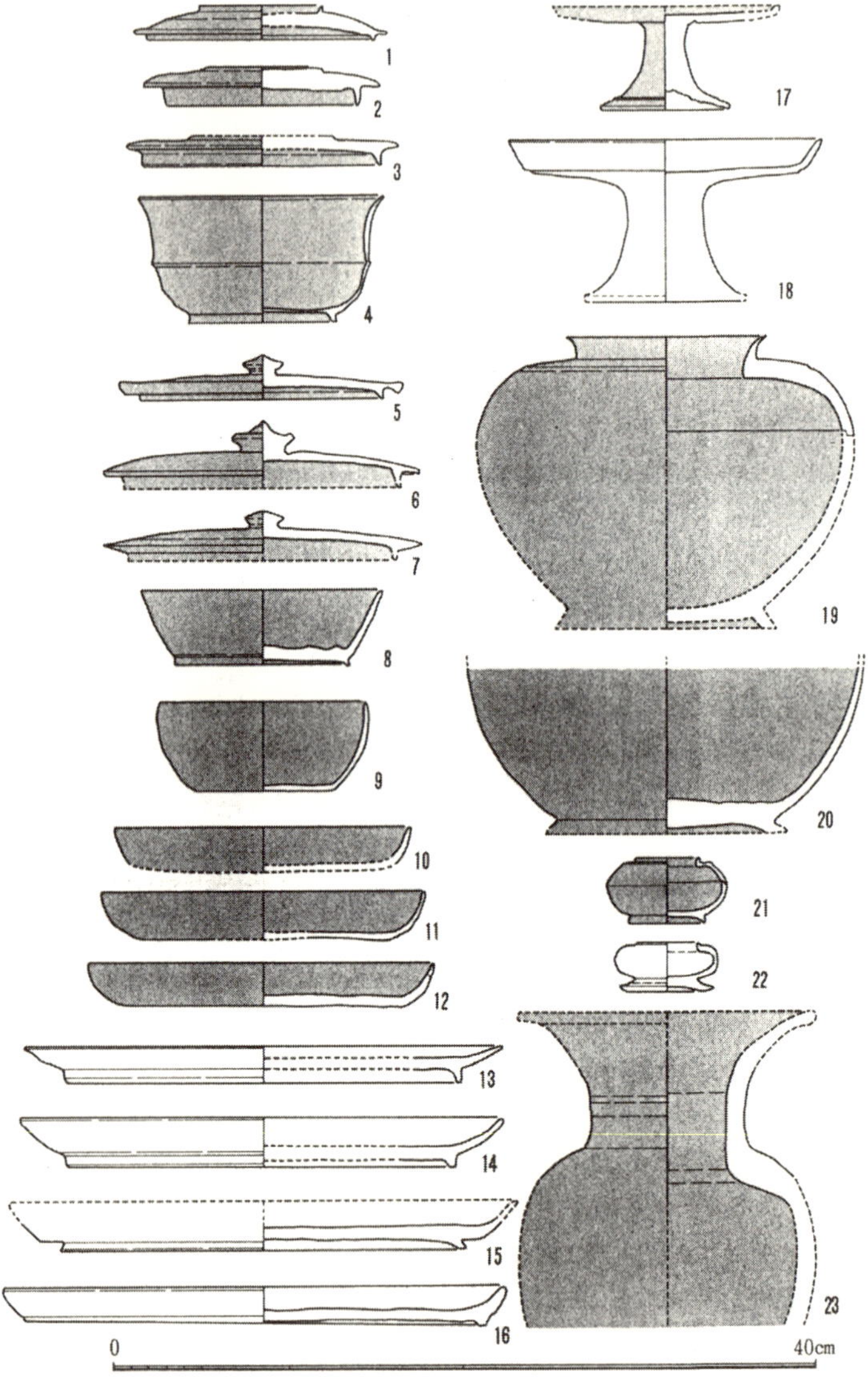

図９　挽物系，中国陶磁器系などの漆器（金子裕之，1995 年）

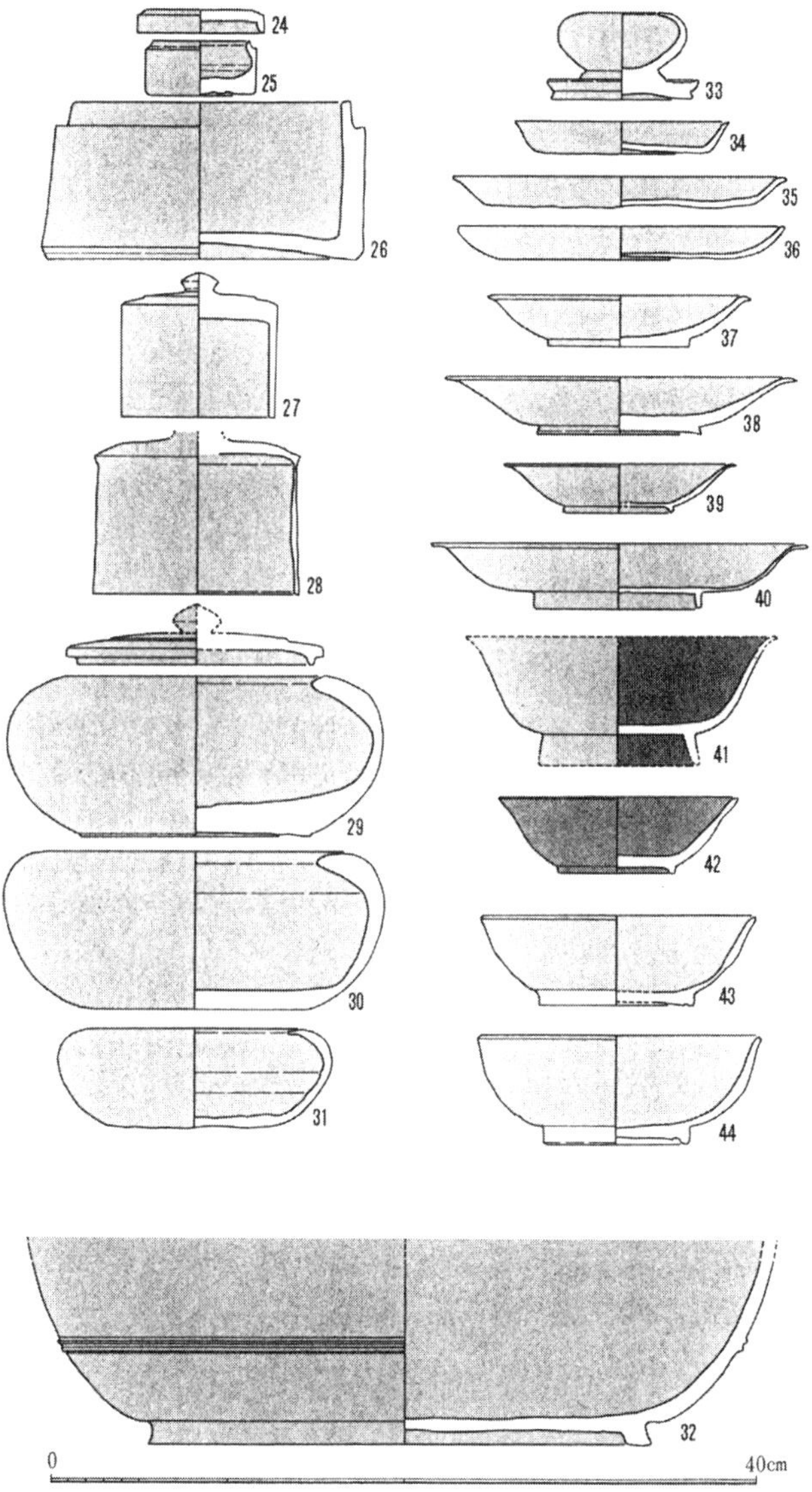

図 10　正倉院の漆椀・盤（皿）
（岡田譲・荒川浩和ほか『正倉院の漆工』平凡社，1975 年）

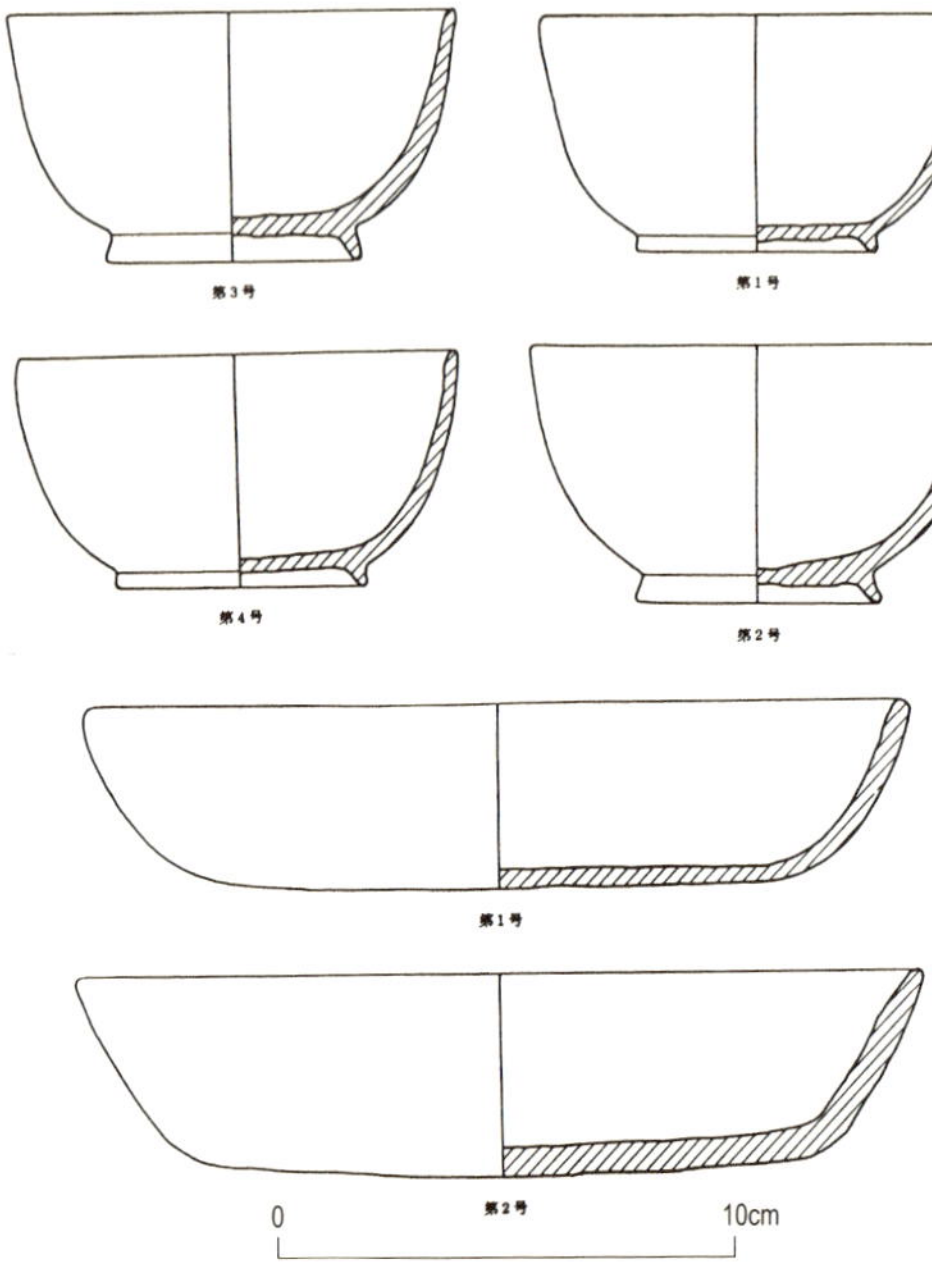

が登場する（37〜41）。これについては39・40が輪高台で、きわめて薄手の作りであることから佐波理写し、一方高台の削りが少なく厚手の37・38は中国産磁器写しとの見解がある(70)。

さて、図10は正倉院の椀と盤である。椀は体部が内湾ぎみに立ち上がる身の深いもので、低い高台が付いている。今日の椀の原形といえる。一四個残されているが、いずれも口径九・五センチ前後、器高五・一センチ前後の小型品である。木胎の樹種はケヤキ。興味深いのは高台裏から体部外面全体、そして口縁内面にかけて布着せがみられることだ。椀の歴史の中でこうした技法の採用はきわめて珍しい。下地は二〜三回程度で、上塗りの黒色は変色もほとんどないほどの光沢を保っている。小型品ながら実に丁寧な工程がとられた良品である。

盤は一五枚とも無高台の丸底で、内湾ぎみにゆるやかに立ち上がる器形。口径一七センチ前後、器高四・三センチ前後で、布着せは椀と同じものと、体部外面全体から口縁内面にかけて施されるものがある。器形や材質からみて四種類に分けられている。全体に相当使用されたものらしく、なかには上塗りの黒色漆が変質して黄褐色になったものもある。(71) いずれも今日の椀皿の祖形ともいえるようなものだ。

蒔絵棒と巻胎——平城宮跡・長屋王邸宅跡周辺

古代の漆器は武具から調度品にいたるまで支配者の独占物であり、きらびやかな平脱《へいだつ》(平文《ひょうもん》、金銀などの薄い板を貼り付けたもの)・螺鈿《らでん》(薄い貝片を貼り付けたもの)、蒔絵《まきえ》などで加飾されたものが正倉院に残されている。わが国独自の発展をとげた蒔絵の初期例が平城宮跡から出土した。断面八角形で現存長二〇センチ、直径一・五センチの棒状品(ヒノキ材、八世紀後半)で、黒色漆地に金・銀粉を蒔いて草花文を表現している(図11)。草花文は唐代金属器などの加飾に見られるものと類似しているようだ。表面の光沢を増すために炭で研ぎ出され、しかも蒔絵粉は精製された鑢《やすり》粉の可能性も指摘されている。すでにかなり高度な段階にあったことがわかる。(72) これまでこの時代の伝世品は正倉院宝物の金銀鈿荘《でんかざりのから》唐大刀《たち》と法隆寺献納宝物の矢柄《やがら》だけであった。前者は天平勝宝八(七五六)年六月に、聖武天皇寵愛の遺品を東大寺に納めた『献物帳』の注記に、「鞘上末金鏤作《まっきんる》」とあるものだ。金粉は未調整の鑢粉であり、木炭による研ぎ足は確認できず、研ぎがあったとしてもあまり多く加えられたものではないと指摘されている。(73) 後者は鑢粉の蒔き放しだ。金銀蒔絵棒の材料や技法は、初期蒔絵研究に重要な一石を投じたといえよう。

出土品の素地には木地のほかに皮革や巻《けん》(捲)胎《たい》(木・竹材を薄く剥ぎコイル状としたもの)などがある。(74)

図 11　平城京出土の金銀蒔絵棒
(『奈良国立文化財研究所年報 1987』)

図 12　二条大路出土の巻胎漆器と翳図
（金子裕之，1987 年）

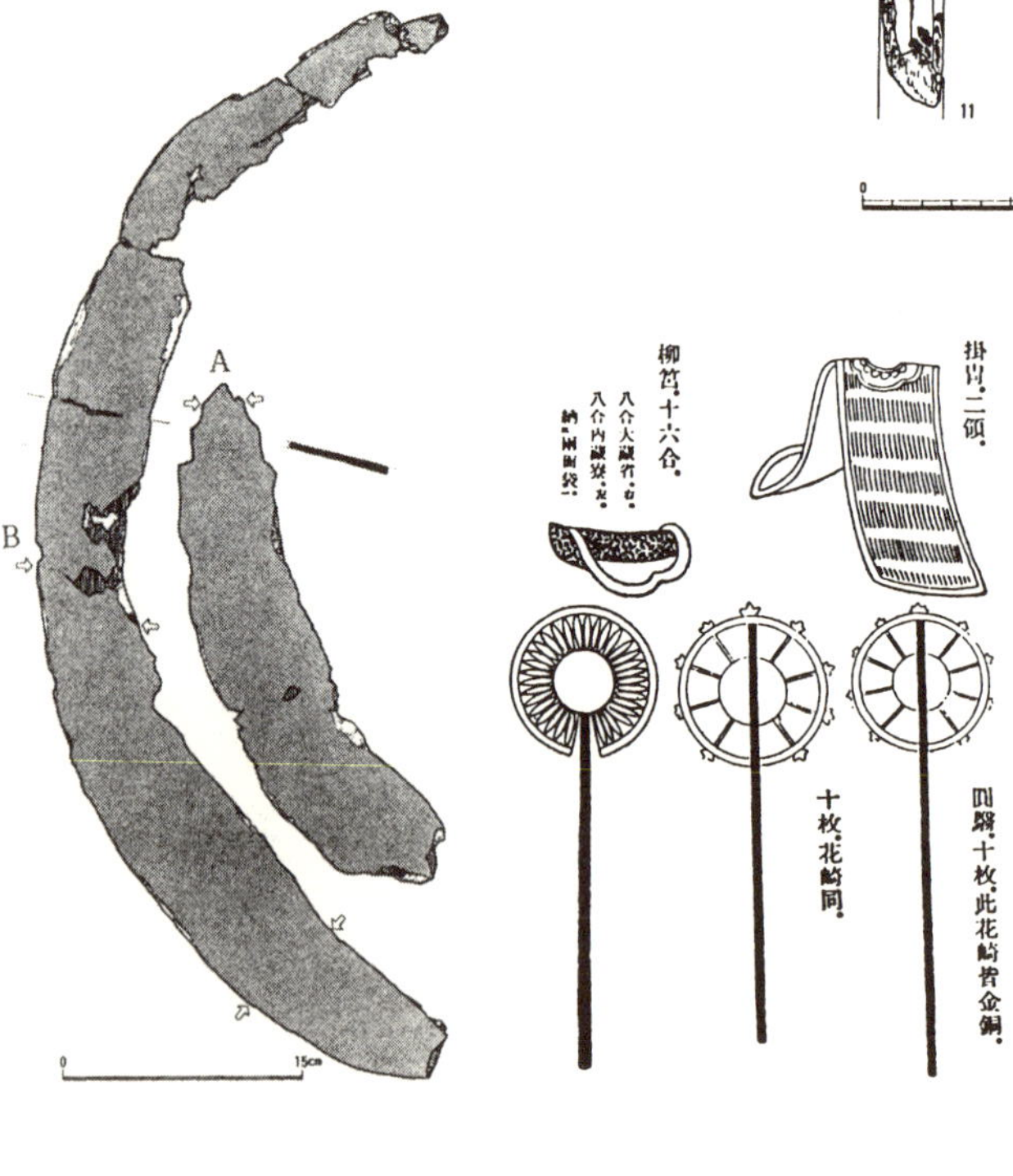

器形はササン朝ペルシャの影響といわれ、銀平文で加飾された正倉院漆胡瓶《しっこへい》の素地は巻胎で、同じものが奈良市長屋王邸周辺、滋賀県彦根市松原内湖遺跡、韓国の鴈鴨池《がんおうち》遺跡などから出土している。長屋王邸の北、二条大路の南北に走る二条の溝跡（SD五一〇〇・五三〇〇）から出土した巻胎漆器は、珍しい翳《さしば》と考えられている（図12）。この溝跡は長屋王滅亡後、占拠した軍と藤原麻呂邸から捨てられたゴミが埋没しており、木簡から天平八（七三六）～一〇（七三八）年の遺物が多いといわれている。巻胎漆器は円弧状で両端や両側面を欠くが、最大長さ約三三センチ、幅約七・五センチで、カヤ材を幅〇・二センチ、厚さ〇・一～〇・二センチの細い棒状に加工して、同心円状に巻いたもので、約四〇条の重なりが確認できる。この円板を成形後、両面に何枚かの布を着せて、下地漆を施して黒色漆を塗り重ねている。断面の肉眼観察でも、地の粉や布着せが確認でき、厚さ、塗り重ね、光沢のある漆黒からみて第一級の技術が駆使されたとみられる。現存部での復元直径は約七三センチ（約二尺五寸）で、元来はこれ以上となる。金子裕之は形状から判断して、威儀具の一種である漆塗り翳の羽の部分と推測した。翳は貴人の顔を隠す団扇状の道具で、古墳時代の器材埴輪や装飾古墳の壁画にみることができる。令制ではいくつかの種類があげられているが、それを納める小翳の箱は平文で飾られていた（「斎院式」）。巻胎漆器の周辺からは聖武天皇吉野行幸に関する木簡などが出土していることから、金子は吉野行幸に有機的に関連したものと指摘している(75)。なお松原内湖遺跡の巻胎下地には奈良県明日香村飛鳥水落《みずおち》遺跡の漏刻（小銅管周囲）と同様に動物骨粉が含まれており、大陸との技術交流を物語る貴重な遺物だ(76)。

日本最初の水時計と動物骨片――飛鳥水落遺跡

奈良県明日香村の飛鳥水落《みずおち》遺跡は『日本書紀』斉明天皇六（六六〇）年五月条に伝える、中大兄皇子が日本で最初に造った「水時計」（漏刻《ろうこく》・漏剋）の遺跡と考えられているが(77)、ここに大陸伝来の漆工技術が採用されていることは、あまり知られていない。

水落遺跡は建物の中央を除いて、径四〇センチの円柱二四本からなる四間四方（一辺一〇・九五メートル）の総柱式建物だ。基壇面から一メートルほど下に礎石が据えられており、その上面に径四〇センチ、深さ一二センチほどの円形のくり込み座がある。このくり込み座に柱を立て、その後に基壇の土を突き固めながら次第に盛り上げて固定する工法がとられている。二四本すべてにこの方法がとられており、古代建築では他に例を見ない特異な建築工法といわれている(78)。建物中央、基壇の中には、台石である大きな花崗岩の切石の上に漆塗り木箱（水槽）が、建物の南北中軸線と一致するように据えられていた（図13）。さらにこの漆塗り木箱の内部には、小型の漆塗り木箱が北半分にすっぽりと収まるように据えられていた。注目したいのは漆塗り木箱の西側から木樋Eに平行して北へ延び、北辺貼石遺構の下をくぐって基壇外へとぬけていく小銅管だ。水時計の構造については省くが、唐の貞観年間（六二七〜六四九）に活躍した呂才の漏刻図（図14）が参考となろう。

さて、さきの小銅管であるが、奈良文化財研究所によってその周囲の断面を調査したところ、小銅管の周りから、漆に混ぜた大量の焼成された動物の粉末骨片と地の粉（石英・長石・角閃石からなる鉱物粒子）が確認された（図15）(79)。こうした下地に動物骨片を用いる技法は、巻胎で知られる滋賀県彦根市松原内湖遺跡の蓋ないし身、平城京長屋王邸宅跡の漆器(80)（器形不詳）で確認されている程度できわめて珍しいものだ。巻胎が一一点確認されている正倉院宝物漆器にも、同様に用いられていると推測される。中国では前漢〜明代漆器にかなりみられ、漏刻導入に際して中国から伝えられた大陸起源の技法として、巻胎とともに注目される(81)。

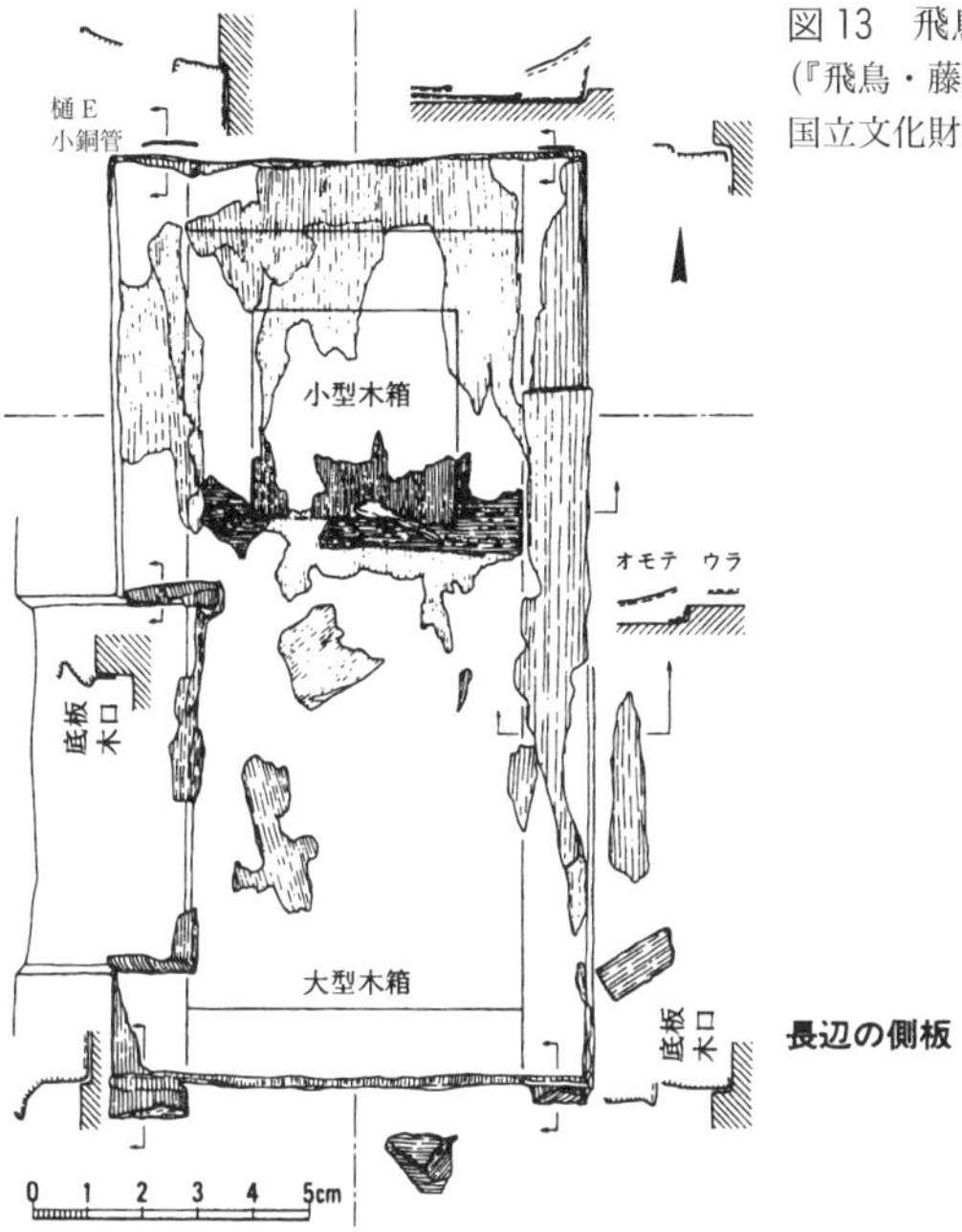

図 13　飛鳥水落遺跡の漆塗り木箱（『飛鳥・藤原宮発掘調査報告Ⅳ』奈良国立文化財研究所，1995 年）

図 14　唐呂才漏刻図（『古今図書集成』，『飛鳥・藤原宮発掘調査報告Ⅳ』奈良国立文化財研究所，1995 年）

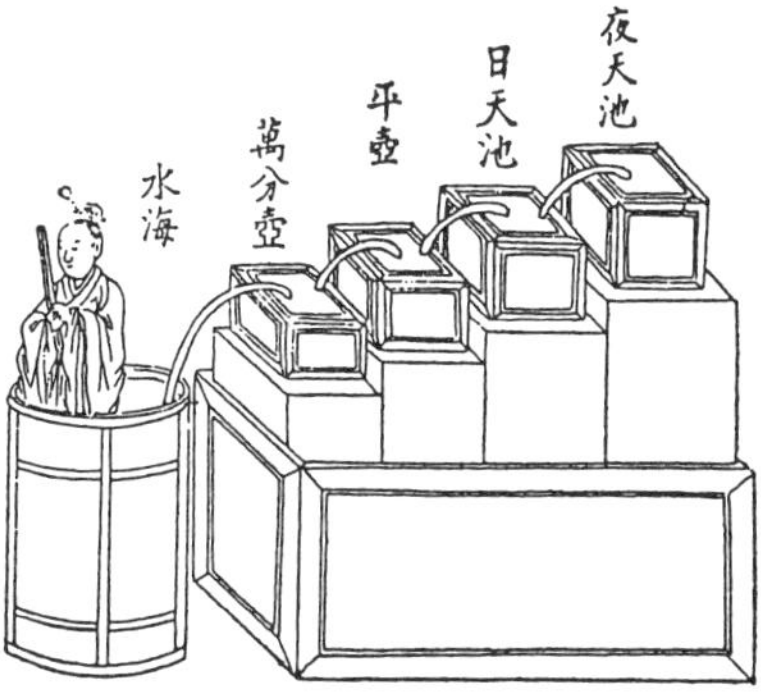

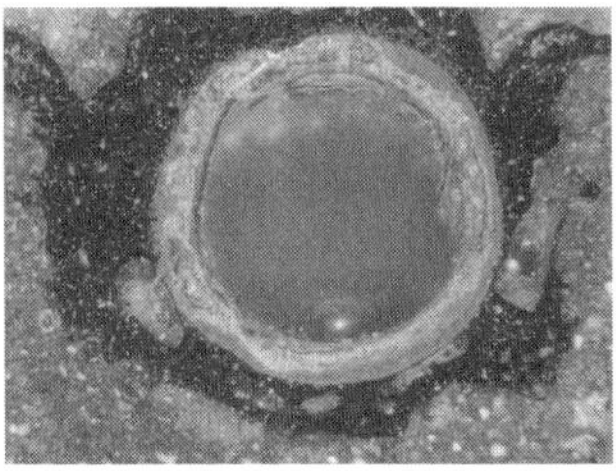

図 15　飛鳥水落遺跡の小銅管とコクソ漆（管の周囲に広く分散している灰白色部分が骨片と鉱物粒子）（『飛鳥・藤原宮発掘調査報告Ⅳ』奈良国立文化財研究所，1995 年，写真　岡田文男）

三　平安京の漆箱

木棺墓の副葬漆箱——平安京右京三条三坊

平安京右京三条三坊十町地区の調査から木棺墓（ＳＸ四六、九世紀）が検出された。棺をおさめる掘方の規模は南北一・八メートル、東西〇・六メートルの長方形で、深さは〇・三メートルだ。構造的には掘方の底に幅〇・四メートル、長さ一・六五メートルの板を敷いて、その四隅に隅柱を立てて、外側から板を組み合わせて蓋をしたものである（図16）。棺内には副葬品として北隅に「漆皮《しっぴ》の折敷《おしき》」とその上に漆器合子・皿、毛抜き、串状木製品、墨、玉二個が、中央やや北東寄りに銅鏡、南寄りに黒色土器埦、棺蓋上に土師器二枚が置かれていた(82)。

「漆皮の折敷」であるが、分析を担当した岡田文男は塗膜の裏面に獣毛が観察され、箱と報告している。いわゆる漆皮折敷の伝世品はなく、図版では側面の立ち上がりが観察されるので箱とみて大過ない。漆皮の用語については奈良・平安時代の記録にはみあたらず、問題があることは小林行雄以来指摘されてきたもので、荒川浩和の提言にしたがい漆革箱としておきたい(83)。

岡田による塗装工程は素地（牛や鹿の革）の上に、①不明物質層、②漆と不明物質を混和した層、③漆と木炭粉を混和した層、④黒色の微粒子を混和した漆層、⑤透明漆層の順と報告されている(84)。鉱物粒子による漆下地が施されたかどうかは不明だが、下層から炭粉漆下地・黒色顔料を含む黒色漆・上塗り漆の工程がとられている。正倉院の御袈裟箱の工程は岡田穣・北村大通によると、下地は地の粉（鉱物粒子）風で、その上に黒色漆を二回、そして研ぎが加えられた上にくろめ（精製）漆、研ぎ、くろめ（精製）漆が施さ

図 16　平安京右京三条三坊出土の木簡墓と副葬漆箱
(『平安京右京三条三坊』京都市埋蔵文化財研究所，1990 年)

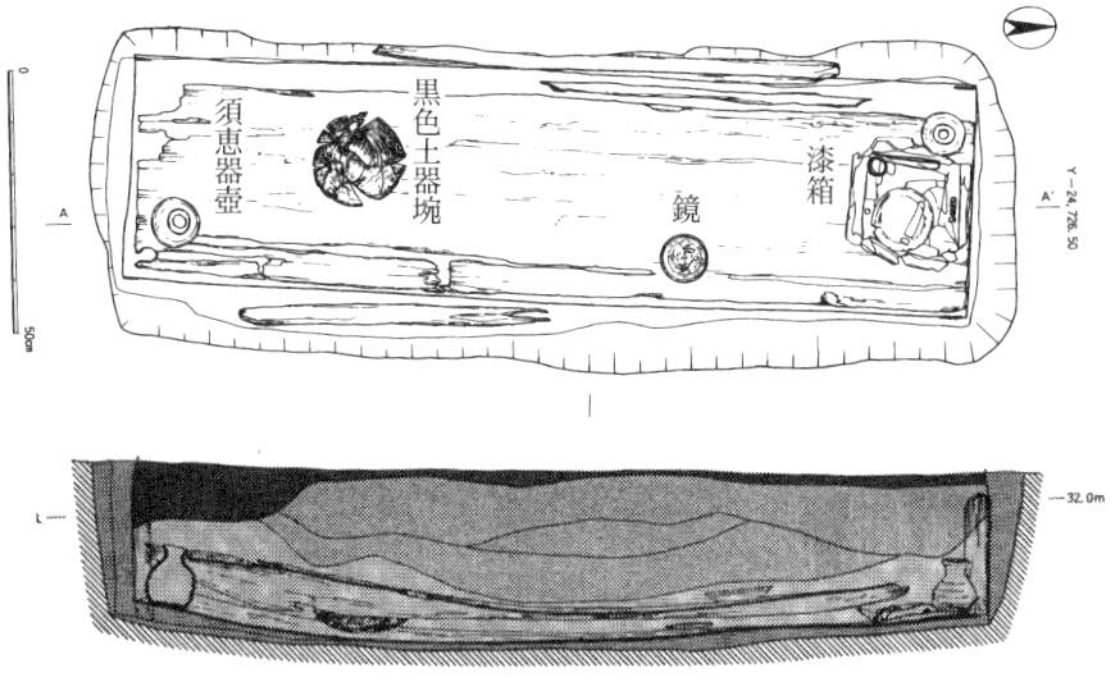

図 17　平安京安祥寺下寺跡の木炭木槨墓と副葬漆箱
(『平成 5 年度京都市埋蔵文化財調査概要』京都市埋蔵文化財研究所，1996 年)

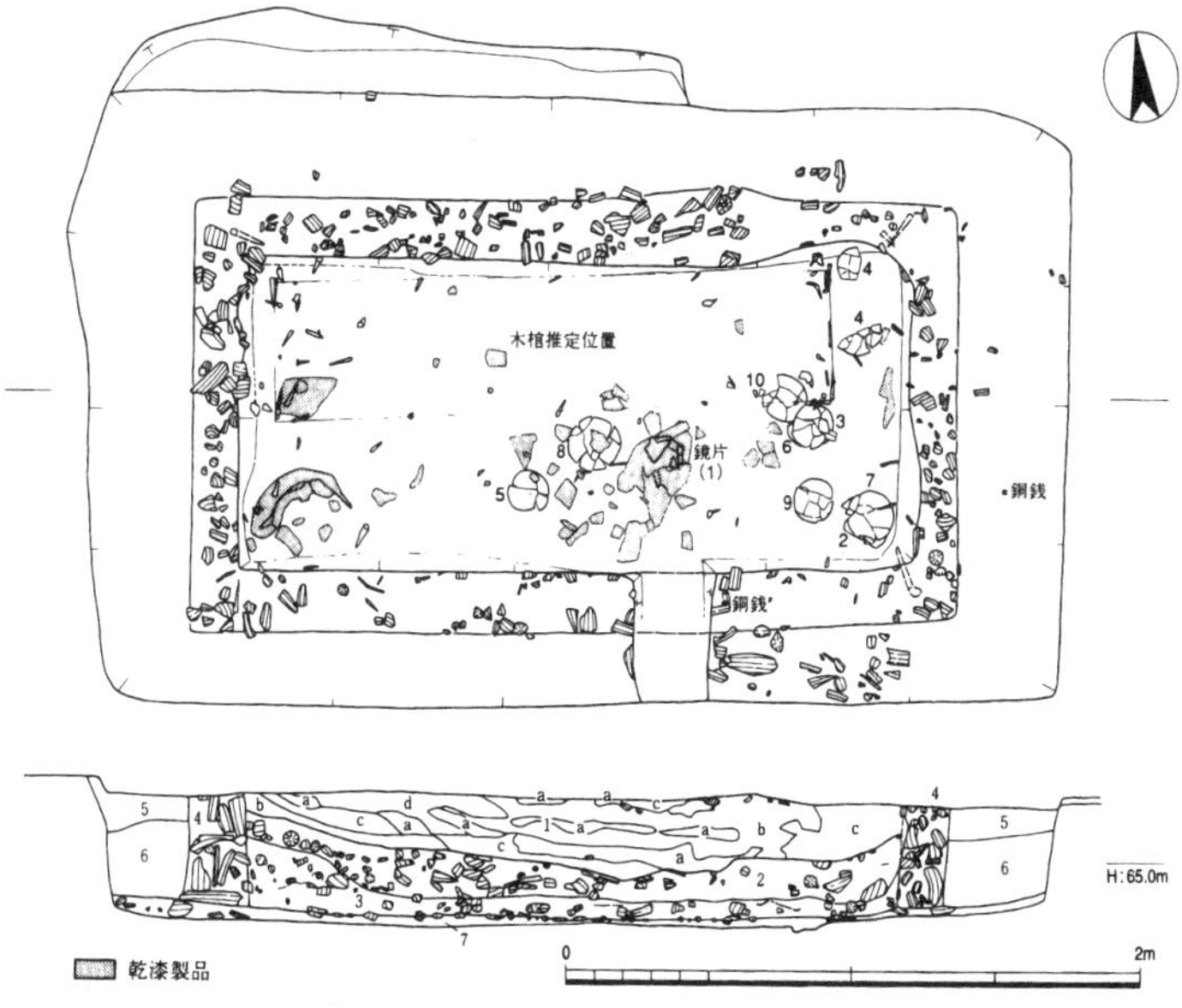

れている。槃龍背八角鏡《ばんりゅうはいのはっかくきょう》漆革箱では、下地はなく、三回ほどくろめ漆が施されただけと指摘している。(85)

一口に漆革箱といってもさまざまな製作工程がある。木棺墓（SX四六）と共通した炭粉漆下地を用いた例としては、青森県浪岡町山元3遺跡出土の漆革箱（九世紀後半）がある。①布着せ層の上に、②炭粉漆下地層、③漆層、④漆層の順で（黒色漆層なし）、②層と③層には研ぎが加えられていた。(86)地の粉漆下地の例では、石川県金沢市戸水大西遺跡出土の漆革箱（九世紀）がある。①布着せ層、②ベンガラ漆層、③漆層、④ベンガラ漆層、⑤地の粉漆下地層、⑥漆層、⑦漆層の順であった。変わったところでは、ベンガラ漆で布目を埋めていることだ。下地までの工程は丁寧だが、その上の塗りは簡素なものである(87)（第九章「墨絵の漆革箱」参照）。

木炭木槨墓の副葬漆箱――安祥寺下寺跡

嘉祥元（八四八）年に建立された安祥寺下寺の推定地から、珍しい木炭木槨墓（九世紀後半）が検出され、乾漆製品や白銅鏡が副葬されていた。

木炭木槨墓は東西約三・四メートル、南北約二・〇メートル、深さ約〇・四メートルの長方形の墓坑の底に炭を敷き、その上に木棺と木槨（内槨）を置いて、その周囲に木炭をめぐらせたものだ。また木炭の外側にも別の埋め土があり、木炭と埋め土の間にもう一つの木製施設（外槨）の存在が想定され、被葬者を中心に内側より、木棺→内槨→木炭（槨）→外槨の四重の施設になるという（図17）。内部から出土した遺物は漆塗膜片・白銅鏡（蟠龍文鏡）・銅銭（富寿神寶）・土師器・釘などである。木炭木槨墓は前例のないものであるが、『続日本後紀』承和九（八四二）年七月一五日の条、嵯峨上皇の喪葬に関する遺詔中の「重以棺槨、繞以松炭」に合致し、『安祥寺伽藍縁起資材帳』の四至《しいし》（東西南北の境界）からみても木炭木槨墓は寺地内にあることから、安祥寺に関係した人物の墓としている[88]。

漆片塗膜は内面黒色で外面赤色漆のものと、総黒色帯状の二種類が確認されている。前者は素地を欠くが、布着せの存在からみて乾漆（麻布を複数張り重ねて素地としたもの）の可能性があるとされ、内面の塗装工程は、①地の粉漆下地層、②黒色漆層、③黒色漆層、④朱漆層の順と報告されている[89]。副葬品の内容からみて鏡箱か手箱が考えられるが、九世紀後半において身分表示の最高レベルである朱漆が用いられている点は、被葬者がかなりの地位にあったことを示している。

第九章　古代漆器の地域的展開

一　在地生産を物語る遺物

漆書き「宮」文字と漆運搬具――石川県北方E遺跡

能登半島の先端部にある石川県珠洲市北方《きたがた》E遺跡から、倉庫を含む多数の掘立柱建物跡と七世紀後半代の漆書き「宮」文字と漆運搬具や工具類が多数出土し注目を集めた。報告書は未刊であるため、珠洲市教育委員会の了承を得て、漆についてのみ概要を紹介する(1)。

赤外分光分析で漆塗膜と同定したものについて、その付着状態の分類をした。漆運搬具としては平瓶《ひらか》七点、壺一点、長頸壺三点。工具である漆パレットは坏四点、土師器埦二点。漆付着がみられるものは、坏二二点、蓋二点、壺六点、甕一点、瓶《へい》二点、𤭯《はんぞう》一点。接着漆（漆継ぎ）は、長頸壺一点（頸部）、横瓶《よこべ》一点（口縁部）、坏二点。漆書文字「宮」（四点）の合計五九点である（図1、注記なきものはすべて須恵器）。土中や洗浄などによる剝離を含めれば、これを上回るであろう。

調査区内だけの漆工遺物出土量としてはかなりの量であり、漆運搬具だけでも一一点出土していることから、北方E遺跡が漆の集荷にかかわった施設であることは明白である。しかも時期は七世紀後半代、須恵器の坏底面に「宮」と漆書きされた四点の出土は重要だ。宮は宮家などの略で官倉を意味すると考えられ、大宝令（七〇一年）以前に漆が収公されていたことを示している。奥能登で同時代の漆工遺物が出土した例としては、穴水町西川島遺跡群白山橋遺跡がある。掘立柱建物跡群と多量の須恵器が出土したが、そのなかに漆パレット（坏）と内面漆塗り坏が存在した（調査範囲が狭く漆運搬具は未確認）。隣接する同時代の美麻奈比古《みまなひこ》神社前遺跡では倉庫を含む掘立柱建物跡群が存在し、焼き塩生産も行なわれていることから、これらは全体として官衙ないしは在地首長層の遺跡と考えられる(2)。

いうまでもなく七世紀は宮都や寺院建立にともなって漆の需要が増大した。前期難波宮（難波長柄豊碕宮に比定）からは漆付着土器が一二〇〇点以上出土しているが、多くは瓶や長頸壺などの漆運搬具だ(3)。七世紀後半以前において、周辺諸国から漆が集荷されたことを示している。藤原京造営と併行して進められた明日香村紀寺跡東南部の調査では、漆篦などの漆工遺物とともに須恵器の平瓶・短頸壺・横瓶・粗製土師器の漆運搬具が出土している(4)。奈良県明日香村飛鳥池遺跡（七世紀後半～八世紀前半）からも、富本銭の鋳造遺物や金・銀・銅・鉄・ガラス工房のほか、漆の運搬容器・パレット・刷毛・漆濾し布が出土し、多様な官営工房群の存在で注目を集めた(5)。七世紀中葉に造営がはじまった九州の大宰府跡でも、漆運搬具の平瓶や壺が出土しており、これらの運搬容器は器形的特長から周辺国から搬入されたことは疑いない(6)。

都や拠点的地方機関から遠く離れた能登半島先端部における北方E遺跡の事例は、大宝令以前に漆が収公されていたことを示す事例であり、漆が広く税の一種として登場するのはいつかという、律令国家体制の整備とかかわる重要な問題に行き着く。国・郡・里を基礎とした国家体制ができあがりつつある、七世紀後半の能登は越前国に包括されていたが、若狭国とともに日本海側最大級の塩生産量を誇っており、蝦夷遠征のための補給基地として注目されることになる。このとき塩とともに漆も着目された可能性が高い。

図１　石川県北方 E 遺跡出土の「宮」漆書須恵器坏（上）と須恵器漆運搬具（下）(珠洲市教育委員会蔵)

図２　新潟県八幡林遺跡出土の第 25 号木簡 (『八幡林遺跡』和島村教育委員会，1994 年)

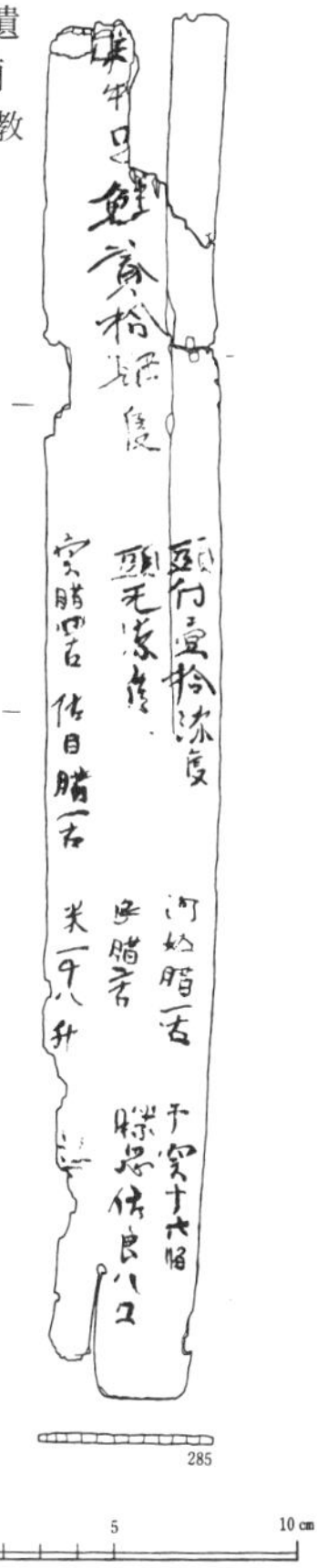

図３　新潟県八幡林遺跡出土の漆器 (『八幡林遺跡』和島村教育委員会，1994 年)

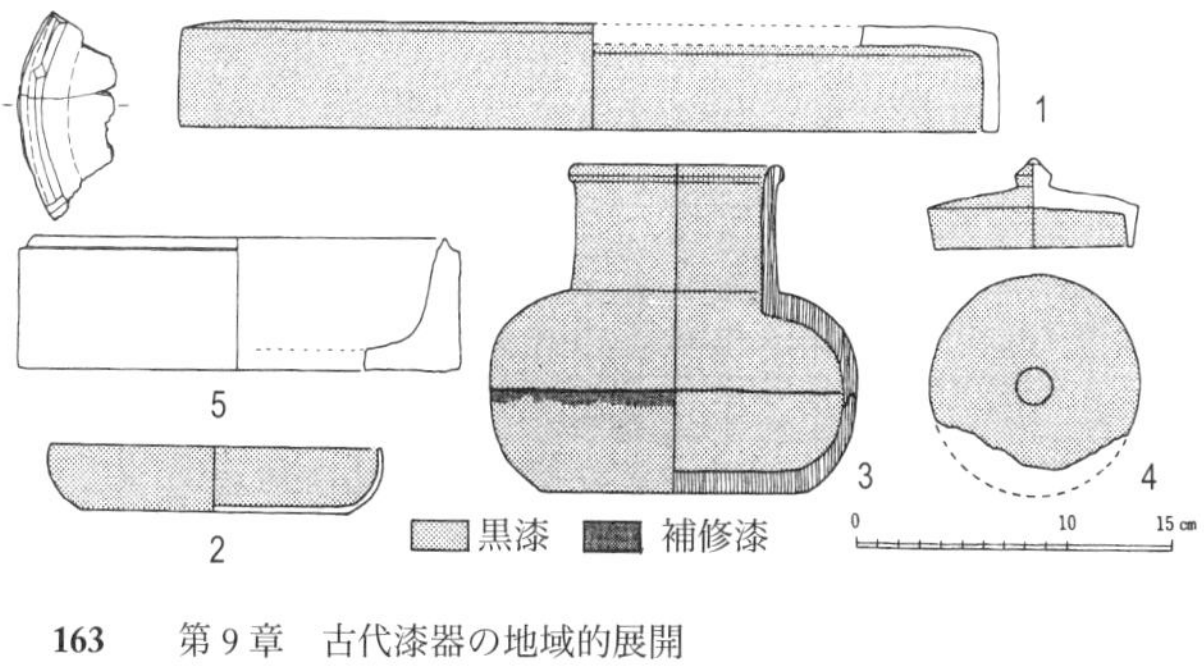

やがて養老二（七一八）年五月に越前国の羽咋・能登・鳳至《ふげし》・珠洲《すず》郡を割いて第一次能登立国、天平宝字元（七五七）年第二次能登立国をみ、中男作物《ちゅうなんさくもつ》として漆の貢進が課せられた。以後今日にいたるまで漆は能登の特産品として重要な役割を担うことになる。

在地生産を示す木簡と漆器――新潟県八幡林遺跡

八幡林遺跡は新潟県の中ほどに当たる新潟県長岡市（旧和島村）八幡林ほかに所在する。遺跡は島崎川によって形成された平野部に突き出た舌状台地の上とその裾部分に広がっている。奈良時代から平安時代にかけて営まれており、主な遺構として舌状台地のほぼ中央部分に、掘立柱建物の周囲に庇の付いた正殿（七×四間）が検出され、北陸道の可能性が高い奈良時代の道路跡も見つかっている(7)。

遺物としては郡府木簡（郡が青海郷に下した命令書）や「養老」「沼垂城」が記された木簡の出土によって、大化三（六四七）年に造営された渟足柵《ぬたりさく》が養老年間まで存続したことが確認された。役所間の文書の送付に用いる封緘《ふうかん》木簡も出土している。これは二枚の羽子板状木簡の間に文書を挟み、紐で結んだ上に封の字を書いて見られないようにして送るものだ。平城京跡からは多数出土しているが、都を遠く離れた所での出土は珍しい。このほか墨書土器では「郡」「大領」「大厨」「大家驛」といった郡に関係した文字資料も存在することから、八幡林遺跡は古志《こし》郡衙に関係した重要遺跡と考えられている。

平成五年度の調査においてI地区から各種物品の貢進伝票が出土し注目された（第二五号木簡、八世紀末～九世紀前半、図2）。長さ三六センチ、幅四・八センチの長大なもので、次のような内容が記されている。

頭付壱拾漆隻　河口腊一古　干宍十六

□物□鮭弐拾肆隻　頭无漆隻　　鳥腊二古　牒思佐良八口
宍腊四古　　佐目腊一古　米一斗八升

木簡の中央に越後ならではの鮭二四隻（匹）、その内訳として頭付き一七隻、頭なし七隻が記されている。ほかに宍肉（鹿猪）、佐目（鮫）、鳥の干物（腊）、米、そして牒思佐良がある。牒思は『法隆寺資材帳』（天平一七年）などにみえ、『和名抄』では「ウルシヌリノサラ」とよんでいる。佐良は盤《さら》で通常は木皿である。ここでは遺跡の内容からして漆皿八枚と解しておきたい。これらの物品は郡に貢進されたことが明らかな二四号木簡と同様の記載であることから、漆器も在地で製作されていたと考えられる貴重な例だ。

漆器製作が行なわれていたことを示すものとして、挽物容器の未製品や漆刷毛が出土している。出土漆器の器形や技術的特色をみてみよう[8]（図3）。

漆器の器形としては、大型円形容器の蓋（口径三八・八センチ、図3-1）、薄手の小盤（口径一五・六センチ、図3-2）、長頸壺（体部最大径二七・三センチ、器高一四・九センチ、図3-3）、宝珠形の摘みが付いた蓋（口径九・四センチ、図3-4）が出土しており、すべて総黒色である。大型円形容器の蓋は鏡筥の可能性がある。

分析試料からは布着せの有無はわからないが、外面の塗装工程は下から、①地の粉漆下地層（粒度の細かい鉱物粒子）、②黒色漆層（油煙の黒色顔料が含まれた漆層）、③漆層、④漆層の順である。内面では黒色漆層が省略されていた。長頸壺は幅広の底部、押しつぶされたような体部、太い頸部と口縁部（玉縁《たまぶち》）は正倉院や平城京跡出土品と比較した場合、かなりローカル色が濃い。体部の接合法はいわゆる印籠《いんろう》作りだ。

塗装工程は①布着せ層、②地の粉漆下地層（一辺地、粗い鉱物粒子）、③地の粉漆下地層（二辺地、細粒の鉱物粒子）、④黒色漆層（油煙の黒色顔料が含まれた漆層で、表層に研ぎ工程が加えられている）、⑤漆層、⑥漆層の順だ。基本的には大型円形容器の蓋と同じであるが、大きいぶん下地の作りが厚い。いずれも最高級品として最も丁寧な作りであることがわかる。

宝珠形摘《つま》み付きの蓋は薬壺《やっこ》の蓋と思われるが、体部（身）は見つかっていない。塗装工程は内外面ともに、①炭粉漆下地層、②漆層の順であった。薄手の小盤は平城京跡出土例とよく似ているが、内外面ともに①炭粉漆下地層、②炭粉漆下地層、③漆層の順である。これらの下地は地の粉よりも、一ランク下の炭粉粒子と漆を混ぜたものを用いており、その上に塗られる漆層も一層という簡素なものだ。なお、塗りのない木地の盤が多数出土しているが、古代では「木盤」（『造石山院所用度帳』）、「木佐良」（『越前国使解』）とよばれ、「役夫料」とあるので、労働に従事した下層民の用器と考えられている。(9) また一点だけ確認された蓋付き合子《ごうす》の身の部分（図3-5）は木地未製品だが、用途からみて漆塗りを目的としたものだろう。

このほか漆塗りされた珍しいものに銅製の「帯執足金具《おびとりあしかなぐ》」がある。これは太刀の外飾金具で、銅全体に黒色漆が塗られている。おそらく焼付け漆によるものだろう。正倉院宝物が代表例で、この形式の金具は奈良時代特有のものといわれている。

杭に転用されたウルシノキ――石川県指江B遺跡

毎年多くの遺跡発掘が行なわれ、漆器もかなり出土するようになったが、掻き取り痕が残るウルシノキそのものが発見されることはめったにない。常識的にはウルシノキが植栽されていた漆山が発掘対象にならない限り、無理と思われていたからだ。ところが日本海にそそぐ河北潟にほど近い、石川県かほく市（旧宇ノ気町）指江《さしえ》B遺跡から、それが出土したのである。(10)

平成一〇年度調査時のE区河道（八〜一〇世紀）の杭に転用されていたもので、全体にV字状の掻き取り溝（幅二〜三ミリ、二五本確認）が残る枝漆である。それはまぎれもなく止掻《とめが》きの後、最後の一滴まで漆を取るための、枝掻きの痕跡が明瞭に残ったウルシノキであった（図4）。掻き取り溝の平行した幅と深さからみて、近世例と変わりないものである。古代にも専用の掻鎌が存在したのか、今後類例の増加をまちたい。折れているため現存の長さは約二八センチだが、中央部での厚さは約二・七センチで、杭に転用されたために先端が尖っている。溝には漆が固化した茶黒色の細かいブツブツの粒子が残っており、念のために赤外分光分析を行なって、ウルシノキであることを確認した。ウルシノキはたまたま杭として再利用されたために、日の目を見ることになったのだが、わざわざ遠い山中から運び込まれたものではなく、遺跡の周囲に植えられていたと考えるのが自然だろう。

指江B遺跡からは漆桶、漆紙・漆パレット、漆書土器、漆器なども出土しており、「工」「糸女」の墨書土器が発見されていることからみて、漆器の生産工房や織物工房が存在した可能性は高い。そして漆器の鉢（総黒色、図5-1）はあまり類例のない塗りであることが、塗装工程の分析調査から明らかとなった。その製作工程は口縁部分に木地の狂いを防ぐために布着せ（麻布）が施され、さらに布目を埋めて全体を凹凸がないように漆下地が塗られる。そして二層の精製漆が塗られて完成品となる。注目したいのは、この漆下地には針葉樹の炭粉粒子と地の粉（鉱物粒子）が混合されていたことだ（図6）。通有は地の粉あるいは炭粉が単独使用されることからみて、炭粉の混入は黒色を出すための工夫といえる。こうした漆下地の類例としては、分析調査で確認されたものとしては長岡京左京四条二坊出土[11]（8世紀末）の大鉢、官衙関連遺跡と推定される新潟県胎内市船戸川崎遺跡[12]（八世紀後半〜九世紀前半）の盤、中世では広島県草戸千軒町遺跡といった程度で、きわめて珍しい。

ところがこの黒色漆地の粉は螺鈿と関係があり、しかも格別な寺院や手箱・唐櫃・箏・太刀にしか使用

図４　石川県指江Ｂ遺跡出土のウルシノキ（石川県埋蔵文化財センター蔵）

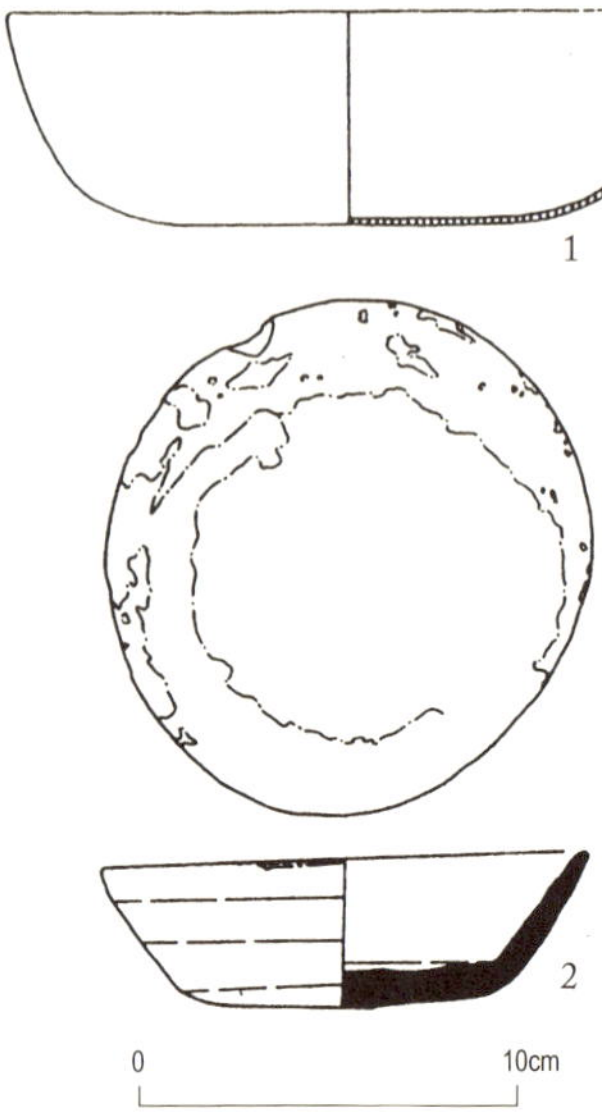

図５　石川県指江Ｂ遺跡出土の漆器（1）と漆パレット（2）
（『指江遺跡・指江Ｂ遺跡』石川県教育委員会，2002 年）

図６　石川県指江Ｂ遺跡出土漆器 (図 5-1）の塗装工程（四柳嘉章，2002 年）

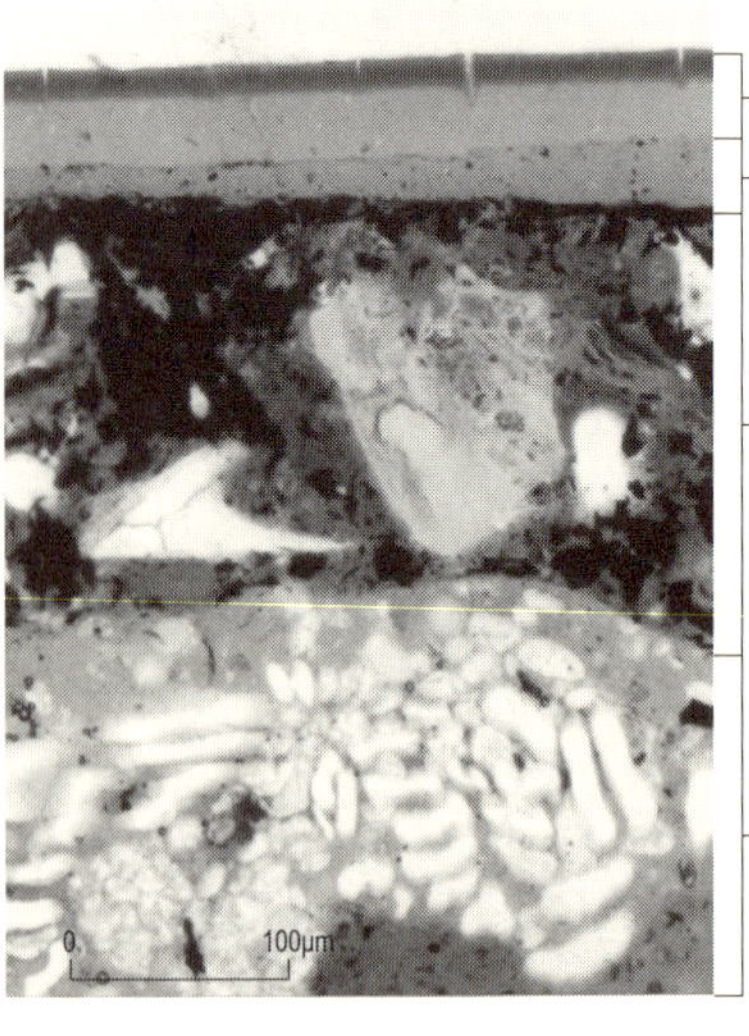

されていないことが、中尊寺金堂左右壇の沃懸地《いかけじ》螺鈿部分を調査した中里壽克鶴見大学教授によって明らかにされている。中里教授は「炭粉の固まりのような特殊な地粉」と表現し、螺鈿の空隙を埋める場合にのみ用いられ、一般的施工例では見いだせないとされている。この黒色地の粉は一一世紀の平等院では確実に行なわれ、中尊寺金堂左右壇で使用されたが、なぜか都から有力工人を招いて工事が行なわれた金色堂本体には導入されていない。しかしこの間一二世紀中葉ごろまでに、蒔絵螺鈿は最盛期を迎え黒色漆地の粉は、片輪車蒔絵螺鈿手箱（東京国立博物館）、鳳凰円文螺鈿唐櫃（東京国立博物館）、蒔絵箏（奈良県春日大社）、沃懸地螺鈿毛抜形太刀（奈良県春日大社）といった、当時第一級の漆器に使用されていたのである。この技法は一三世紀まで伝承されたようであるが、中里教授は「なぜこの漆地粉が螺鈿部にのみ使用されたのか。さらにその材料は何か。どのような特性を持っているのか等については考察すべき糸口を持たない」とされたが「炭粉のようでもあるが、炭粉のみの下地では使用不可能であり、地粉の中に炭粉を入れたものと考えられる」とした[13]。

指江B遺跡の小形鉢ないし椀はきわめて薄手の木地で、布着せが施され塗りも光沢がある良品である（図5-1）。下地の黒色地の粉は、まさしく地の粉に炭粉を混入したもので、中尊寺例に近似している。官衙関連遺跡と推定される新潟県胎内市船戸川崎遺跡（八世紀後半〜九世紀前半）の盤の下地も同様の特色を持っており、長岡京左京四条二坊出土（八世紀末）の大鉢も類似したものと考えられる。これまで螺鈿に付随した技法と考えられていたが、平等院や中尊寺以前において、少数だが使用されていたことが分析によって明らかになった。こうした使用法が発展して螺鈿に応用されたと見るべきだろうか。北陸の二例は在地産というより、都からの搬入品であるかもしれない。

こうしてみてくると指江B遺跡は一般集落ではないことは明白だ。庇の付いた大型の掘立柱建物跡群があり、土器の底などに大宮・小神・吉・井・丼・工と書かれた墨書土器や漆書土器、「大国別社務□□略撰祓集厄」と書かれた木簡、祭祀的な木沓、多足机など、重要遺物が多数出土している。木簡の意味はおそらくオオクニワケ（大国別）社において、厄を集めて祓う（祓集厄）、つまり大祓いが行なわれたことを示すものだろう。この神社は『延喜式』神名帳にはでてこないが、ワケ（別）の付く神社は佐伯有清によると、記紀にみえる別名の皇子の諸国派遣、分封の思想があるという。加賀と大和政権との関係など、実に興味深い遺跡だ[14]。とまれ神社ないしこれを支えた地方豪族が漆を採取し、調度品の生産を行なっていた実態がうかがわれる貴重な例といえる。なお、古代の神社が付属工房をかかえて漆器生産を行なっていた例としては、能登半島の気多神社に関係した石川県羽咋市寺家遺跡がある[15]。

二　漆革箱と帯金具

墨絵の漆革箱――石川県戸水大西遺跡

金沢港に程近い石川県金沢市戸水町に所在する戸水大西遺跡（八〜九世紀）からは、珍しい墨絵で動物が描かれた漆革箱《うるしかわばこ》と稜椀《りょうわん》・高杯《たかつき》・合子《ごうす》蓋・盤《さら》・漆塗曲物の優品や漆パレットなどが出土し、注目を集めた。しかも越前国から加賀立国前年にあたる「弘仁十三年」（八二二）の木簡や多数の墨書土器（「大市・中庄・中家・西家・宿家・吉成」など）、木製祭祀具が出土していることから、きわめて重要な官衙関連遺跡と考えられる[16]。別項でとりあげた畝田《うねだ》ナベタ遺跡も至近距離にあり、関連した遺跡の一つであろう。地方での出土例が希少な漆革箱の製作技術を紹介したい。

正倉院などの古代の革箱類は一般的に「漆皮《しっぴ》」とよばれている。しかしこの呼称に疑問があることは、小林行雄以来指摘されてきた。(17) この点について荒川浩和は広く古代文献を検証して、皮箱と革箱は厳密な区分はなかったようだが、「漆皮」という用例は奈良・平安時代の記録には見当たらないこと、『倭名類聚抄』膠漆具《こうしつぐ》の条の解釈では、皮は毛の付いたもの、革は毛を取り去ったもの（ツクリカワ）、韋《い》は柔らかくしたもの（オシカワ）であるから、「革箱」が字義に即しているとした。(18)

さて戸水大西遺跡の漆革箱は、出土品であるからいくつもの破片となっている。それが箱と判断した根拠は、塗膜面がフラットであることは甲板であり、隅がカーブをなしていることは隅丸の形状を示していること、そして鬘《かずら》（蓋の側面）が確認できたことだ。また裏面の布着せには、通有付着している木質痕がまったくみられないことから、漆革箱と判断した。塗膜色は茶色を帯びた黒色で、赤外線撮影で蓋の表面（甲板）に馬か犬のような動物画（図7）が確認された。肉眼ではよく観察できないが、漆のような盛り上がりはまったく確認できないので、大方の研究者は墨で描かれたものと考えている。肉眼ではほとんど見えないものがなぜ描かれたのであろうか。埼玉県所沢市久米の東《あずま》の上《うえ》遺跡出土の漆紙には、平安時代の具注暦の上から馬の絵が描かれていたし、奈良市長屋王邸宅や浜松市伊場遺跡などからは絵馬が出土している。こうした信仰的な意味があったのか、あるいはたんなる戯画なのであろうか。

漆革箱の製作技術は、光学顕微鏡による甲板外面の塗装断面観察（図8）から、革の上の塗装工程は、①布着せ層（麻類）、②ベンガラ（Fe_2O_3）主体の漆層、③漆層、④ベンガラ主体の漆層、⑤地の粉漆下地層、⑥漆層（地固め）、⑦漆層の順であることが判明した。②〜④層は布目を埋め、木地との段差をなくする工程で、現在の輪島塗でいうところの「布目擦り」「惣《そう》身《み》付け」とよばれる工程で、前者では布目に地の粉（鉱物粒子）を擦り付け、後者は木粉を煎って炭化させたものと生漆（米糊を混ぜることもある）を混ぜて塗っている。この工程で赤色顔料のベンガラ漆を用いることはきわめて特異だが、後述のように鉄分の

図７　石川県戸水大西遺跡出土の漆革箱（赤外線撮影図）
（『戸水大西遺跡』金沢市教育委員会，2000年）

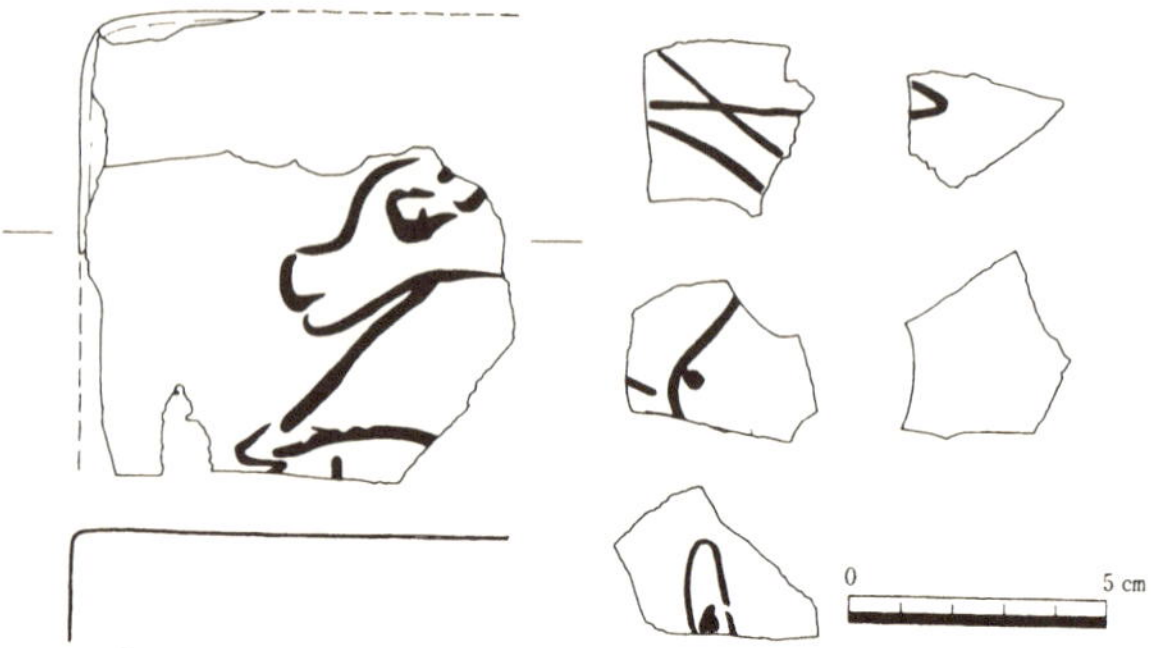

図８　石川県戸水大西遺跡出土の漆革箱の塗装工程（四柳嘉章，2002年）

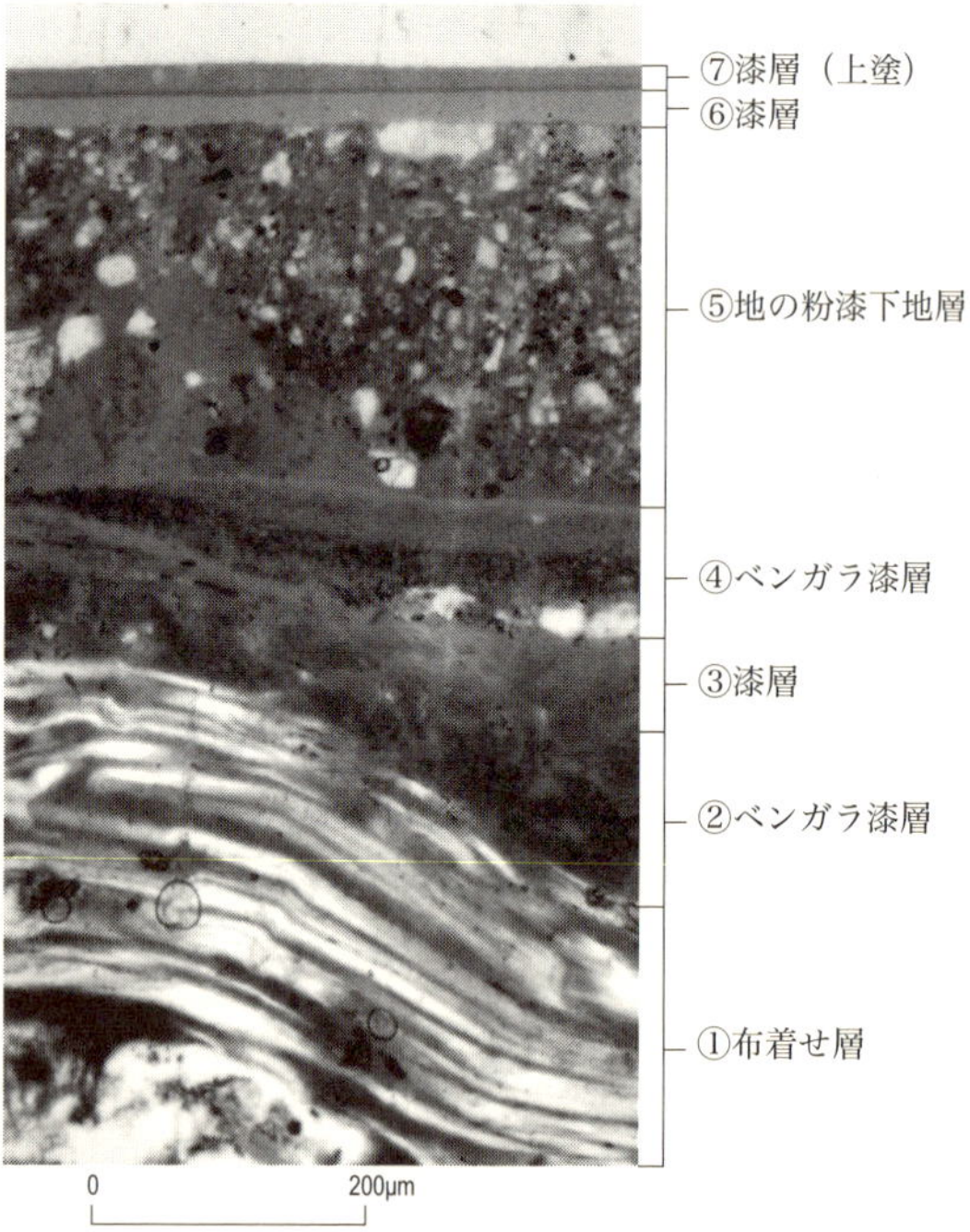

多い地の粉と解釈しておきたい。全体として下地までの工程は丁寧であるが、下塗り・中塗りは省略されており、わりと簡素なものだ。製作時期については、九世紀代に廃棄されているが、漆革箱の盛行期から見ると製作は八世紀の可能性がある。

文献にみる漆革箱の製作工程については、荒川浩和がすでに詳細にふれているところであるが、『延喜式』(内匠寮式、①文献と略)、『法華寺阿弥陀浄土院造金堂所解』(『大日本古文書』巻一六、②文献と略)から、戸水大西遺跡例(大西例と略)と比較してみることにしたい。

漆革箱の胎(素地)は牛・鹿・猪皮などであるが、大西例では剝離のため確認できない。黒色顔料に用いる「掃墨《はいずみ》」(①文献)、「墨漆」(②文献)は大西例では用いられていない。「花塗《はなぬり》料」(②文献)は仕上げに透漆《すきうるし》(精製漆)を塗ることであるが、大西例は掃墨の黒色漆層はなく、土漆の上に地固めの漆層が施され、その上は簡素な花塗で終わっている。伝世品の上塗色においても黒色から茶褐色までのバラエティーがあるが、大西例のように黒色顔料を含まない透漆で塗り上げられたものは茶色を帯びている。「黏料《ねやすりょう》信濃調布」(①文献)、「塞《そく》」(②文献)は布着せであるが素材は不明。布着せには「小麦」(①文献)が用いられる。「伊豫砥・青砥」(①文献)は研ぎ用の砥石であるが、大西例では地の粉漆下地層(層厚一七〇マイクロメートル前後)の表層に研ぎ(地研ぎ)が加えられた可能性がある。下地の地の粉(鉱物粒子)の記載は、①文献ではみられないが、②文献では「土漆」とある(「土漆」は多賀城跡の漆工房出土木簡にも記載)。このほか『延喜式』(内匠寮)には「焼土」「荏油」(漆合成用)「油(胡麻油)」(洗刷料)などの記載がある[19]。とくに「焼土」については、灰色・黒灰色・褐色を呈するものなど鉱物組成によってさまざまであるが、酸化鉄の多い土を焼成した場合は赤色に発色する。大西例はやや発色が悪いが、こうしたものではないだろうか。

以上、漆革箱について紹介してきたが、戸水大西遺跡からは稜椀・高杯・合子蓋・盤・漆塗曲物など当

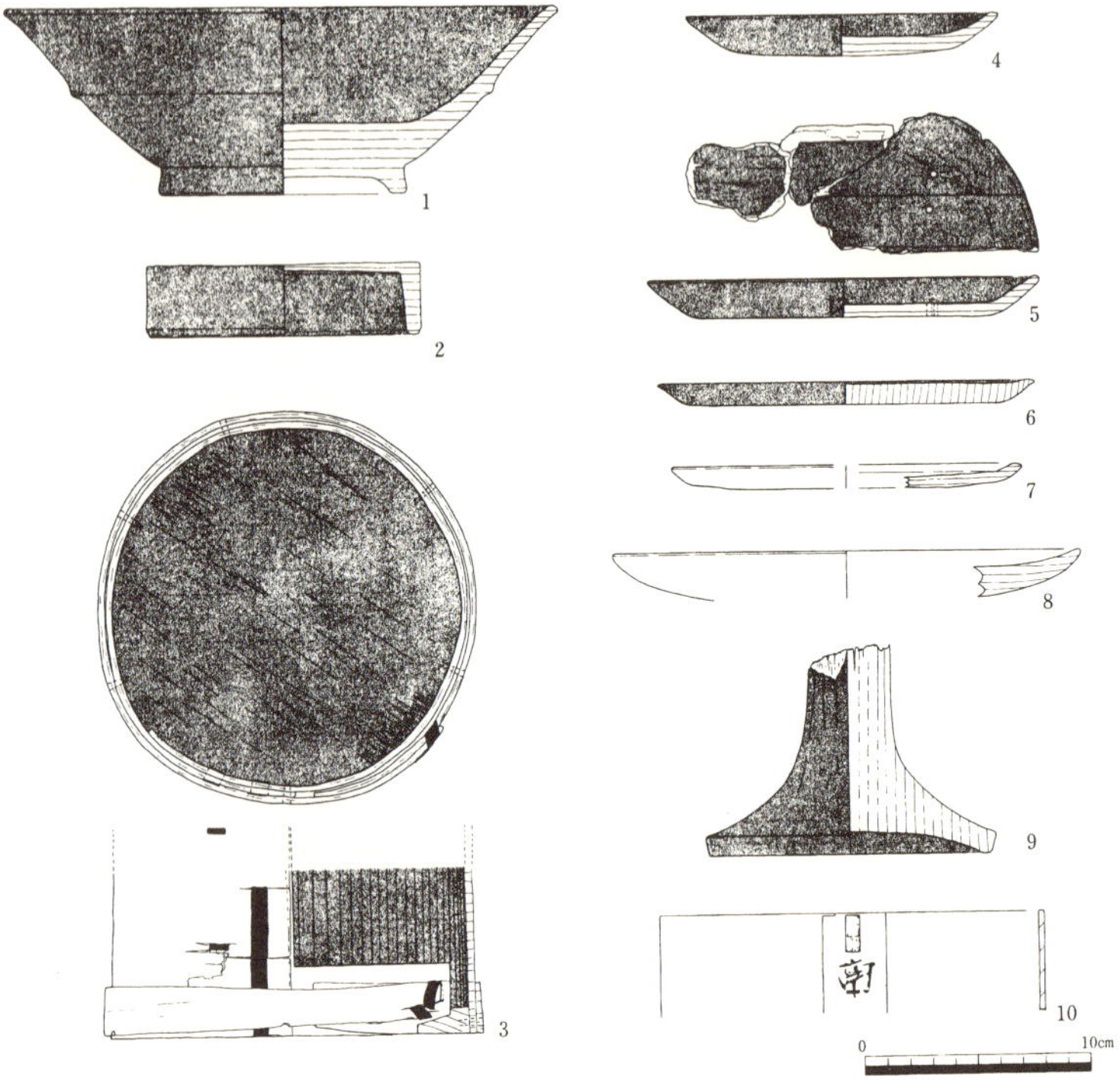

図９　石川県戸水大西遺跡出土の漆器・曲物・木器
（『戸水大西遺跡』金沢市教育委員会，2000 年）

図 10　石川県畝田ナベタ遺跡出土の帯金具（石川県埋蔵文化財センター蔵）

時としては貴重な漆器類が出土している（図9）。稜椀（図9-1）は体部の外側に稜と呼ぶ段が付いたもので、稜を境に外反した明らかに金属器写しと判断できるものと、戸水大西遺跡のように斜上方に開いた体部に形ばかりの稜をつけたものがある。高杯（図9-9）は塗りが厚く光沢があり、貴人の調度（迎賓用か）として盤とともに戸水大西遺跡に往来した階層推定に貢献できる重要な資料である。曲物（図9-3）も通有は漆塗りされないので、内面に漆塗りされているものは特別な場面に使用されたか、上層人の使用に限られたものと思われる。加賀立国（八二三年）直後から五回にわたって渤海使が来航しているが、一行の迎賓や物資供給の基地として金沢市戸水C遺跡や本遺跡を含む金沢港一帯の遺跡群とのかかわりが注目されている。多彩な出土遺物とともに、漆器の器形や製作工程（製品ランク）からもその特殊性が検討できそうな気がする。漆パレットも出土しているので、なんらかの漆工作業が行なわれていたことは確かである[20]。

金箔装飾の古代帯金具――石川県畝田ナベタ遺跡

金沢港にほど近い石川県金沢市畝田ナベタ遺跡（八世紀後半～一〇世紀）は、六〇棟以上の掘立柱建物跡と二〇基以上の井戸などからなる官衙級の遺跡で、九世紀前半が最盛期だ。

ここから「巡方」とよばれる四方に穴があいた帯金具が出土した（図10）。タテ一八ミリ、ヨコ一九ミリ、厚さ二ミリ、重さ二・三グラムの小さなものだ。帯金具はいまでいえばズボンのベルトにつける装飾品で、金属製のものと石製のものがある。唐の律令制度の採用によって、身分表示のシンボルとして用いられた。問題は文様、素材、金箔による装飾法だ。素材は奈良文化財研究所の蛍光X線分析によって、銅と錫の合金からなる青銅と判明しており、日本で製作されたものは希少金属の錫に代わってアンチモンや砒素を用いているところから、大陸産と考えられている。文様は一種の宝相華《ほうそうげ》唐草文であるが、こうした意匠は中国中心部では類例がない。大陸での類例を調査した小嶋芳孝金沢学院大学教授は、中国北部にあった契丹や渤海との関係が濃厚とみている(21)。

帯金具の加飾は下付け漆の上に金箔押しされたものであるが、窪み部分は金箔の上から黒色漆で塗りこめられ、金箔が浮き上がってみえる。『続日本紀』をみると、宝亀七（七七六）年に越前国加賀郡にやってきた渤海使には、黄金・水銀とともに漆一缶が送られており、彼の地での製作は不可能ではない。しかし帯金具を子細に観察すると、金箔の窪みを埋めている漆は黒色顔料を含んだ良質のものであり、塗りは丁寧で高度な技術が駆使されている。渤海で漆器が製作された事例は確認されておらず、契丹や渤海むけに中国で製作された可能性を検討すべきと思う。

近年の金沢港周辺の発掘調査では、加賀国府ないし郡家に関係する遺跡群の存在が明らかになってきており、畝田ナベタ遺跡は物資の集散地的役割を担っていたのではないかといわれている。帯金具の出土は、渤海使の接待施設が存在した可能性も含めて、東アジア的視点で議論する必要性を提示しているようだ。

三　漆器と土器

黒色土器と漆器

古代・中世において、漆器の代用品といわれている焼き物は、黒色土器・瓦器《がき》・赤彩土器・内面漆塗り須恵器・土師器《はじき》などだ。黒色土器は土師器とよばれる素焼き土器（埦・坏など）に、ヘラミガキ（研磨工程）を加えて炭素を吸着させたもので、東日本では古墳時代に、西日本では八世紀はじめに出現する。東日本の黒色土器の系譜はいったん途切れて、再び西日本と同じころに復活したようだ。これら黒色処理された土器は、内面が黒色のA類と、内外面全体に及ぶB類（図11右）がある。また畿内を中心に一一世紀代に始まり一五世紀まで生産された瓦器《がき》とよばれる総黒色土器がある（図12）。これは完全な還元焔焼成可能な窯と、水簸《すいひ》した細粒の粘土を用いて型作りによる埦・皿限定の量産を行なったもので、安田龍太郎は「九世紀から長い間工人たちがめざした漆器指向の土器の完成」と評価している。(22)

　赤彩土器はベンガラで赤く塗られた土師器で、能登半島基部の石川県羽咋市寺家《じけ》遺跡（気多《けた》神社関連遺跡）から、土師器の内面が黒色、外面が赤彩された土師器（八世紀前半～中葉、図11左）が出土し、朱漆器指向の土器と指摘されている。(23)しかし八世紀前半～中葉の土師器を朱漆器指向とみるには、やや無理がある。それは奈良時代の漆器は総黒色が基本だからだ。朱漆器が一定量生産されはじめるのは九世紀前半からで、平城京跡の溝跡（SD六五〇-A）から内面朱塗りの漆器二点が出土している程度だ。朱漆器は貞観一三（八七一）年の山城国『安祥寺伽藍縁起資材帳』（「朱漆器三百八十六口」、『平安遺文』古文書編第一巻）、元慶七（八八三）年の河内国『観心寺勘録縁起資材帳』（「朱漆器百廿五枚」、『平安遺文』古文書編第一巻）などに器種・数量が記載されているが、ことに後者では各種器形（大椀・羹椀・閼伽盞・小盤・中盤・足付盤・足無花盤・足無花形盤）がでそろっている。銀器は天皇や中宮、朱漆器は三位以上、黒色漆器や緑釉陶器は五位以上、六位以下は土器と規定された（『延喜式』）。やがて藤原家の氏の長者のシンボルである「朱器大盤」が、賑々しく登場することになるが、それは一〇世紀末のことである（第八章「身分表示の器」参照）。

　以上の諸点からみると、寺家遺跡例を朱漆器指向とするには、いささか疑問が残る。寺家遺跡では九世紀前半において木地の荒型や上質の漆皿（総黒色、第八章図3）が土坑内から一括出土しており、気多神社付属工房で漆器生産が行なわれていたとみている。(24)

図11　黒色土器と外赤内黒土師器（安田龍太郎，1995年）

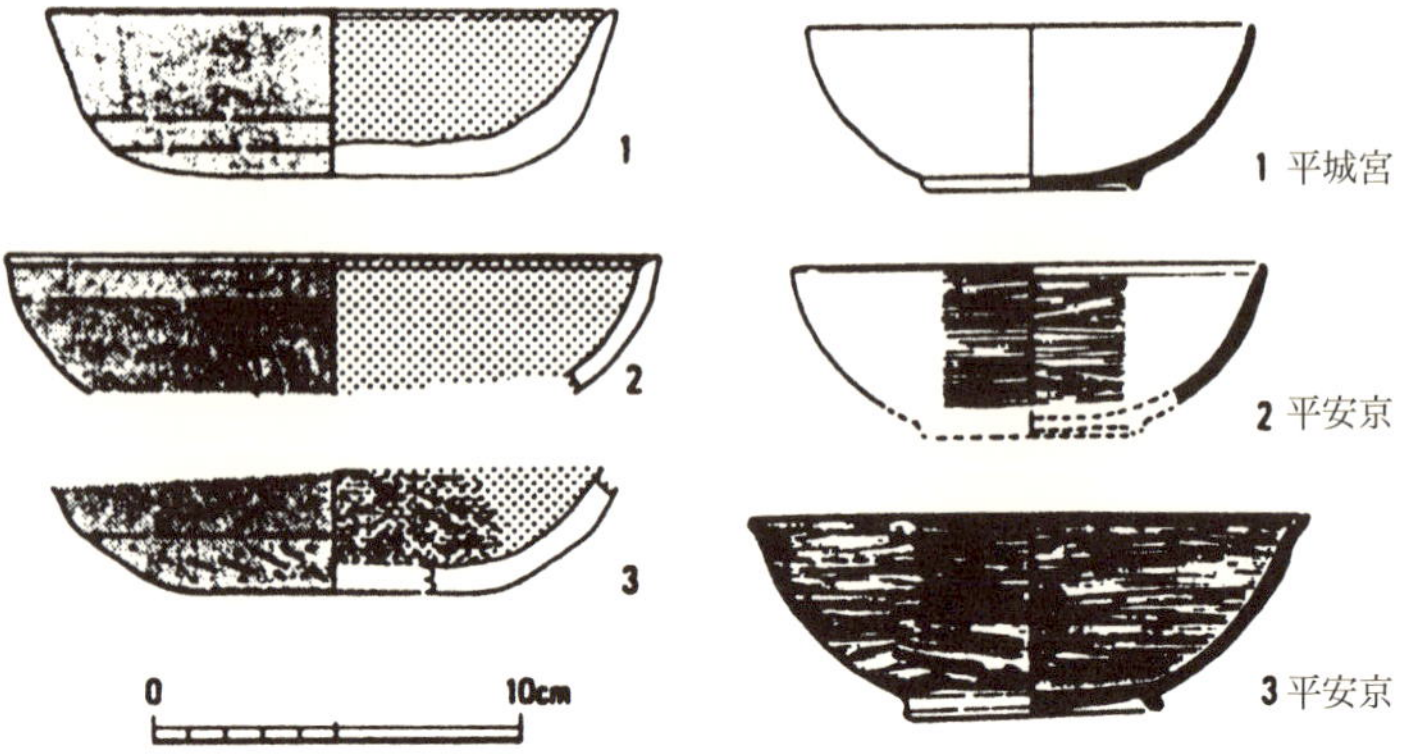

石川県寺家遺跡の外面赤色内面黒色土師器（8世紀前半〜中頃）

黒色土器B類（10世紀中頃）

なお、黒色土器の評価については多くの見解がだされており、主なものを列記する。菅原正明は「金属器・漆器あるいは須恵器のような色調に仕上げ」、「上物の容器を写すことにより、新しい装いの容器としての価値を付加した[25]」。森下恵介は「黒色土器においても磁器形の皿があり、外観的にも漆黒色の色調は、金属器や漆器などで高級品を連想させる効果があったであろう[26]」。坂井秀弥は「黒色とはいえ、遺存状況の良い場合は黒色ではなく、銀色に近い発色をし、光沢をもっている。それは土師器にはないおもむきであり、独特の質感である。そして器面の入念なヘラミガキにより金属器・施釉陶器や漆器に類する機能を兼ね備えている[27]」。宇野隆夫は明確に「漆器指向」と指摘している[28]。

以上、諸説の核心部分を引用した。八世紀はじめに出現し、普及しはじめるのは一〇世紀以降といわれる黒色土器が、身分的には漆器を所有できない階層を対象として、その代用品生産が開始されたとすることは、十分妥当性がある。また中世にまで生産が継承された瓦器が一五世紀にその役割を終えたことは、安価な漆器の普及を

図12　瓦器埦（畿内産）（尾上・森島・近江「瓦器椀」，『概説中世の土器・陶磁器』真陽社，1995年）

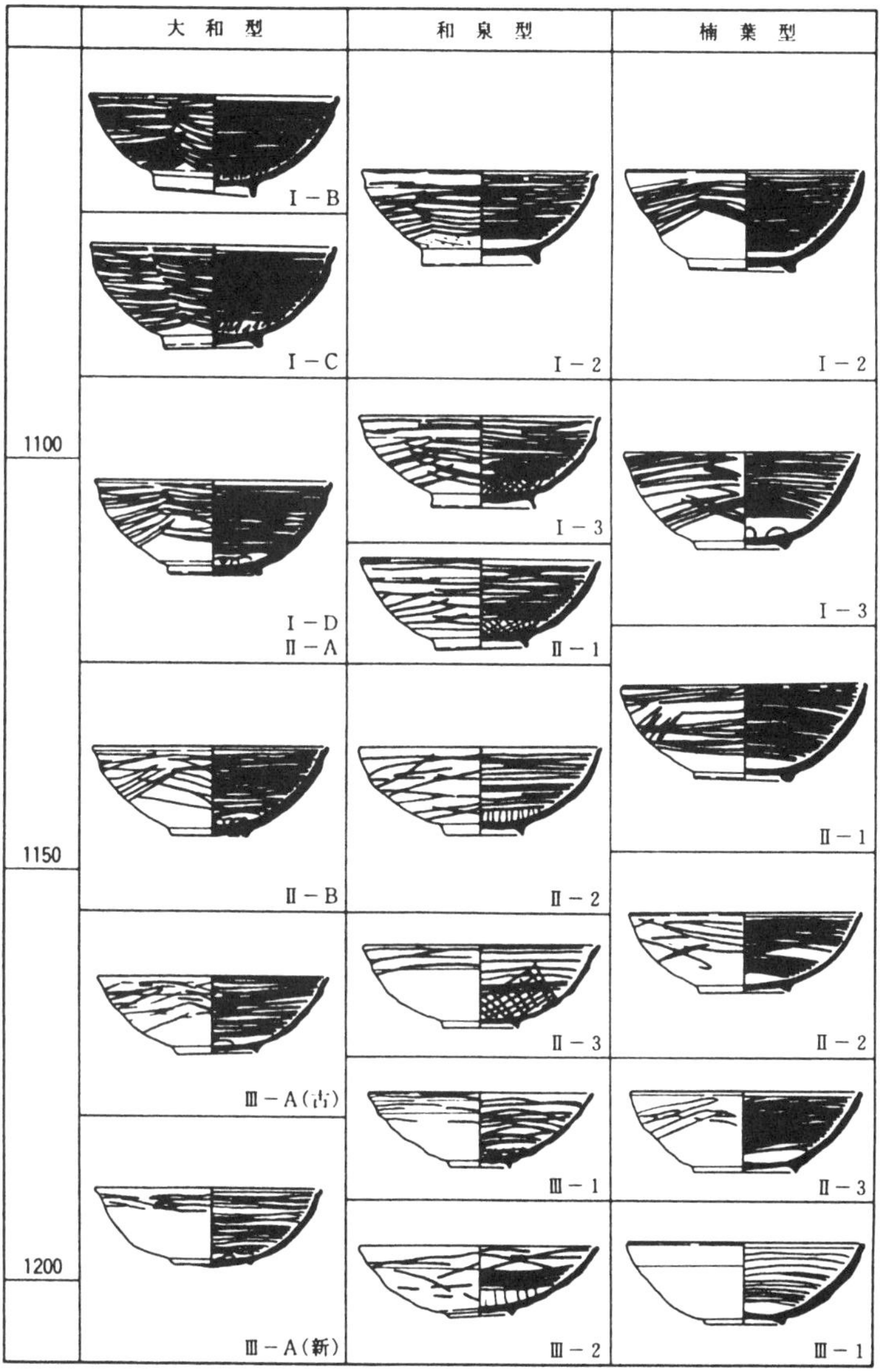

暗示する象徴的なできごとであろう。(29) なお、内面漆塗りの須恵器坏も漆器代用品の可能性があるが、今回は割愛したい。

漆塗りの土師器――福島県本飯豊遺跡

北関東から東北南部では六世紀後半から八世紀中葉にかけて、内面に漆塗りされた土師器（漆土器あるいは漆仕上げ土師器とよばれている）の坏《つき》（図13-1・2）が使用されたと考えられている。とくに栃木県では六世紀後半段階では二割程度であったものが、最盛期の七世紀中葉から後葉にかけては八割をこえるようになり、八世紀前半代においても四～五割を占めているという。器形では七世紀後葉段階ではF類とよばれるタイプが六割に達しているが、あらゆる器形に漆塗りされていることは興味深い現象だ。(30) これについて永嶋正春は焼付け漆、つまり土器が熱せられた段階で、クロメ漆（精製漆）を塗って仕上げたとしている。(31) 八世紀中葉には消滅するようだが、黒色土器とは異なる律令身分制の枠外で、機能を重視した東国独自の食器なのであろうか。平城京や各地の官衙関連遺跡にも類似したものが散発的に認められており、広く列島的に検討すべき課題が残されている。では具体例を北限である福島県小野町本飯豊《ほんいいとよ》遺跡の場合でみてみよう。

本飯豊遺跡は福島県の浜通り地域と中通り地域の境界である阿武隈高地の中央部に位置する小野町大字飯豊に所在し、右支夏井川《うしなつい》とその支流によって形成された狭い谷底平野に面した丘陵端部に立地している。第Ⅲ調査区（古代集落跡）の六号竪穴住居跡と遺構外から各一点該当する土師器が出土した（七世紀末～八世紀前半）。

図13-1（遺構外出土）は丸底からゆるやかに立ち上がるほぼ完形の坏で、外面に沈線をめぐらして口縁

図 13　福島県本飯豊遺跡出土の漆土器（1,2）と赤外線吸収スペクトル（下）

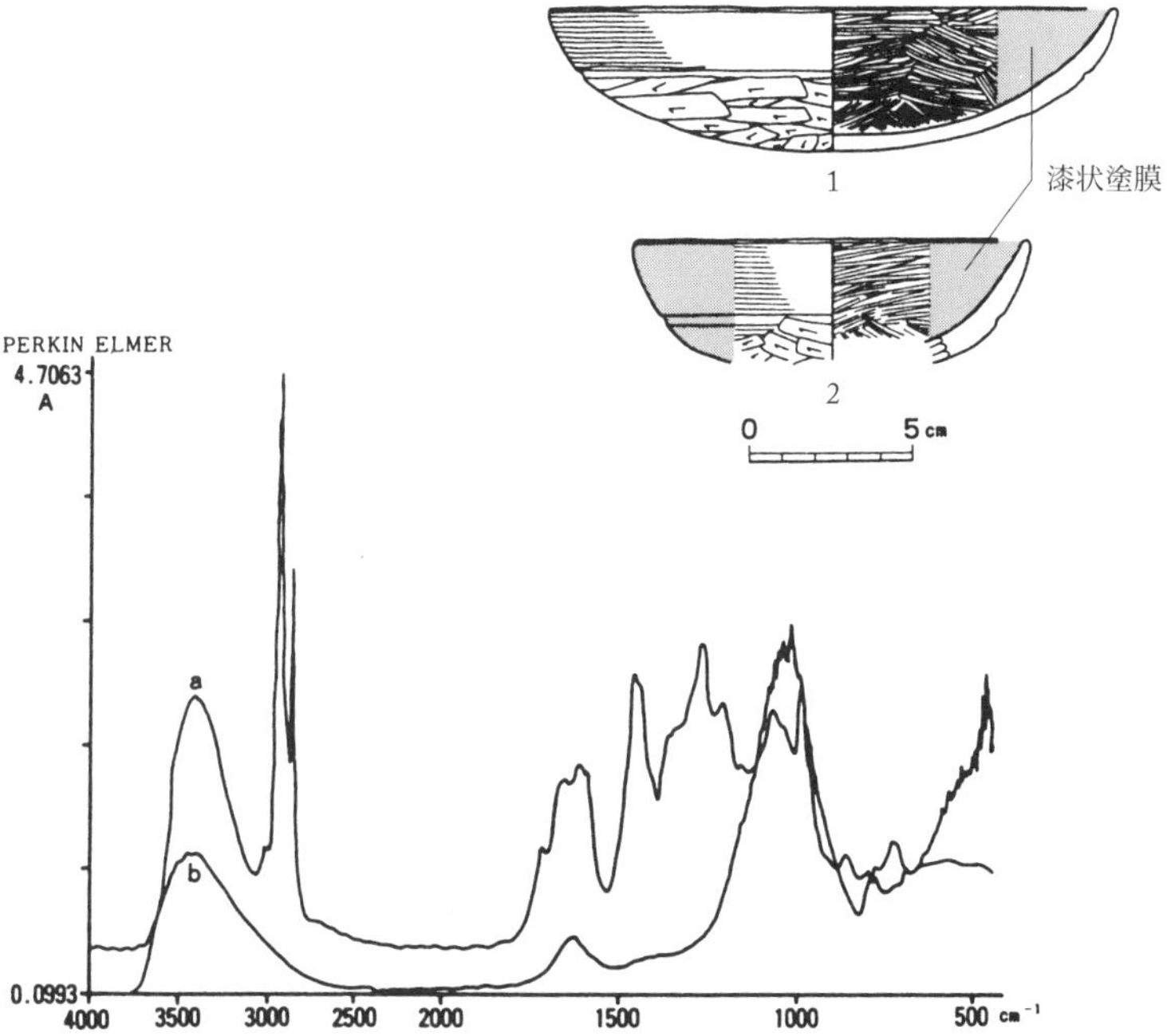

a：今日の透漆塗膜　　b：No.2 土師器内面

（『鴨ヶ館跡（第二次），本飯豊遺跡（第二次）』福島県教育委員会，1994 年）

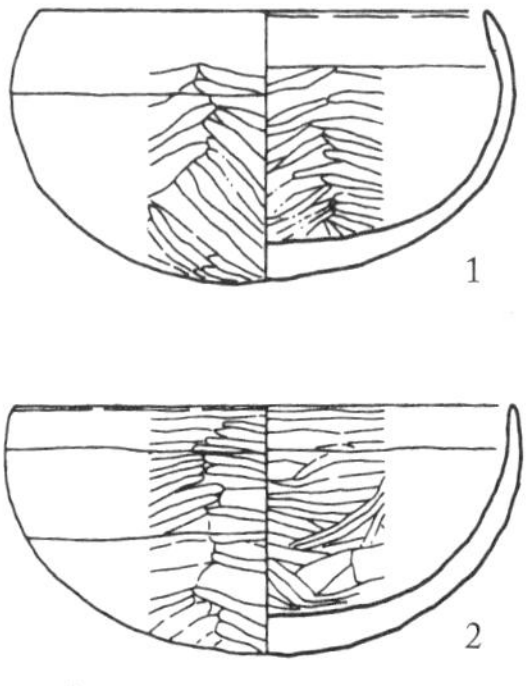

図 14　福岡県尾崎遺跡出土の漆土器

（『太宰府・佐野地区遺跡群・尾崎遺跡第 1 次調査』太宰府市教育委員会, 1993 年）

部をつくりだしている（口径一七センチ、器高四・四センチ）。内面は丁寧に研磨の上黒色処理されており、美しい光沢がある。図13-2（六号竪穴住居跡出土）は小片であるが、内外面が黒色処理されている。外面全体はハケ目調製され、口縁帯をつくりだす沈線は一部ヘラ状工具で行なわれている。黒色の状態は1と同じだ。

2について黒色部分断面の顕微鏡観察を行なったところ、表層だけに数マイクロメートルのうすい黒色層が観察されたが、漆の塗布とは判断できなかったので、石川県工業試験場江頭俊郎の協力を得て錠剤法による赤外分光分析を実施した。(32) 図13下段のａは今日の精製漆塗膜、ｂは土師器2内面の赤外線吸収スペクトルである。縦軸は吸光度（Abs）、横軸は波数（カイザー）である。ａにｂが重なる吸収が望ましいが、ｂでは三四〇〇カイザーの水酸基は存在するが、二九二五カイザー（炭化水素の非対称伸縮振動）、二八五〇カイザー（炭化水素の対称伸縮振動）、一四六五カイザー（活性メチレン基）、一二八〇カイザー（フェノール）および左右のショルダー（一二一五カイザー、一三七五カイザー）の吸収がみられない。一七二〇〜一七一〇カイザー（カルボニル基）も明確ではない。一〇七〇〜一〇三〇カイザーはゴム質の吸収領域で、劣化した漆にみる増大傾向だ。しかしこれも土師器の胎土（鉱物）の吸収と重なっているため、劣化した漆と断定できる根拠は得られない。総じて鉱物の吸収とみるべきだろう。

なお、永嶋正春は福岡県太宰府市尾崎遺跡から、五世紀後半〜六世紀前半の漆仕上げ土師器の存在を報告している（図14）。内外面に漆状の塗膜が付着しており、焼付け漆による可能性が高いという。図版（光学顕微鏡）からの断面観察では漆と判断しても大過ないような状況がうかがえるので、こちらは赤外分光分析から漆の吸収が得られる可能性がある。(33) 関東地域に先行する可能性もあり、今後の化学分析結果が待たれる。

第一〇章　中世の漆器生産

一　漆器の普及

渋下地と漆絵の導入

平安時代も後期になると国家権力は衰え、国衙や郡単位に確保されていた塗師《ぬし》や轆轤師（木地師）などの工人も自立の道を求めて、各地で新たな漆器生産が開始された。在地富豪層による生産を考える上で参考となるのは、『宇津保物語』「吹上げ」に登場する紀伊国牟婁《むろ》郡の長者神南備種松《かんなびのたねまつ》の作物所《つくもどころ》である。そこには「細工三十人ばかりヰて、沈《じん》、蘇芳《すおう》、紫檀ドモして、破子《わりご》、折敷《おしき》、机どもなど、色々に作る。轆轤師どもヰて、御器《ごき》ども同じ物して挽く。机たてて物食ふ。盤据《さらす》ヱて、酒飲みなどす」。「鑄物師《いもじ》の所（以下略）。鍛冶屋。織物の所。染殿。擣物《うちもの》の所。張物の所。縫物の所。絲の所」など家内工業の詳細が記述されている。(1) 種松は架空の人物であり、作物所の内容は官営工房の引用であろうが、近年の発掘調査所見からして、一〇～一一世紀における在地領主の実態を反映した部分もすくなくないと考えられるようになった。

荘園絵図で知られる越後奥山荘の中核部分をなす新潟県胎内市（旧中条町）下町・坊城C遺跡では、一一～一三世紀にかけて大量の漆器と挽物木地製品・荒型、漆工用具が見つかり、荘園内における一貫生産がうかがわれる好例である。(2) 能登における種松のミニ版は漆器の木地荒型を出土した石川県七尾市（旧中島町）オカ遺跡（一二世紀前〜中葉）だ。オカ遺跡は丘陵末端部を成形して生活空間のテラスを作り出し、周囲を石垣と堀で囲み前面に道路が走るというもので、敷地内のピットから荒型が見つかった。(3) 轆轤師の痕跡を示すものであり、熊木院にかかわる荘官級在地領主の生産体制を考える上で参考となる。

蒔絵の世界では一一世紀は描割《かきわり》や引掻《ひっかき》技法が出現し多様な表現が可能となった画期であり、『山塊記』によると安元元（一一七五）年の後白河法皇五十御算の加礼についての細工注文のために、道々の細工たちが見参しているが、すでに「塗師、平文師、蒔絵師」、寿永三（一一八四）年には「螺鈿工」の分化みられるなど、自立化が進行している。(4)

こうしたなかで、一一〜一二世紀にかけて材料や工程を大幅に省略した渋下地漆器が出現する。下地は漆の代用として柿渋と炭粉を混ぜたもので、漆塗りも一〜二回程度の簡素なものだ。柿渋の主成分は加水分解されない縮合型タンニンで、固まると容易に劣化しないことから、下地として利用されるようになった。また渋下地漆器と同じ簡素な工程だが、下地に漆を用いた普及型漆下地漆器も存在する。出土例からみて後者が先に存在し、これに柿渋が導入されたものと考えられる。材料・工程を省略した安価な漆器の普及には、さほど時間はかからなかったようだ。筆者の赤外分光分析で初期の炭粉渋下地漆器が確認された主な遺跡は、青森県尾上町八幡崎遺跡(5)（一一世紀）、新潟県上越市一之口《いちのくち》遺跡(6)（一一世紀中葉前後）、富山県南砺市（旧福光町）梅原胡摩堂《ごまどう》遺跡(7)（一二世紀前半）、石川県加賀市田尻シンペイダン遺跡(8)（一二世紀前半）、富山県富山市（旧婦中町）中名Ⅱ遺跡(9)（SD二五一、一二世紀前〜中葉）、石川県穴水町西川島遺跡群(10)（一二世紀中〜後半）、石川県輪島市山岸遺跡(11)（一二世紀中〜後半）、岐阜県大垣市曽根八千町遺跡(12)（一二世紀後半）などがある。出土漆器の大半は下地同定の科学分析が行なわれておらず、潜在的な渋下地漆器はかなりにのぼるであろう。
　塗装工程の変化に対応して、木地の樹種もケヤキに代わって安価なブナやトチノキなど多様なものが選択されるようになる。越後など漆の豊富な地域では、下地に漆を用いてはいるが、工程は渋下地漆器と同じ簡素なものに転換している。また一二世紀中葉～末に蒔絵意匠を簡略化した漆絵《うるしえ》（赤色漆などで文様が描かれたもの）が食器に導入されると、これまでの食器にはない華やかなものとなり、需要は急速に拡大していった。

　なお、文献上の柿渋の登場は鎌倉時代に成立した『源平盛衰記』「渋塗りの烏帽子」の記録が最も古いといわれているが(13)、渋下地漆器の記載があるのは『平家物語』巻第八「猫間」で、延慶本（一三〇八年）では「イッシカクボク大ナル合子ノ帯引付テ渋ヌリナル黒々トシテ毛立チタル飯ヲ高ク大ニ盛リ上テ」、屋代本は「田舎合子ノ荒塗ナルガ、底深キニ、毛立チタル飯ヲ堆《ウズタカク》粧《ヨソヒ》ナシ」とある(14)。

　合子は一般的には蓋付きの漆器をさすが、この時代はこうしたものは珍しく、粗野で粗雑な塗り、飯の表現からして二つ組の入れ子の組椀と思われる。なお、柿渋が日本人の生活文化においていかに重要な役割を果たしてきたかは、本シリーズの今

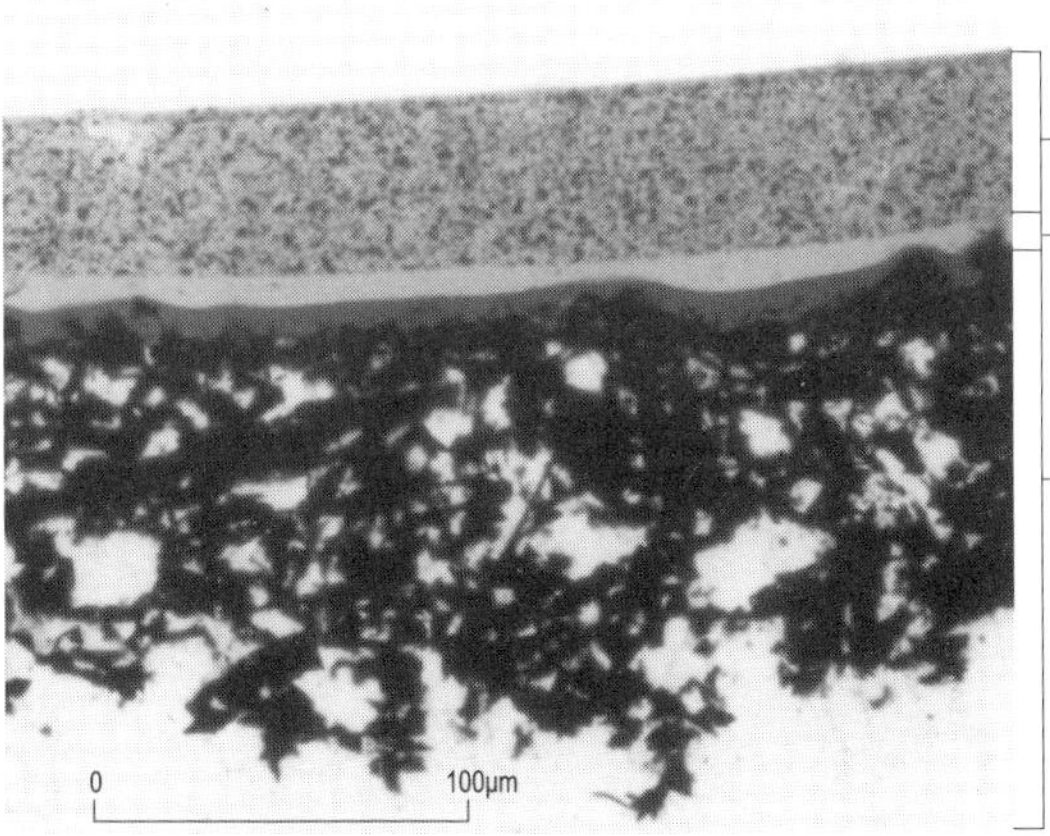

図1　渋下地漆器の塗装工程（新潟県胎内市下町・坊城遺跡，14～15世紀，四柳嘉章，2001年）

井敬潤『柿渋』[15]に詳しいので、参照願いたい。

渋下地漆器の普及と土器埦の消滅

このように一一～一二世紀を境として、北陸・関東・東北において安価な渋下地漆器が普及しはじめ、やがて土器埦が消滅し漆椀をベースに陶磁器や瓦質にいぶし焼きされた瓦器《がき》埦などの相互補完による新しい食膳様式が形成されるようになった。土器・陶磁器が主体であった西日本でも、広島県福山市草戸千軒町遺跡の長年にわたる調査から、一三世紀後半には日常食器としての漆器使用が確認されている[16]。漆器生産のメッカであった京都は、その周辺部が漆器の代用品との説もある瓦器埦が大量に流通していたにもかかわらずほとんど受け入れていない。食器は中国磁器と漆器ということになる。宮中や寺院の儀式、調度に不可欠な高級漆器と量産型でありながら漆絵が加飾された渋下地漆器は、消費都市京都にとって必需品といえよう。三条西実枝（一五一一～七九年）の『三内口決《くけつ》』によると、塗物は平生や内々の宴で用いるものとし、皆朱《かいしゅ》漆器（内外面朱漆塗り）が上物で、漆絵のあるものやないものがあり、金箔が随所に好んで用いられていると記している[17]。

禅宗の影響による汁物調理法（汁物・雑炊）の普及も、摺鉢の量産と漆椀の普及に拍車をかけた。こうした状況は外国人も目の当たりにしており、朝鮮王成宗の命により申叔舟《しんしゅくしゅう》が作成した『海東諸国紀』（一四七一年）には「国俗　飯食に漆器を用う」とある[18]。ヨーロッパ人による最初の日本報告であるジョルジエ・アルヴァレスの『日本情報』（一五四七年）は、各人が内面赤色の漆椀を用いていると記し[19]、ロドリーゲスの『日本教会史』（一六二〇年頃）にいたっては、すべての食器や装飾具などは漆塗りであり、その技術は全土に広がっていると述べている[20]。こうした漆器の値段は品質差が大きく、一五～一六世紀の漆椀は、一文から一〇〇文ほどの開きがあった。

　一六世紀代はかって禁色《きんじき》であった赤色漆器が農村にまで普及してゆく。その背景には都市の商工業者の台頭や農村の自立があり、近世への躍動を感じさせる「色彩感覚の大転換」が漆器の上塗色と絵巻物からも読み解くことができる。近世では大名の領国政策によって、各地に漆器産地が形成された。『和漢三才図会』や『毛吹草《けふきぐさ》』によってその大勢を知ることができるが、出土漆器の実態からみて木地師の販売を含む狭域供給の小産地はまだまだ存在した。

二　中世の漆と漆器の価格

漆の価格

　モノの価格はいつの時代でもそうであるが、その時の需給関係によって変動があり、貴重な漆は変動がいちじるしかった。中世の価格や相場（市場価格・実勢価格・時価）は「和市《わし》」や「代」が使用されていた。桜井英治は一四世紀末～一五世紀初頭の京都で売買された、四一品目の物価表である「諸芸才売買代物事」などをとりあげ、物価と消費生活との関係を論じている。そのなかに漆も登場するので紹介したい[21]。

　「諸芸才売買代物事」ではしばしば販売の単位が記載されており、漆は「一駄」である。これは四桶からなり、一桶は六升とあるので一駄は二斗四升となる。一方生産地側の東寺領備中国新見荘《にいみ》では、「最勝光院方評定引付」大永四（一五二四）年二月四日の条（「東寺百合文書」る函）に「指中四桶分支配、代物拾四貫分ニ当ル、指中四ハ漆八十合、一合別百七十五文宛ナリ」「大桶四　漆八十合、一合別百七十五文宛」、天文五（一五三六）年一〇月一〇日条に「今一桶ハ小桶一升桶」とあるので、漆の運搬に二升の容量をもつ指中桶（大桶）と、一升の容量をもつ小桶の二種類の容器を用いていたことがわかる。

京都において漆が需要側の影響で高騰した例として、足利義満の北山亭造営のケースがある。この前後の価格は、明徳四（一三九三）年三月東寺造営方散用状（「東寺百合文書」ま函）には「四貫百五十文　漆一桶代」（明徳三年の価格）とあり、一駄＝四桶として一駄の価格は一六貫六〇〇文となり、「諸芸才売買代物事」の「本ハ十六貫つゝニうり候」という価格水準ときわめて近い数値となる。『教言《のりこと》卿記』応永一三（一四〇六）年一〇月一日条には「水田ヨリ年貢廿貫、漆三升代三貫至也」とあるので、漆三升＝三貫文、すなわち漆一升＝一貫文となり、一駄に換算すると二四貫文になる。これは「諸芸才売買代物事」の「一駄別ヲ廿四貫宛ニ申成て候」の価格水準と一致する。

一六世紀の漆の値動きについては「最勝光院方評定引付」から、およそ一合一四二〜二〇〇文（一駄に換算すると三四〜四八貫文）を推移しており、桝の容量がほぼ同じだとすれば「諸芸才売買代物事」よりもかなり高い水準といわれている。

漆器の価格
漆器の価格については、佐藤圭が中世の文献資料から丹念に拾い上げており[22]、その中から折敷・椀皿類を中心に、私見を加えて列記する。単位や価格、家財の所有階層がわかるので、出土品や塗膜分析による品質の解明結果と照合させると、興味深いことが見てくるはずだ。

- 『教言卿記』応永一六（一四〇九）年閏三月八日条。「垸ノ折敷十枚」を四〇〇文で買ったとある。垸は漆椀であるが、素麵関係の木地折敷は一文以下であるのに対して、これは一枚四〇文である。
- 『山科家礼記』文明二（一四七〇）年一一月七日条。一具三貫五百文の垸折敷セット。

■『多聞院日記』天正七（一五七九）年三月二一日条。代米三石また一枚一斗二升といった皆朱折敷がみえる。

■「大徳寺如意庵校割帳」（『大徳寺文書』之四）応永一七（一四一〇）年。一具数七〇の朱椀を四セット、朱椀一〇膳（数五〇）、一具数五〇の黒椀一セットを所有していた（合計三八〇個）。このほか朱折敷一〇片、赤漆中折敷二〇片、赤漆折敷一〇片、木地折敷八〇枚があった。

椀は折敷と同様に中世の財産目録に必ずといってよいほどあらわれるが、記載される種類は「朱椀」と「黒椀」だ。朱椀といっても実際は内面だけが朱塗りのものも含まれるし、高価な朱と安価なベンガラを用いたものもあり、価格に反映したはずだ。

■「新見荘地頭方政所財産目録」（『東寺百合文書』さ函）寛正四（一四六三）年一一月付。皆朱御器一膳（数五）皿五、一具の椀（数六〇）、黒椀一具（数五〇）、皆朱折敷大小二枚、赤漆折敷大小一九枚、板折敷三束を所有。

■『瀧谷寺校割帳』（真言宗有力寺院、福井県三国町）天文年間（一五三二〜一五五五）。資材雑具分として、椀三束、折敷三束、引物折敷三〇枚、同皿（塗物）一八、椀皿一九、酢塩皿一〇、菓子盆二九を所有。庫裏分として黒折敷七枚、頼中法印寄進分として緑高三九を所有。

■『若狭大音家財産目録』（福井県常神半島、中世末期か）。燕口折敷一束、小椀・上椀・中椀・下椀各一束、菓子盆一〇、赤漆菓子盆一〇。

■『摂津国長蘆寺校割帳』応安元（一三六八）年。青漆塗り唐椀一〇膳（数五〇）。青漆は緑漆ともいい緑色漆で塗られたもので、当時、青漆椀の国産品はなく、唐物使用を示す重要な記載だ。

■『円覚寺仏日庵公物目録』貞治二（一三六三）年。木椀三〇具数二七〇大小二八具。

■『大乗院寺社雑事記』寛正三（一四六二）年八月二一日条。ここでは垸一流代一二貫文というきわめて高価なものであるが、唐物の可能性がある。

■『多聞院日記』元亀三（一五七二）年九月一七日条。椀一流代米一石四斗。天正一二（一五八四）年四月一二日条。椀一流代米六斗とかなり高価な椀を購入している。地の粉漆下地の皆朱椀であろう。

■『教言卿記』応永一三（一四〇六）年一一月六日条。七〇椀一〇前、折敷大小廿枚を八貫文で買い、すぐに質入れしている。

以上は高価な例を含んでいるが、次に安価な例をとりあげたい。

■「丹生郡糸生郷山方廿一名の雑公事」（『越知神社文書』）文明三（一四七一）年。付山方年貢公事注文。「御こき五こきさら八、十二せん、（中略）のこりは三こき、さら六つ、なり、又しらひやうしのこき、十九せん、さら三つ、これは木ちニて候」を領主に貢納するようにいわれているが、木地椀で納品された例だ。「こき」は合器《ごうき》（五器）・合子《ごうす》で、蓋付きの容器をさしている（『下学集』一四四四年）。

■「播磨国清水寺塔供養導師方経営注文」（『清水寺文書』）応永七（一四〇〇）年四月付。塔供養の導師一行を饗応するために支出した費用のリストで、朱椀一具（五〇〇文）、墨（黒）椀一具（四〇〇文）、アヲ田ワン一〇具（一具二一文）が購入されている。

椀の一具数を先の記載から五〇とすれば朱椀は一個一〇文、同じく黒椀一個は八文となり、きわめて安価なベンガラ漆塗りの渋下地椀と思われる。アヲ田ワンは一具二一文で一個〇・四二文となり、かわらけ一枚と変わらない価格となる。おそらく木地椀であろう。

■「談山神社遷宮勅使参向用意買物注文（仮称）」（『大日本史料』第九編之十四）永正一七（一五二〇）年。

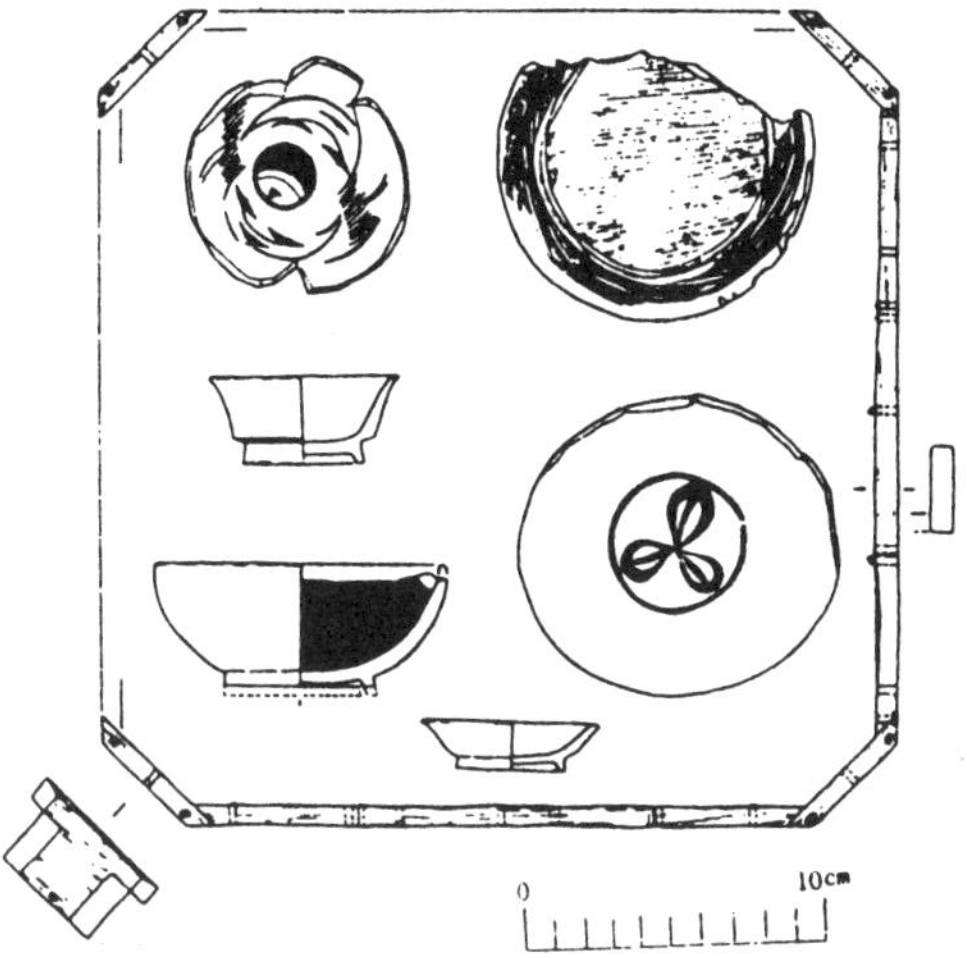

図2　富山県日の宮遺跡の折敷と椀・皿・豆子の組み合わせ（一六世紀）（久々忠義、一九八六年）

談山神社での釿始《ちょうなはじめ》のときに購入された「諸職人椀」は一具二五・五文で、一具数五〇個とすれば、一個が〇・五一文となる。また「同時小者ノ椀」は一具一六・三文。同じく〇・三二文となり、釿始であることを考慮すれば木地椀と思われる。

■「若狭国富荘算用状」（『壬生家文書』）嘉吉二（一四四二）年ごろ。在荘下用として使われたであろう御器の単価は、一具について六五〜七四文。つまり一具数五〇として一個が一・三文〜一・四八文となる。価格からみて渋下地漆器であろう。

■『山科家礼記』長禄元（一四五七）年一二月二二日条。美濃国から山科家に公事として「二つこき十せん」が代銭納され、その額は二五〇文であるので一膳につき二五文。すなわち一膳数五として一個五文となる。

■『多聞院日記』天正二（一五七四）年一二月一〇日条、天正九（一五八二）年四月一五日条。天正年間常住椀の単価は一個一五文で、米二升五合程度とある。

以上から、椀御器には一膳（数五）数十文から百倍以上のものまであり、上物は儀式、行事のたびに使用されていた。次に折敷と椀皿類の構成を見てみたい。

「東寺光明講方道具送文」（『東寺百合文書』へ函）では、応永三二（一四二五）年ごろのものとして、「折敷卅膳、〈大小六十枚、箱三合納之〉」とある。大小各一枚で一膳のセットであり、一〇膳分が箱一合に収められていた。椀については康正二（一四五六）年の「上椀」の項に「此内飯椀二、汁二、中椀一、小椀四、茶ツ《楪子》五、ツス《豆子》二紛失」とあるので、上椀一膳はこうした構成であることがわかる。富山県小矢部市日の宮遺跡C地点二四区一二号井戸（一五世紀末～一六世紀初頭）出土の折敷と共伴の漆器は、大椀、中椀、小椀、大皿、小皿、豆子の六点（図2）であり、上椀一膳に近い構成といえる。[23] また中居椀とよばれるものは、長禄四（一四六〇）年の項に「中居椀廿五膳〈此内十五膳六椀〉」とあることから、六椀から構成されていた。

第一一章　中世漆器の地域的展開

一　奥州藤原氏の栄華と漆器――岩手県柳之御所

柳之御所の漆器分類

岩手県平泉町の北上川西岸の河岸段丘に、「柳之御所《やなぎのごしょ》」とよばれる面積六万一〇〇〇平方メートルにも及ぶ広大な遺跡がある。『吾妻鏡』文治五（一一八九）年九月一七日の条「寺塔已下注文」に、「館の事秀衡金色正方無量光院の北に並び、宿館を構う平泉館と号す」と記された「平泉館《ひらいずみのたち》」にあたるとの説が有力だ。いうまでもなく奥州藤原氏が栄華を誇った中心部である。内部は堀で区画され（堀の内）、塗師・木地師はじめ各種手工業者が居住していた(1)。柳の御所跡第二一・二三次調査において、各種木製品とともに漆器や漆塗り曲物、漆工具が出土した。一二世紀中葉～末期と年代が押さえられる点でも、資料的価値が高い(2)。

木製品は堀跡から出土したもので、堀跡は上面の幅が一三・七メートル、底面で一・八メートル、深さ四・六メートルの大きなものだ。常時冠水していたために木製品の残りがよく、漆工遺物のほかに紡織具・漁猟具・服飾具・籠編物・文房具・遊戯具・祭祀具・食膳具などが出土している。漆器は椀皿が四七点出土しており、一点だけが内面赤色で、ほかは内外面黒色（総黒色）である。椀皿は次の七類に分けられる（図1）。

1類　体部が斜め上方に開き、高台は厚く高いが、畳付けが低いもの（図1-1）。

2類　体部が斜め上方に開き、1類よりも浅い。高台はやや厚手で、畳付けが低いもの（図1-2・3）。

3類　体部が内湾ぎみに斜め上方に開き、やや厚手の高台の底が平坦（ベタ底）なもの（図1-8・9・10）。

4類　体部はゆるやかに開き、高台の畳付けは薄く細いもの（図1-6・7）。

5類　体部は半球状で、高台の畳付けは低く、内面の削りが角底のもの（図1-4）。

6類　体部はゆるやかに開き、ベタ底のもの（図1-5）。

7類　体部の立ち上がりが急で、ベタ底のもの（図1-11）。

1類と2類は身（体部）の高い（深い）一の椀と身が低い（浅い）二の椀の組みあわせで、飯椀汁椀にあたる。3類、4類の椀と皿もそうした関係であろう。4類は京都系の器形で、薄手の5類、6類は検討を要するが、それ以外は在地系の器形といえる。器形からも技術の交流や商品の流通を読み取ることができる。7類の小皿は特殊なもので、かわらけを写した可能性がある。蓋（図1-12）は珍しいが、外面に三角状の赤色漆絵があり、漆絵の初期事例として注目される。

これらの椀皿と器形的に共通点が認められる漆塗り製品は、中尊寺大長寿院蔵の宝相華《ほうそうげ》螺鈿《らでん》平塵灯台《へいじんとうだい》である（図2）。これは経蔵で供養のための灯りをともした高灯台で、最古の遺例といわれている。台座には中央部が細い四角柱が取りつけられ、頂部に受とよばれる皿がついている。全体は黒色漆の上に平塵と

図１　岩手県柳之御所遺跡出土の漆器・工具（三浦謙一，1990 年を改変）

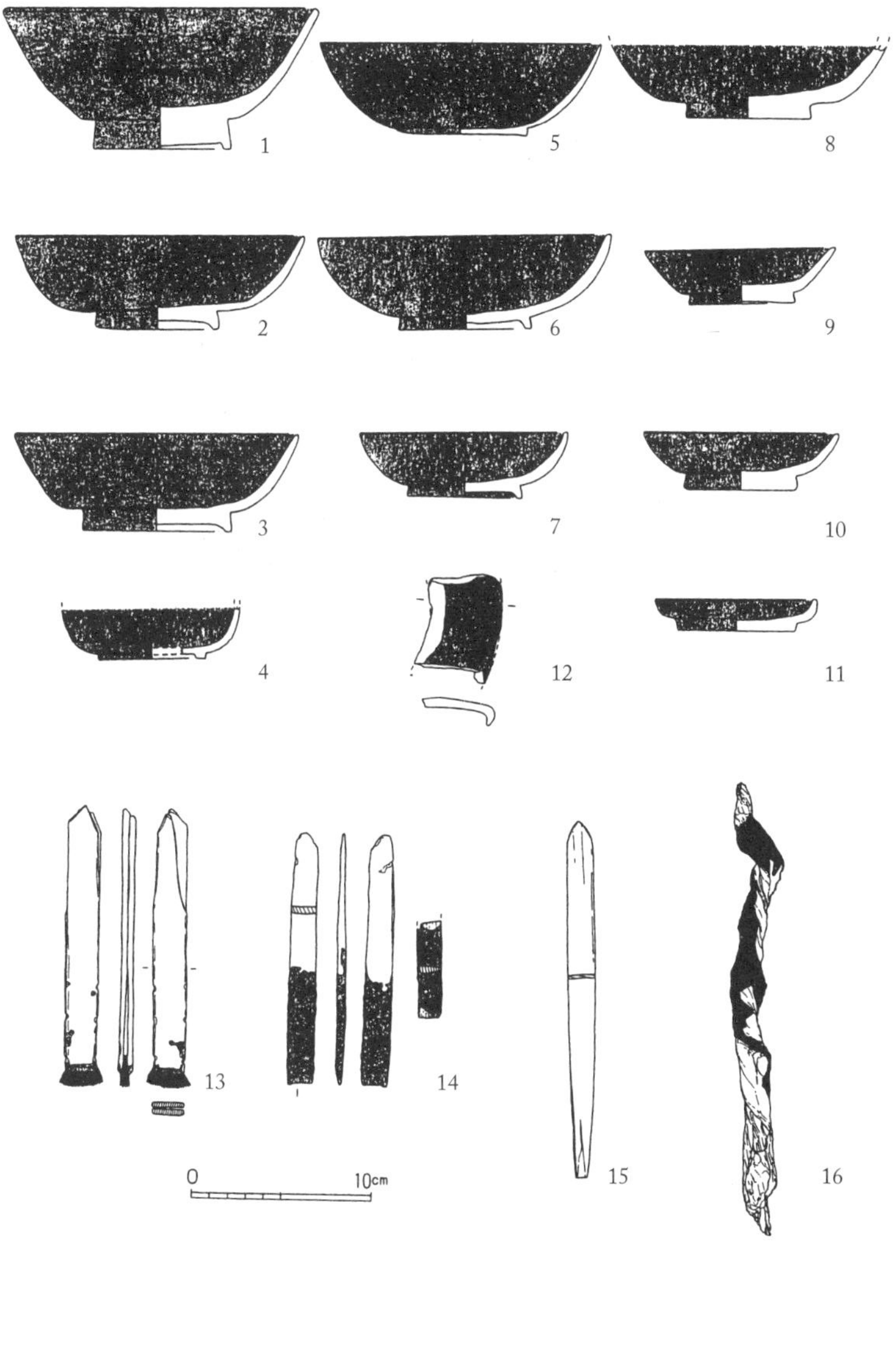

図２　中尊寺・螺鈿平塵灯台
（『中尊寺』小学館，2001 年）

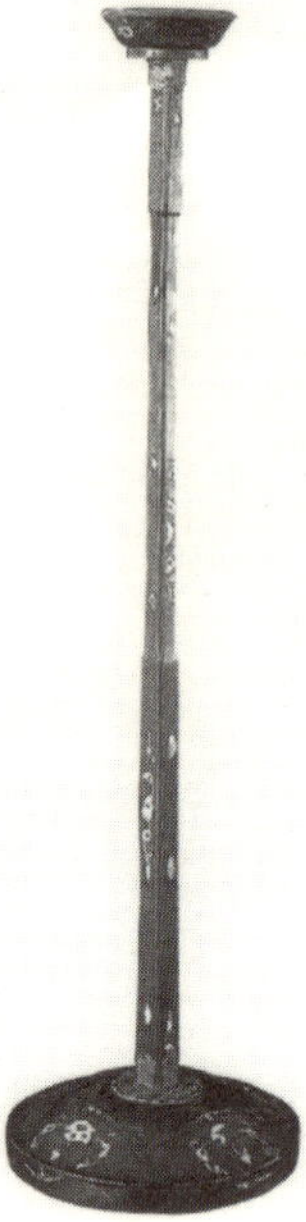

図３　加羅之御所跡出土の蒔絵鏡筥
（『遊楽　甦る奥州平泉文化』第 27 号，むげん出版，1990 年）

よばれる鑢《やすり》でおろした粗い金粉がやや密に蒔《ま》かれており、各所に螺鈿による宝相華唐草文と蝶が配されている。唐草文には装飾効果をねらって緑や透明な小玉がはめ込まれた華麗なものだ。[3] 注目したいのは油を入れた容器（油杯）を乗せる受の部分で、やや端反《はぞり》となっている皿だ。この器形は筆者が漆器編年のなかで、一二世紀第２四半期の基準にしている、加賀の石川県加賀市田尻シンペイダン遺跡出土の皿と近似している（巻末編年Ⅴ期１段階）。灯台は中尊寺創建の大治元（一一二六）年当初のものとされていることからすれば、実によく一致している。[4] これよりやや新しい時期の３類は、こうした器形を受け継いだことがよくわかる事例だ。

漆工具と蒔絵鏡筥

工具では漆刷毛（図１-13）と漆箆（図１

-14)、漆濾し布（図1-16)、漆パレットなどが出土している。刷毛は二枚の薄板で毛を挟んで先を縛ったもので、漆がびっしりと付いている。箆には漆が付着しているが、石川県西川島遺跡群や現在のような対角線木取りではない。報告された以外に工具の可能性があるのは15だ。薄板を剣先状に削りだされたもので、漆は付いていないがコクソ箆（木地のくぼみや合わせ目に細い木屑と漆を混ぜたものを押し込む）の可能性が強い。広島県草戸千軒町遺跡では漆や布を巻きつけた例がある。ロクロ爪跡のある木地皿も出土していることから、木地師の存在も浮かび上がってくる。

柳之御所跡以外では志羅山《しらやま》遺跡から同様の工具や漆紙・木地の荒型が出土しているし、(5) 三代秀衡の私邸加羅之御所《からのごしょ》跡の井戸内から蒔絵鏡筥（図3）が出土している。側面は金銀の蒔絵粉による笹竹や羊歯状文、蓋裏には梅花と枝が加飾されている。身・蓋の側面木地はヒノキの曲物、外面の塗装工程は地の粉漆下地の上に漆二層と上塗りはベンガラ漆である。椀皿を含めた漆塗り製品の樹種は分析八一点のうち、七七点がケヤキと報告されており、上質樹種の選択が知られる。(6)

二　型押漆絵の世界——神奈川県佐助ヶ谷遺跡

型押漆絵の技法

神奈川県鎌倉市佐助ヶ谷《やつ》遺跡は、中世都市鎌倉の数ある遺跡のなかで、もっとも木製品の遺存状態がよく、一三〇〇〇点もの漆器が出土した。(7) 腐食しない陶磁器類中心に展開されてきた中世食文化の世界に、漆器の存在を強く印象づけた遺跡でもある。ここからは漆製品として食器のほかに、調度具・装身具・武具・馬具なども出土しているが、鎌倉を特徴づける型押《かたおし》漆絵をとりあげたい。

漆絵は精製漆に赤色などの顔料を混ぜ、筆で文様を描いたもので、縄文時代から存在する。飛躍的に発展したのは中世で、椀皿類の内外面に赤色漆絵による絵画的世界が導入されたことによって、華やかさが演出され、食膳の楽しさが倍加したであろうことは想像に難くない。平安時代以来階級的に下位に置かれた黒色地に、蒔絵や螺鈿文様を簡略化して彩りを加え、新しい時代のうねりを体現した器、これが中世漆絵漆器の意義である。京都を中心に発達し、各地に波及したと考えている。

いっぽう鎌倉周辺では、一三世紀後半〜一四世紀に型押漆絵が発達した。型押（スタンプ）漆絵は文字通り、文様を彫った型（原体）に朱漆などを塗り、器体に押し付けたものだ。[8] この原体はいまだ発見されていないが、漆芸家の室瀬和美は木型・和紙・皮型による実験の結果、皮型の牛皮・豚皮では表皮の組織が密で漆をはじいてしまう問題が生じ、適度に漆を吸い込む鹿皮が最適としている。[9] 出土漆器の型押痕には多様なケースがみられ、漆革箱の素材には『延喜式』をみると牛と鹿皮が、正倉院宝物では猪皮が確認されているので、型押漆絵にも複数の素材が使用されたと思われる。

佐助ヶ谷遺跡出土漆器（椀皿類）の七〇％に漆絵の加飾があり、型押漆絵は主に植物文、動物文、構成文からなっている（図4）。植物文は菊・撫子・梅・桜・柏・萩・楓・桐・竹・菖蒲・葵・松、動物文は鶴・千鳥、構成文は蛇の目、巴、亀甲などで、これらが単独ないしはほかの型押文、手描き文と組み合って、さまざまな文様構成がみられる。[10] どの文様も生命力豊かな吉祥文や宗教的な意味合いを備えたもの、あるいは秋の情景に欠かせない秋草文などからなる。型彫り自体が実に緻密であり驚かされる。型押後の細部表現には、引掻《ひっかき》技法（針掻、針先状工具による細部表現）が用いられている。内面の文様構成は、例えば松喰い鶴尽くしでは、見込みの中心から円周にそって全体を埋め尽くしたもの（図4-1）、見込み中心から放射状に配したもの、中心を空白にして周囲の円周にそって配したもの、内面全体に横位ないし縦位に三

図４　神奈川県鎌倉市佐助ヶ谷遺跡出土の漆器

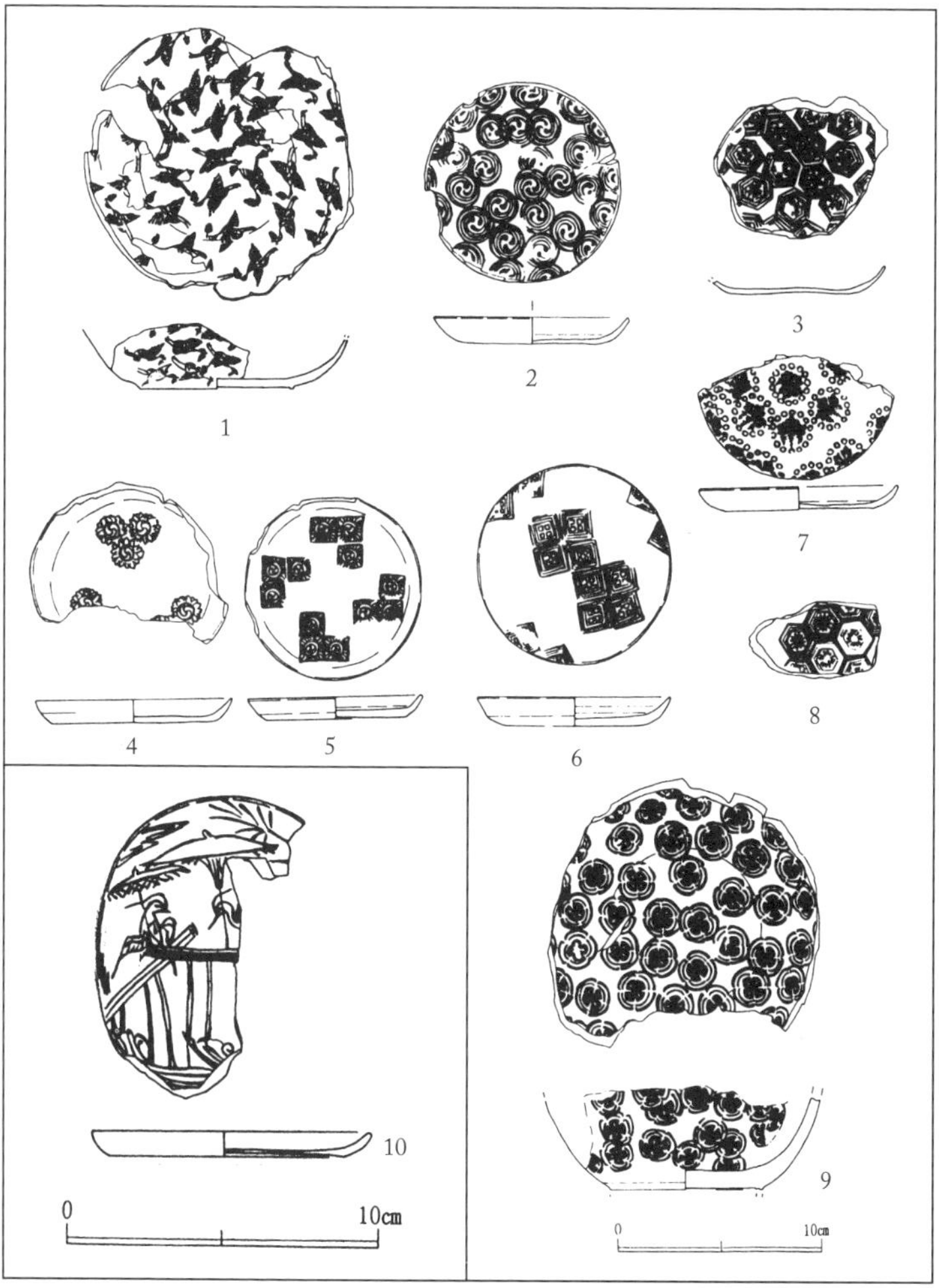

（1～9：型押，10：かささぎ漆絵）
（『佐助ヶ谷遺跡（鎌倉税務署用地）発掘調査報告書』佐助ヶ谷遺跡発掘調査団，1993年）

〜四段を配したもの、正面を意識して一方向に配したもの、まったく自由自在な構成をとるものなど、まことに多様で見ていてもあきない。なお、王朝の風流を継承する赤色漆絵文様を一つ紹介しておく。それは小皿の内面全体に橋の上に傘を差して立つ二羽の鷺（一三世紀末）が描かれたもので（図4-10）、MOA美術館の内田篤呉は「かささぎの渡せる橋に置く霜の白きを見れば夜ぞふけにける」（大伴家持『新古今和歌集』）による歌絵の意匠と指摘している。(11)

型押漆器の意味するもの

以上は型押漆絵の加飾法についてとりあげてきたわけだが、塗装工程や材料について科学的な分析も行なっている。下地の炭粉層からは漆ではなく、良好な状態で柿渋の赤外線吸収スペクトルが得られた。つまり渋下地だ。その上の漆層も一層程度というかなり簡略化された工程で、ここでは型押漆絵と塗装工程の簡略化は連動したものと判断された。しかし渋下地であっても型押漆絵の赤色顔料は、安価なベンガラではなく高価な朱（HgS）を用いている点が特徴といえる。(12)

型押漆絵は、平安時代に中国からもたらされた唐紙《からかみ》（木版刷り）技法にヒントを得た可能性があり、蒔絵や螺鈿意匠を簡略化したことは、伝世品と比較すればすぐに理解できる。メリットは加飾において金銀粉がいらず、下絵描きや金銀粉を炭で研ぎ出す手間もかからない。木地もケヤキ以外の安価なものを用いている。塗装工程も下地は漆ではなく、柿渋に炭粉粒子を混ぜた安価な渋下地、漆塗りも一回程度の簡略化されたものであることだ。明らかに注文一品生産から、不特定多数にむけた量産化を意図した技法と考えられる。だが鎌倉の研究者間では食漆器についての意見が分かれており、椀皿類は使用痕の観察から、日常食器ではなく非日常的な食膳具とする説(13)と、漆器は日常食器として陶磁器を凌駕する量が消費されていたと積極的に評価する見解[14]がある。前者については使用痕観察上の基礎的認識に問題があり、この点については別に発表しているので、参照いただければ幸いである[15]。

なお、型押漆絵漆器の出土率は鎌倉が圧倒的で、原体などの発見はないが周辺で製作された可能性は高く、その分布は飛び石的に列島全域にわたっている。太平洋側では宮城県松島町瑞巌寺境内遺跡から二二点の型押漆絵漆器が出土しており、文様からみてすべて鎌倉産漆器と判断できる。西は京都、広島県福山市草戸千軒町遺跡、福岡県太宰府市観世音寺南門前面地域、日本海側の石川県以北では石川県加賀市佐々木アサバタケ遺跡、同金沢市堅田B遺跡、新潟県柏崎市琵琶島城跡、山形県東根市小田島城跡、青森県青森市高間遺跡、北海道余市町大川遺跡などの拠点的遺跡から出土している。だがすべて鎌倉産漆器が運ばれたわけではなく、草戸千軒町遺跡では地の粉漆下地の良品に型押漆絵の加飾があるし、京都や大宰府では独自の文様が使用されるなど、各地でも型押漆絵が模倣されている。しかし、鎌倉産漆器は北条得宗家など鎌倉と深いつながりのある所に運ばれたことは確かであり、すぐれて政治的な側面を持った漆器でもある。

三　越後奥山荘の中心・政所条遺跡群――新潟県下町・坊城遺跡群と江上館跡

新潟県胎内市（旧中条町）政所条遺跡群は、奥山荘の中心遺跡である江上館《えがみやかた》とその周辺の下町《したまち》・坊城《ぼうじょう》遺跡（一一～一六世紀初頭）の総称で、その鎌倉時代の景観は重要文化財「奥山荘波月条《なみつきのじょう》近傍絵図」によってうかがい知れる。高校日本史の教科書にも採用されることが多い著名な荘園だ。越後を代表する漆器が多数出土しており、ごく一部分について水澤幸一の長年の調査成果から、遺跡と漆器の概要を紹介したい[16]。

下町・坊城遺跡A地点の漆器

下町・坊城遺跡は館の西〜南側からA〜D地点に分けられている。本書ではA地点とC地点をとりあげる。A地点は、江上館の西方に隣接する調査区で、すぐ西側には四〇×三〇メートルほどの溝に囲まれた屋敷地二区画などが検出されている（一三〜一五世紀代、掘立柱建物跡八四棟・井戸一七基）。両屋敷の間および南屋敷の東方には道路跡もみつかり、館との位置関係からみて、一五世紀代の段階では家臣団の屋敷地と考えられている。屋敷地のさらに西方では、一一〜一三世紀代を中心とする遺構・遺物が検出されたが、とくに川跡からは白磁水洗・碗皿、青磁碗皿、青白磁合子、珠洲《すず》焼、土師器とともに多量の木製品が出土した。木製品には漆器椀皿、荒型木地、鍬、下駄、槽、札、櫛、火鑽板等の生活用具のほかに、鏑《かぶら》、陽物、刀形、鳥形などの形代（祭祀用模造品）も含まれている。

さて、A地点出土漆器は一一世紀後半から一二世紀代が主体だ（図5上段）。この時期の漆器（椀皿類）の上塗色は総黒色で、器形別では椀七五％、皿二五％。下地はすべて漆下地であるが、うち地の粉漆下地八・三％、炭粉漆下地九一・七％だ。これらを下地材料や塗装工程の違いで分類すれば次のようになる。(17)

1類　地の粉漆下地＋漆二層（下地の上に漆塗り二層の意。以下同）
2類　炭粉漆下地＋漆五層
3類　炭粉漆下地＋漆二層
4類　炭粉漆下地＋漆一層
5類　下地粉なし＋漆四層

図５　新潟県下町・坊城遺跡出土Ａ地点（上），Ｃ地点（下）出土の
漆器・荒型・木地（『下町・坊城遺跡Ⅲ』中条町教育委員会，1999 年）

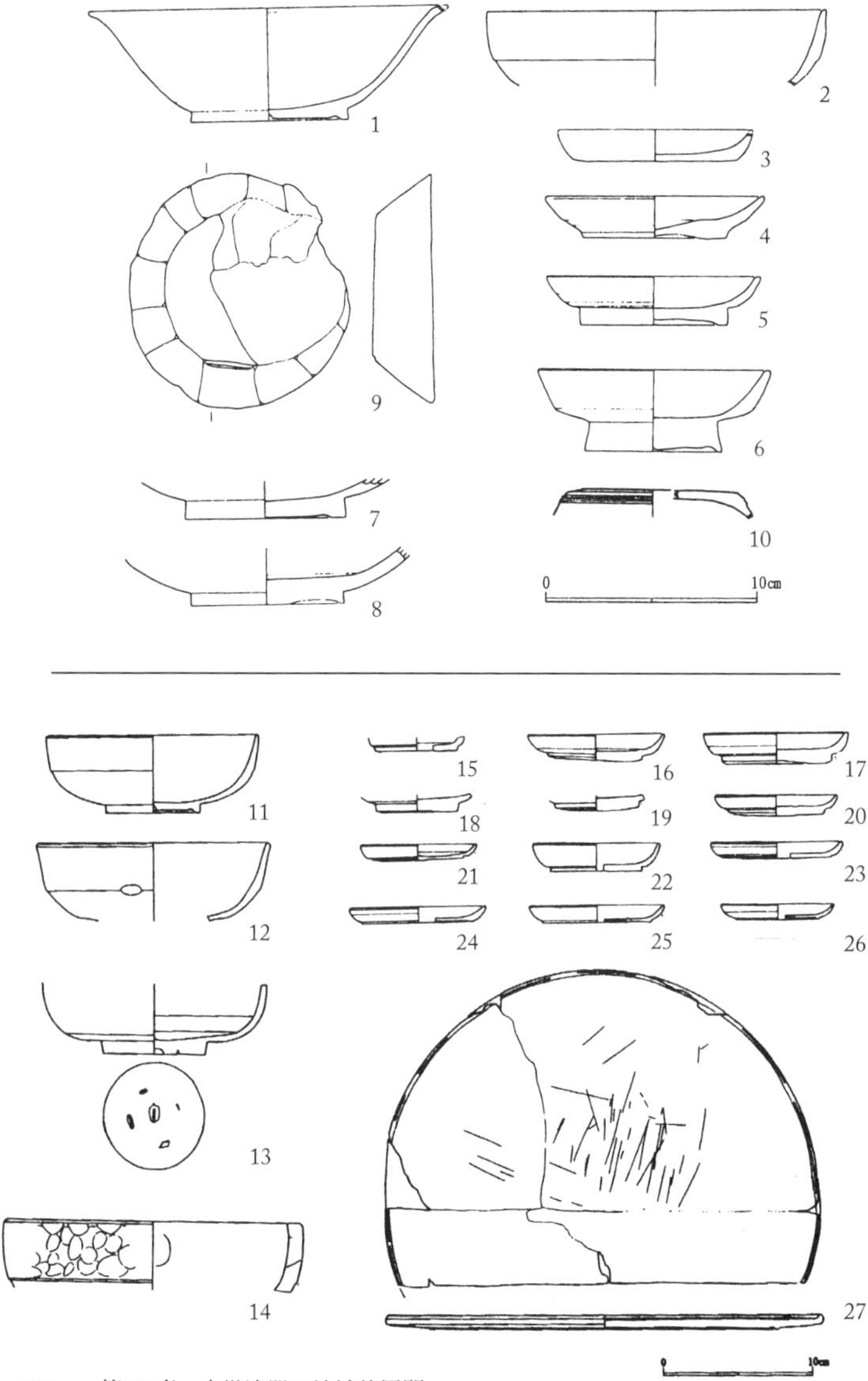

炭粉漆下地に漆一～二層が最も多く、地の粉漆下地の場合も同じ塗装工程がとられている。後者のタイプは古代においては、さらに漆が何層も塗り重ねられることが普通だが、ここではより簡素化されている。図5-1は新潟県一之口《いちのくち》遺跡出土例[18]と同じく灰釉陶器写しと思われる。一一～一二世紀にかけて全国的に渋下地漆器が普及し始めるが、いち早くこれに転換した地域とA地点のようにすべて漆下地の遺跡、両者混在の遺跡などがある。この差異の主たる要因は、家財としての漆器を保有する遺跡の性格とウルシノキが豊富で安価に供給された地域かどうかも関係してくる。

A地点の特色は漆容器と荒型《あらがた》・ロクロ挽《び》き木地の存在である。新潟県では近年、ロクロ挽きの前段階である荒型の大量出土例がふえているが、ここでは皿の荒型が八点（図5-9）、ロクロ挽きの木地製品が数点出土している。後者には蓋の肩部に二本の沈線（条線）を有するもの（図5-10）と、椀状の口縁部に一条の紐帯を有する稜椀（図5-2）がある。A地点には木地工房が存在し、こうした特注の木地製品を生産していた可能性が高くなってきた。漆パレットの出土からみて、原木の伐採・分割・荒型作りは杣《そま》で行ない、ここに運ばれた荒型からロクロ挽きと漆塗りまでを一貫して生産していたと推測している。『宇津保物語』には紀伊国の神南備種松《かんなびのたねまつ》のこととして、その作物所《つくもどころ》におけるロクロ・鋳物・織物など手工業生産の一面が描かれている[19]。若干の差し引きは必要としても、一〇～一一世紀における在地領主の一面が描かれていると考えて大過なく、当遺跡についても木地や漆器のほかに紡織具など各種遺物が出土していることから、神南備種松の作物所のような工房群が存在した可能性は高いとみている。

下町・坊城遺跡C地点の漆器

江上館の西南約四〇〇メートルに位置するC地点からは、一二世紀代の二つの川跡から大量の陶磁器・

土器、呪符・下駄などとともに一五〇個をこえる漆器が出土した。木地椀や皿も三〇個体を数える。越後において木漆器の重要性を明らかにした遺跡だ。なお、C地点はL字形に流れる川の両岸および南方を区切る川の北側に営まれており、掘立柱建物跡一〇七棟・井戸一二一基等が検出されている（一二世紀後半〜一四世紀代）。

出土漆器（図5下段）は多数にわたるので器形などの特徴は省略し、塗装技術についてとりあげる。一二世紀後半の厚手で底が平坦な総高台（ベタ高台）の小皿はすべて炭粉漆下地で、炭粉漆下地一層の上に漆一〜二層、高台裏は露胎でロクロ爪跡を調整せずに残したままのものが普通である。これに対して一例（図5-17）だけが下地に炭粉を用いず木地に直接漆が塗られ、内面では四層の漆層が確認された。この時期はすでに渋下地に転換している地域もあるが、ここでは漆下地である。塗装工程は渋下地とまったく同じ簡略化したものだが、漆の入手が容易であるこの地域では、あえて柿渋を使用する必要はなかったのかも知れない。一二世紀末〜一三世紀前半の小皿には、薄手で定型化した断面三角状の小高台を有するものが出現し、塗装工程にも入念なものがみられる。図5-26は炭粉漆下地層の上に、漆三層（以下炭粉漆下地層＋漆三層と略）である。図5-24（一三世紀後半〜一四世紀前半）は炭粉漆下地層＋漆四層であった。一三世紀代は簡素な塗りと上質品のランク差が拡大しつつあるが、当遺跡では炭粉漆下地の簡素なものが多い。

一二世紀末〜一三世紀中葉の当遺跡を特徴づける器形は一種の稜椀（図5-11〜13）である。体部中ほどを削り出すことによって口縁部を意識的に作出したものだ。古代にも金属器を意識した稜椀は存在するが、これとは異なっており、わずかながら神奈川県鎌倉市千葉地東遺跡(20)や青森県青森市高間遺跡などでも出土している。時期的にも同じであることから、技術交流を探る上で興味深い資料だ。器形的にはまったく同じようにみえる稜椀にも、塗膜分析の結果は塗装工程に違いのあることを明らかにした。多くは炭粉漆下地＋漆一層の簡素なものだが、図5－11では炭粉漆下地層＋漆三～四層であった。しかし高台裏は露胎でロクロ爪跡をとどめるなど、基本的には日常の食器といえる。通有の椀も稜椀と共通した塗装工程がとられている。

このほか一三世紀代では、炭粉漆下地よりランクが上の地の粉（鉱物粒子）漆下地を用いた例が二点検出され、椀の一つは地の粉漆下地＋漆四層に内外面朱漆絵（秋草文）の上質漆器で、破損後漆パレットに転用されていた。最上質品は口縁部に布着せが施され、炭粉漆下地＋漆六層（うち黒色漆層一層）に朱漆絵となっている。一三世紀代の朱漆絵は秋草文や松喰い鶴が多い。なお下地に地の粉や炭粉を用いず、木地に直接漆を塗り重ねる例も数点確認されている(21)。

江上館の漆器

この地域を支配していた国人領主中条氏の一五世紀代の本拠地と考えられる江上館は、扇状地扇端近くの河岸段丘低位面（標高約一八メートル）に築かれており、ほぼ一町四方の主郭と、その南北に付属する馬出し様の郭からなる。周回には土塁・水堀がめぐる。大量の遺物が出土したのは主郭内南西隅の水溜状遺構（第三一七号遺構）だ。遺物は一三～一五世紀の中国産陶磁器や能登半島の珠洲焼等が大量に出土したが、中心は一五世紀代だ。儀礼的な京都系中世土師器（かわらけ）がまとまって出土し、青白磁梅瓶《めいびん》・砧手青磁・青磁八角坏・黄褐釉四耳壺・緑釉・李朝粉青沙器《ふんせいさき》梅瓶・中国天目茶碗・漆塗り天目・瓦器・信楽壺・茶臼などの娯楽・儀礼・室礼関係遺物、地鎮関連の墨書資料、猿面硯（亀山）、高級漆器、それに北部出土の鉦鼓《しょうこ》などが注目される。

漆器は小片のために図示できないが上質品が多く、中条氏の家財の一端を垣間見るために塗装工程の特色を紹介する。判別可能なものの集計では、上質品の漆下地は七七・八%を占めており、館の主にふさわしい家財状況といえる。漆下地のうち炭粉漆下地は八五・七%で、他は地の粉（鉱物粒子）漆下地だ。炭粉漆下地は地の粉漆下地よりやや安価だが、ここでは丁寧な工程が取られている。塗装工程から次のように分類される。[22]

1類（内面赤色）　布着せ層＋炭粉漆下地層＋漆四層（外面）
2類（皆朱か）　布着せ層＋炭粉漆下地層＋漆二〜三層＋朱漆層
3類（皆朱か）　布着せ層＋炭粉漆下地層＋漆二〜三層＋朱漆二層
4類（皆朱か）　布着せ層＋地の粉漆下地層＋漆三層＋朱漆三層
5類（皆朱か）　（布着せ層）＋炭粉漆下地層＋漆四層＋朱漆層

以上は木胎（木地）に布着せ（口縁部）と地の粉ないし炭粉漆下地が施され、漆三〜四層の上に二層前後の朱漆（上塗り漆）が塗られた上質品である。しかし、上質品の定番である中塗りに、黒色顔料の油煙ないし松煙を含む黒色漆層がみられないという共通点が明らかとなった。これは器形、上塗り色の発色、下地の破砕工程などを総合的に勘案して、すべて製作工房が同じと判断した。またA地点出土漆器（皆朱椀）も同じであった。油煙などによる黒色着色法は古代以来の技法であるが、中世では化粧箱・硯箱、椀類では上質品に用いられている。[23]新潟県では上越市（旧頸城村）水久保遺跡の端反皆朱椀が、地の粉漆下地層＋黒色漆層＋朱漆層、[24]新発田市宝積寺館跡土坑二六の皆朱椀が、地の粉漆下地＋漆＋黒色漆＋朱漆二層、上越市至徳寺遺跡（別項参照）の端反椀が、布着せ＋地の粉漆下地＋黒色漆＋朱漆であった。ちなみに岐阜県飛驒市（旧神岡町）江馬氏館跡では、地の粉漆下地層＋黒色漆層＋漆二層＋朱漆層、(25) 岐阜県大垣市大垣城郭町C遺跡（太鼓門付近）では、地の粉漆下地層＋地の粉漆下地層＋黒色漆層＋朱漆層となっている。(26)

次に上塗り色の割合をみてみよう。総赤色（皆朱）漆器は五五・六％、内面赤色を含めると赤色漆器は七七・八％の高率となっている。朱漆やベンガラ漆による赤色漆の割合は、遺跡の性格を探るうえでの重要な指標だ。すなわち朱漆器は古代ではステータス・シンボルであり、限られた階級しか使用できなかったことは別項で詳述したが、内面朱塗りを含む朱漆器が公家・武家や寺院を中心として、ハレの場だけでなく日常食器として普及しはじめるのは一三世紀ごろからで、当時の様子が『遊行上人絵巻』『東征伝絵巻』などに描かれている。一五世紀に入ると総赤色漆器の出土量が次第に増加し、武士クラスではかなりを占めるようになったことが、寛正四（一四六三）年の「新見地頭方政所見捜物色々在中」（『東寺百合文書』サ函）からもうかがえる。(27) 新見荘地頭方政所で使用された漆製品は、瓶子・銚子・提子・鏡箱・蒔絵の茶入れ・薬壺・湯盞台・茶盆・香箱・折敷・椀・皿などで、在地支配者層が使用した当時の製品全体がほぼ網羅されている。内面赤色椀も含めると大半が朱漆器である。この傾向は一六世紀にはいると一層加速し、越前・常神半島の刀禰《とね》大音氏の雑物注文（一六世紀中頃）のうち、漆器は皆朱と内朱で占められていた。(28) また一六世紀の日本人の食器が赤や黒塗りの漆器（椀皿類）であったことは、ルイス・フロイスの『日欧文化比較』（一五八五年）などにも記録されている（第一五章「ジャパン――外国人が見た漆器」の項参照）。

なお、江上館跡で興味を引くのは内面赤色の椀におさめられた、一見地の粉（鉱物粒子）状の塊である。表面は大きな縮み皺状で、暗褐色を呈し、かなり硬い。内部は黄褐色粘土のようである。しかし赤外分光分析の結果、鉱物の吸収はまったく認められず、木質（セルロース）の吸収が顕著であった。つまり針葉樹の粉であり、コクソ（刻苧）の用途が考えられるものだ。周辺に漆工職人がいた可能性を探るうえで留意したい遺物である。

四　巻数板と多様な漆器・漆工具──石川県堅田B遺跡

巻数板・鞍と漆器の共伴

堅田B遺跡は石川県金沢市の北部に位置し、医王山《いおうぜん》に源を発する森下《もりもと》川の河岸段丘上に営まれている。森下川は河北潟、大野川を経て日本海と通じ、遺跡の南側には旧北陸道から分かれて越中に至る小原越（道）が通っている。遺跡は交通の要衝に位置していたことがうかがえる。

遺跡の主体は一三～一五世紀を中心とした方形の居館だ。大型の掘立柱建物跡（七×六間、面積約二一〇平方メートル）や井戸などを囲むように、一辺約七〇～九〇メートルの堀（幅四～五メートル、深さ〇・八メートル）が巡っている。一号溝からは漆器、木製品、陶磁器がたくさん出土しており、圧巻は建長三（一二五一、図6‐1）年と弘長三年（一二六三）の紀年銘がある二枚の「巻数（勧請）板」だ。これは横長の板（長さ約八〇センチ）に般若心経と願文が記され、上部には吊り下げるための穿孔がある。その用途については、越後国の国人領主色部氏の記録では、修正会の結願の日である正月八日に、大縄から吊り下げられたとあるから、これときわめて共通性が高いといわれている。[29]　また一二号溝（一三世紀中～一四世紀後半）からは馬の鞍（図6‐2）も出土している。漆塗りされていない木地鞍で、実用品か神の乗り物として神社に奉納されたものかは不明だ。漆塗り鞍は岩手県平泉町志羅山遺跡などから出土しているが、完全なものはないし、どのような塗りの技術が駆使されたのかはわかっていない。

図６　石川県堅田Ｂ遺跡出土の巻数板（1）と鞍（2）
（『堅田Ｂ遺跡Ⅱ』金沢市埋蔵文化財センター，2003年）

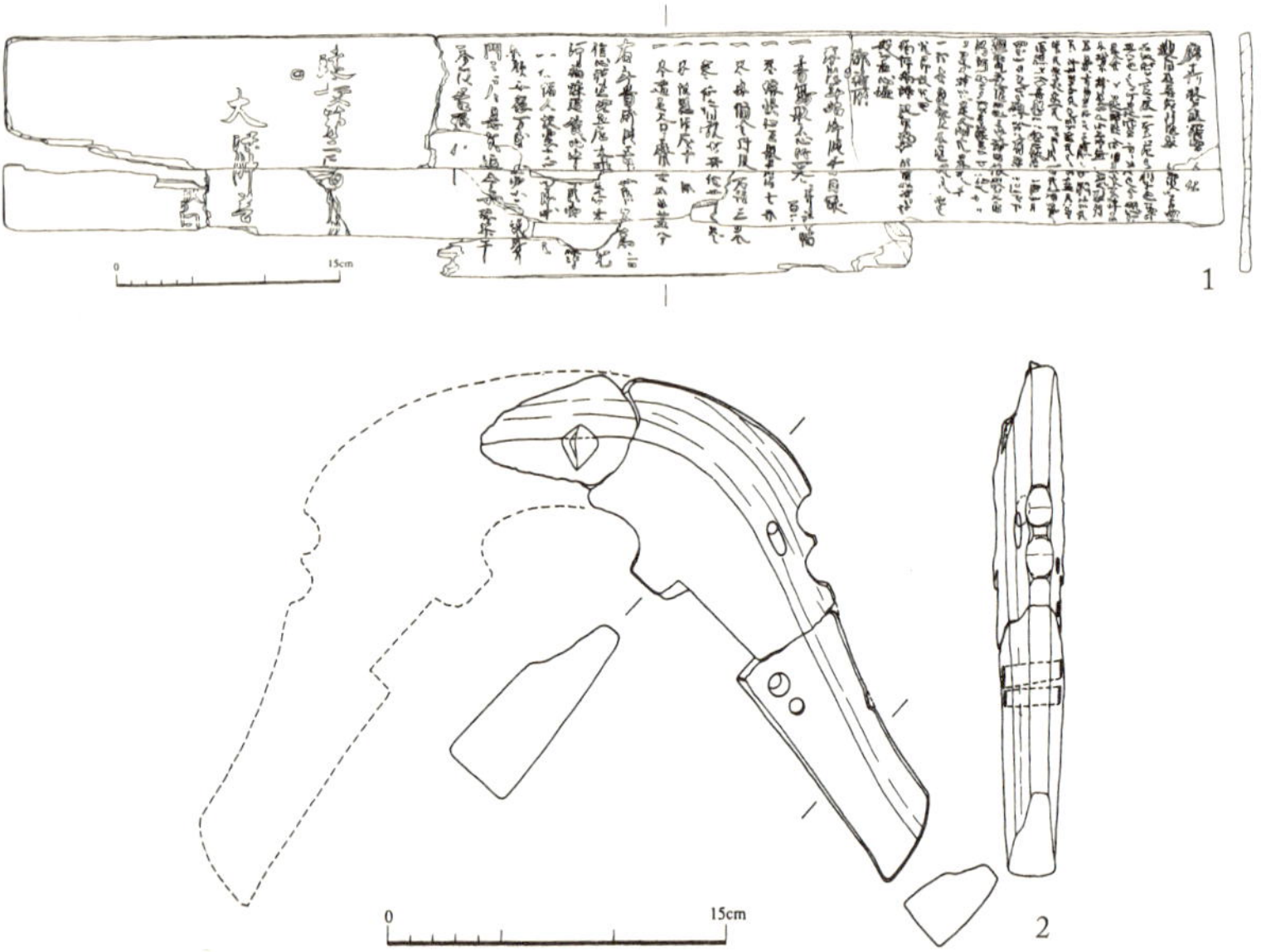

さて、こうした遺物とともに漆器や折敷が出土したわけだが、陶磁器・土器との組成比率をみてみると、一三世紀中〜後半の一号溝では、中国陶磁器四五・三八%、瀬戸・山茶椀一・四二%、珠洲・加賀・越前・常滑焼二三・八四%、瓦器三・五六%、漆器一七・七九%であった。食器としての漆器の比率がきわめて高いことは注目される。しかも漆器は木地が腐食して塗膜だけになった場合は検出しにくいので、この倍以上は存在したとみたほうが自然だ。漆器と共伴した箸は一二〇〇本（スギ材、一号溝）。長さは二〇センチ前後で、両端が尖ったものだ。

型押漆絵・天目写し漆椀・鳴鏑・胡桃足曲物・漆工具

漆器は主に椀皿で総黒色である（図7）。椀は内湾ぎみに立ち上がる身の深いもので、小高台が付いている。皿も同様の高台が付く。椀は無文のものが大半だが、皿には朱漆絵（秋草、菊花、方喰《かたばみ》、松樹）が内外面、あるいは内面の見込みに描かれている。いうまでもなく漆器の塗りには品質が反映しており、その解明が遺跡の性格を探るうえで重要であることは、再三述べてきた。堅田B遺跡では二社による分析報告が掲載されているが、分析内容と分析写真をみると疑問点がはなはだ多い。P社では漆下地か渋下地かの識別をしておらず、Y社では同定の詳細説明がなく、たんにすべて渋下地と報告している。筆者の所見では分析写真を見る限り、ケヤキ材の図7-1・3・4・7・8は、いずれも漆下地と考えたいものだ。

食器のほかに注目される木製品には将棋の駒、独楽、鋤、武具の鳴鏑《なりかぶら》がある。とくに砲弾型をした鳴鏑（松材、長さ六・五センチ、幅二・三センチ、図7-10）は、先に狩股鏃を差し込むための孔があり、全体は中空で後ろから空気が抜けて、音が出るようになっている。外面は現状では木地のままのように観察されるが、元来は拭き漆されていたのではないだろうか。ぐるりと回された三条の朱漆線が鮮やかである。こうした加飾は当時一般的だったらしく、鎌倉市内の遺跡でも確認されている。漆塗り鳴鏑の良品は石川県西川島遺跡群から数点出土している。

一一号溝と同時代の四〇五号溝出土の図7-9は、石川県内二例目の型押漆絵皿で、文様は鎌倉市内の遺跡でみられる複弁菊花文に類似している。型押漆絵は鎌倉周辺に生産地があったと考えられており、それ以外の地域においては鎌倉からの搬入品か、在地で模作されたとしても量的にはきわめて少ないもので、物流を探る好資料だ。

漆工具も出土しており、漆パレットのほかに、木製の扁平な剣状の先に漆が付着した、いわゆる剣箆（図7-11）がある。これは広島県草戸千軒町遺跡、神奈川県佐助ヶ谷遺跡、石川県西川島遺跡群などから出

図7　石川県堅田B遺跡出土の漆器類
(『堅田B遺跡Ⅱ』金沢市埋蔵文化財センター，2003年)

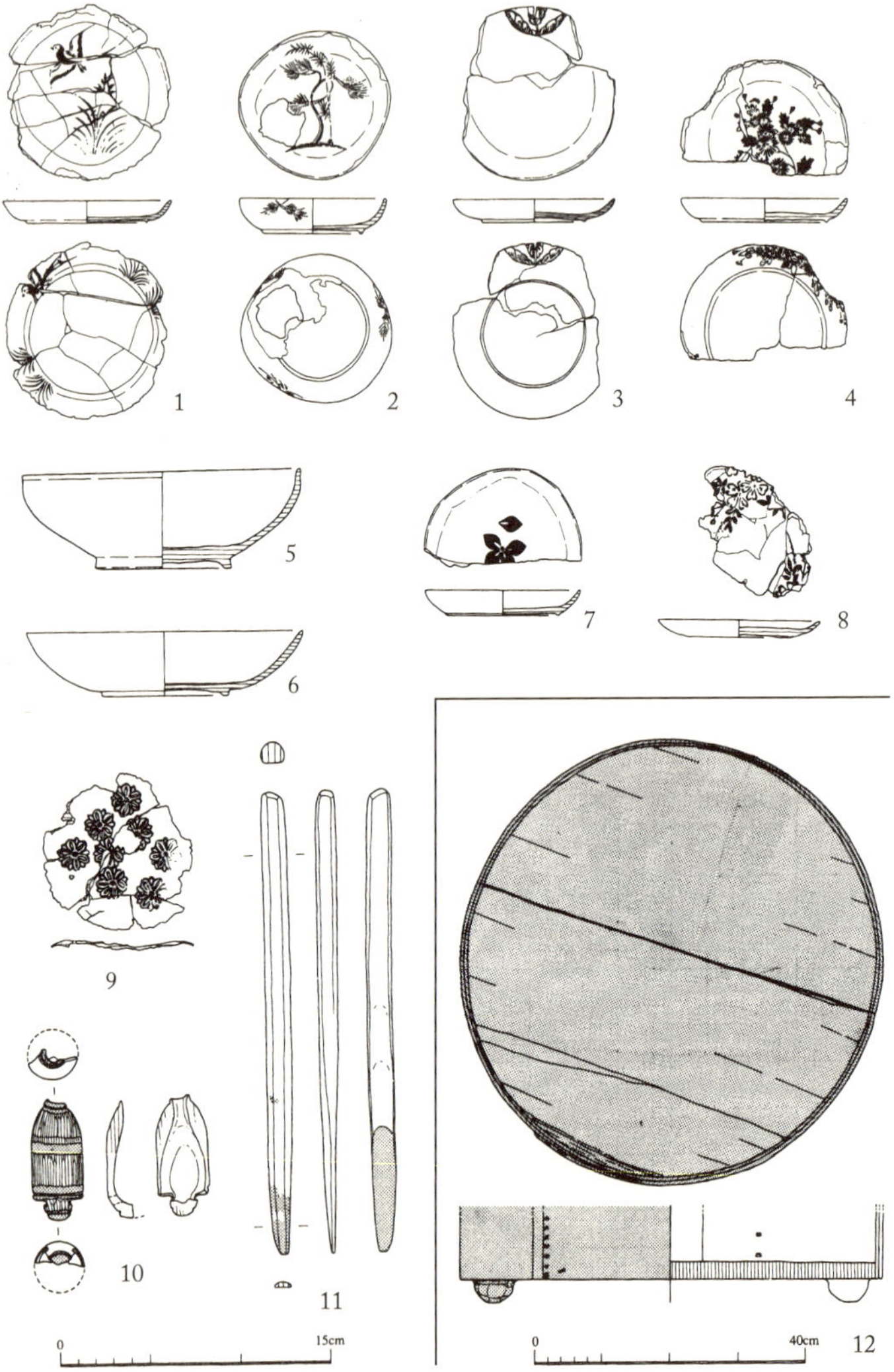

土しており、指物（箱物）の隅に下地を付けたり、接合部などの隙間をコクソ（木屑の細粉に漆・糊を混ぜ合わせたもの）で埋める用途が考えられる。漆刷毛や砥石などは未発見だが、ここで漆工作業が行なわれたことを示す証拠品といえよう。

このほか珍しいものとして三〇一号土坑から、口縁部がまっすぐに立ち上がった総黒色（内外面黒色漆塗り）の漆椀（図7-5）が出土している。時期は一四世紀と思われるが、磁器の天目碗を写したものと判断される。木地は良質のケヤキを用いており、おそらく漆下地の良品だろう。同様のものは岐阜県恵那市大井城跡から出土している。こちらは外見上上質の皆朱（内外面朱塗り）だが、下地は炭粉渋下地であった（第一二章「美濃の戦国漆器」参照）。

なお三〇一号土坑からは総漆塗りの折敷と小皿や椀、ミニチュアの祭祀模造品（人形《ひとがた》、舟形）、火きり臼、団扇、井戸材などが出土しており、井戸廃棄に際しての祭祀行為なのか、たんなる廃棄穴なのか興味ある事例だ。三一一号土坑（一四世紀前半）からは総漆塗りの曲物が出土したが、底板に胡桃《くるみ》を接着して足としたものだ（図7-12）。近世には胡桃足膳の流行をみたが、これに先行する胡桃足曲物の珍しい例として特筆される。二一〇号溝（一五世紀）では総漆塗りの三足盤が出土している。なお居館の主については、記録に残る人物では井家荘《いのいえのしょう》の地頭・上総公、東前保の地頭・沼田真家が候補にあがっている。(30)

五　片輪車の漆絵皿——石川県上町カイダ遺跡

能登半島のなかほどにある富山湾側に面した石川県七尾市中島町は、万葉の里と演劇活動の盛んなところだ。町の中心部を貫流する熊木《くまき》川下流域は古代・中世遺跡が密集していることで知られているが、その

図８　石川県上町カイダ遺跡出土の片輪車漆絵片

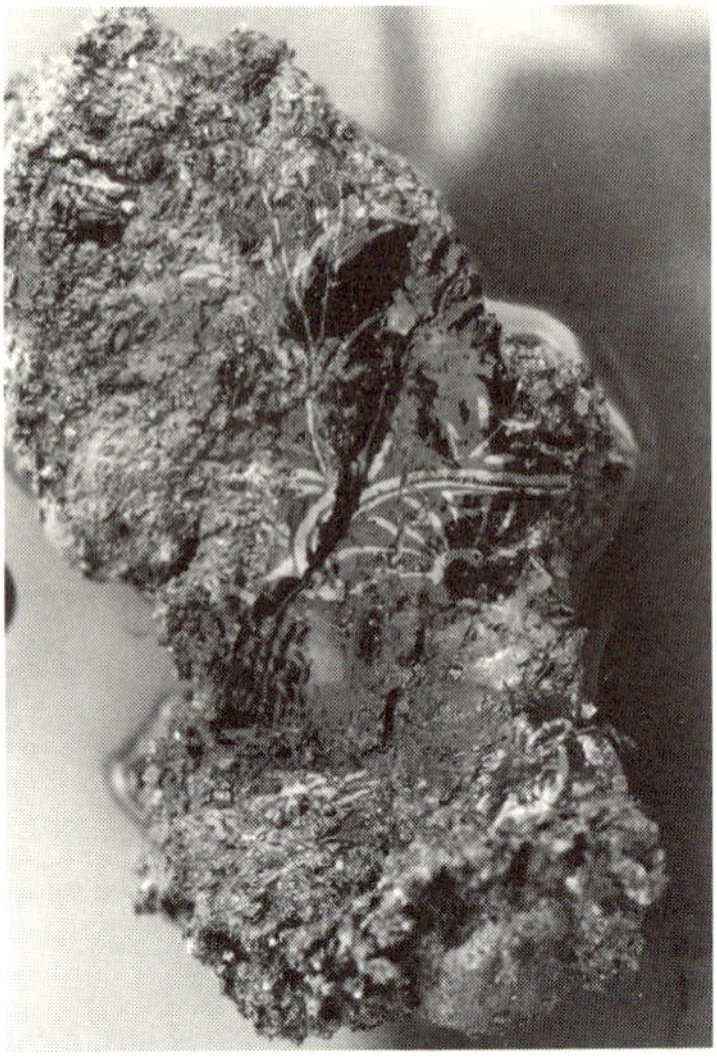

一つが上町《かんまち》カイダ遺跡である。

熊木川をすこし遡ると「カイダ（貝田）の谷」の前面に至る。谷の南西部分の狭いところに上町カイダ遺跡が立地しており、かつて大御堂があったといわれるところから、地元ではオオミドとよばれている。縄文時代から中世にわたる複合遺跡であるが、中心は一三世紀代で、出土土器のうち九割はかわらけ（土師器埦皿）である。[31] 中世遺跡でかわらけの皿が多量を占めることは、宴会など儀礼的行為が行なわれた在地領主層の居館を示す指標と考えられている。

水分の多い柔らかな地層のために建物などの遺構は検出できなかったが、逆に祭祀や日常の木製品が多量に残されることになった。漆器は椀皿類が出土したが、発掘中の観察では塗膜だけになっているものがかなりあり、注目したいのは筆者が現場で撮影した塗膜だけとなった皿の漆絵片だ。皿の内面全体に朱と思われる赤色漆で、流麗なタッチで秋草を背景に片輪車が描かれている（図８）。黒色土の中から現われた時の感動は今も鮮烈に覚えている。片輪車といえば、一二世紀の片輪車蒔絵螺鈿手箱（東京国立博物館蔵）や扇面法華経冊子（大阪四天王寺蔵）などが知られているが、前者の手箱では蓋表に片輪車と流水、蓋裏に秋草に鳥の構成である。上町カイダ遺跡の皿は、こうした和様の自然描写を受け継ぐものであるが、片輪車の題材からして秋草と同じ平面に描かれることはきわめて珍しい。

このほかに注目されるのは、平面方形で頂部が宝珠状に仕上げられた黒色漆塗りのものである。蓋の摘みとされるものだが、方形であることと厚く長いところからみて、方柱状の製品としたほうがいいかもしれない（用途不明）。食器では椀よりも皿がやや多く、絵巻物の世界と一致する。皿の内面には赤色漆絵で桐や秋草文、椀の内面には蓬萊文（松葉と飛鶴）の赤色漆絵が描かれている。漆器の樹種は二八点が同定されており、上質のケヤキは二八・六％、普及品のブナ属一七・八％、トチノキ一〇・七％で、この数値は鎌倉時代の館跡出土漆器の一般的な傾向といえる(32)。

六　崇徳院御影堂領大屋荘穴水保の漆器——石川県西川島遺跡群

石川県鳳珠《ほうす》郡穴水町の中心部、穴水低地奥部の西川島地区に所在する六遺跡は、総称して西川島遺跡群（以下、西川島と略）とよばれている。昭和五二（一九七七）年から約一〇年間にわたる発掘調査の結果、縄文時代から近世にわたる複合遺跡であることが判明した。なかでも崇徳院《すとくいん》御影堂領大屋荘穴水保の成立（一一八五年）直前から、戦国時代にわたる中核的遺構が検出され、集落の変遷や民間信仰、食生活の実態解明に大きく貢献した。また、漆器考古学研究の先駆をなすものとして新しい方法を提示したが、ここでは漆器と土師器編年から漆器の普及を探ってみることにしたい(33)。

考古学では時間の物差し（尺度）としての編年は、あらゆることを検討する基礎として重要な役割をはたしている。物差しはできるだけ多いほうがクロス・チェックできるし、一つの編年が使えない場合は別の編年を適応することができる。しかし一九八〇年代当時の編年は土器・陶磁器だけだった。幸いいくつもの遺跡からなる西川島では、一二世紀後半から一六世紀前半の漆器が比較検討できる状態で出土したことから、編年作成には好都合であった（図9）。

細部は省くが図9では、一二世紀なかごろ以降に椀が増加しはじめ、口径が大きい（一六センチ前後）わりには身が低く浅いタイプから、口径がやや狭く（一二～一三センチ）身が深くなるものへと変化する。そして一二世紀末ごろから赤色漆絵で飾られたものが登場し、やがて一四～一五世紀の主流となる。一六世紀では三ツ椀（組椀）が確認できる。皿は一二世紀末ごろ組皿が登場し、一四世紀にかけて椀を上回るようになる。これなどは絵巻物に飯椀（垸椀）を中心に、周囲に四枚前後の皿がとりまく（おまわり）状況と一致している。鉢も一三世紀から見られるようになり、なかには高台裏に人名が書かれたものもある（図9-10）。一五～一六世紀では皿はあまり見られず、陶磁器に主役を譲っている。かわって盃（図9-22・23・26）が登場するようになる。他遺跡とちがって内面赤色の漆器は一五世紀にならないと確認できず、総赤色は一六世紀となる。赤色漆絵文様は花鳥風月を細部にわたって描いた鎌倉時代と、三ないし四単位に区分してラフに描いた室町時代の違いが見て取れるが、前者に属する皿のなかには、見込みに描かれた銭貨文に、引掻技法による大の字が四個配された珍しいものがある（図11-2）。複数みつかっているので、組皿であることがわかる。さらに産地の形成にかかわる重要な発見があった。図9-17の椀だ。総黒色の外面に線刻文が施されたもので、下地は今日の輪島塗と同じ海成珪藻土であった。また漆箆もヒノキアス

図9　能登における中〜近世漆器の編年
(『西川島――能登における中世村落の調査』穴水町教育委員会，1987年)

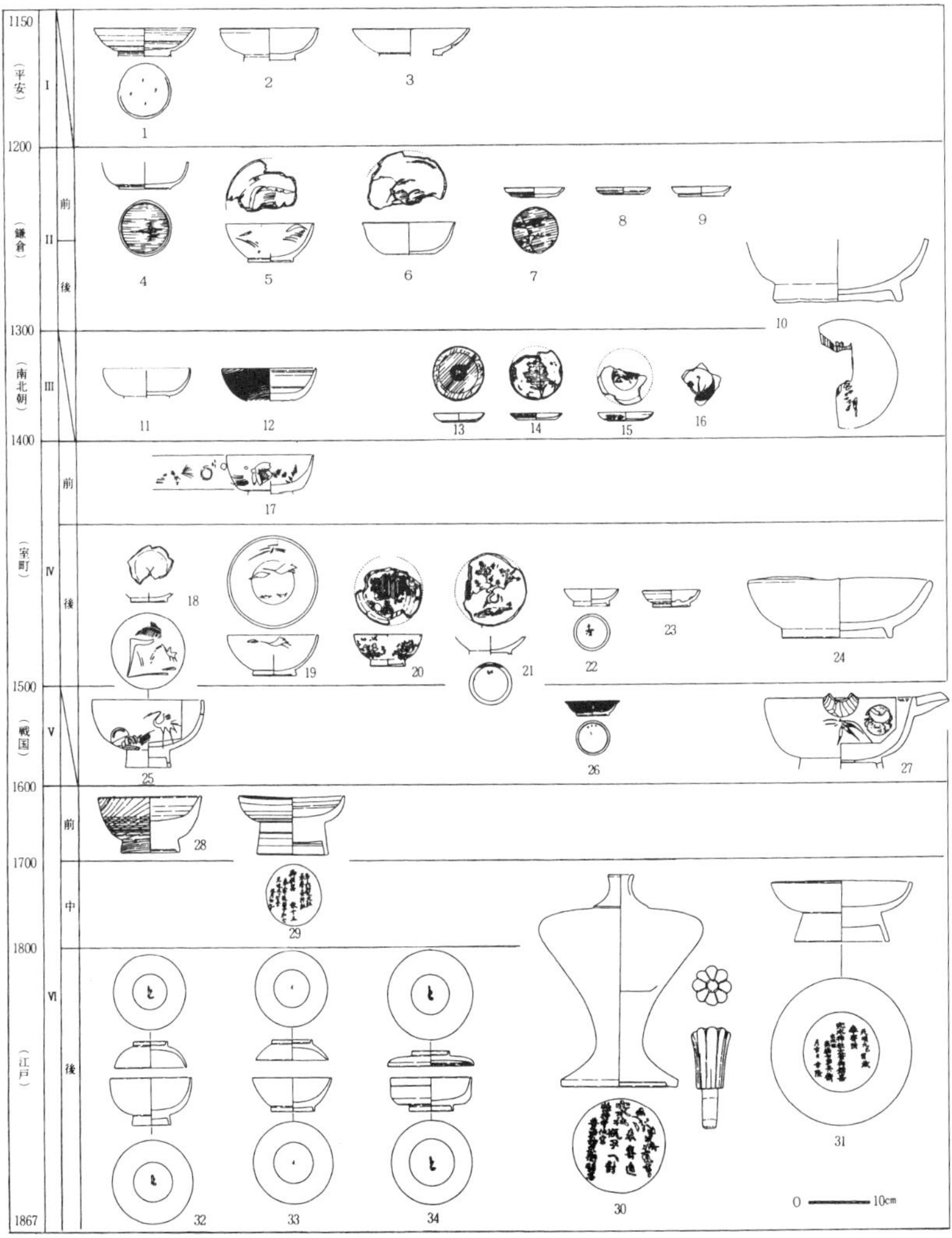

ナロ（地方名アテ）であった。これらついては輪島塗の項で紹介したい。

学際的研究

西川島では学際的な漆器研究をめざして、国立歴史民俗博物館の永嶋正春（塗膜分析）、元興寺文化財研究所（現福島県立博物館）の松田隆嗣（樹種同定）の協力を仰いだ。永嶋の塗装工程の分析から品質差が抽出されたが、重要なことは一二世紀後半には下地に柿渋に炭粉粒子をまぜた、安価な渋下地の存在が推測されたことだ。やがてこのことは筆者らの赤外分光分析によって確認され、中世漆器の普及品の主体をなすことが化学的に証明された。松田は年代が明確な四一点の樹種同定を行ない、時代的な特長として次のことを明らかにした。鎌倉前期ではケヤキ四五％、ブナ三六％。鎌倉後期においてもケヤキは五七％であるが、ブナのほかにサクラが一四％を占めている。室町時代になると、ブナ・トチノキ・マツ・ハリギリ・カエデ・ミズキ・ホオノキ・ケヤキなど、多様な樹種の使用が確認された。ブナが四四％、他は六％前後で、圧倒的に安価なブナの使用が認められる。ブナは普及タイプの渋下地漆器に用いられており、両者の相関関係が証明できたことになる。樹種からみれば上質品に用いられたケヤキ資源の枯渇問題が浮上し、一方で上質漆器を使用する階層が減少したことを意味する。また、大鉢（図11‐1）の樹種が時代をこえて針葉樹のマツが使用されていたことも興味深い現象だ。

土師器編年からみえてくる漆器の登場

さて、話を編年に戻そう。図10は素焼き（かわらけ）の中世土師器編年図の一部である。埦皿について器形別に配列したものである。これは漆器編年でも同じだ。注目していただきたいのは、Ⅱ期前半（一三

図10　能登における中世土師器の編年（部分）
（『西川島——能登における中世村落の調査』穴水町教育委員会，1987年）

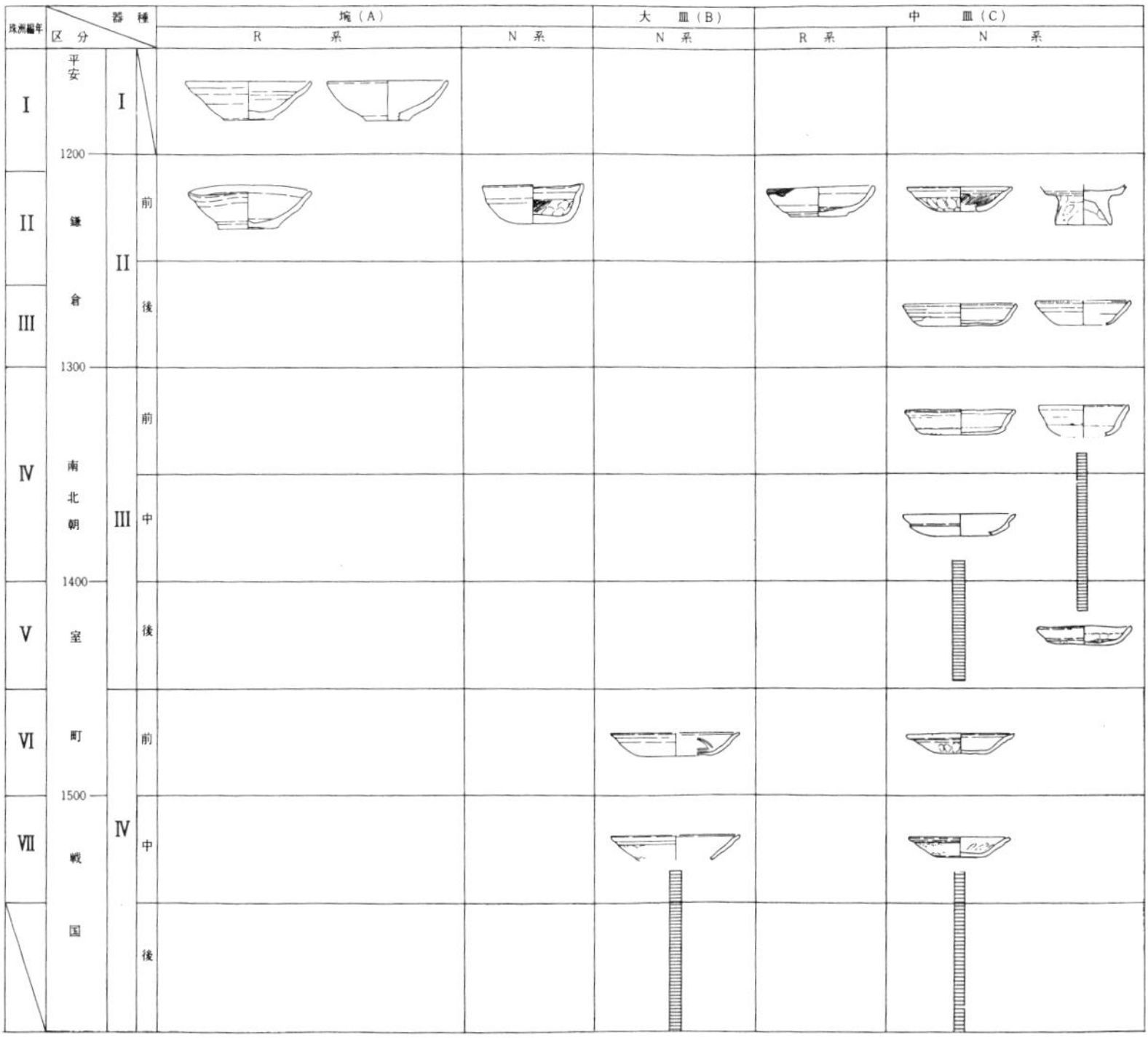

図11　石川県西川島遺跡群出土の漆器（1,2）と漆絵櫛（3）
（『西川島――能登における中世村落の調査』穴水町教育委員会，1987年）

1　大鉢

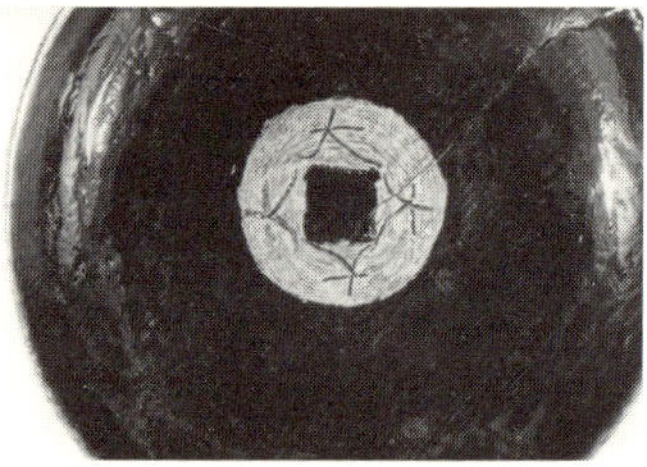

2　引掻技法の銭貨文皿

3　蟹・金銀切金黄色漆絵櫛

世紀中ごろ）を境に埦がまったく消えてしまう空白部分が生じたことだ。埦形態としては中国製青磁碗があるが、量的にはたかがしれているし、だれもが使用できたものではない。皿（かわらけ）には儀式的意味があることは別項で紹介した。能登には漆器の代用品ともいわれる瓦器埦類もなく、在地の珠洲焼は主に壺・甕・鉢しか生産していない。埦ぬきの食生活であったとはとうてい思えず、ここで留意すべきは鎌倉時代以降増大する漆器の存在だ。漆器は安価な渋下地をはじめとして各階層に対応した製品を生産しており、土師器の空白はこのために生じたことが、二つの編年図の対比と科学的調査の成果から読み取れたのである。関東や東北では能登より早く土師器埦の消滅化現象が起きており、同様のことが考えられよう。

蟹・金銀切金黄色漆絵櫛

西川島の縄手《のうて》遺跡からは火縄銃の鉛玉や甲冑の小札《こざね》などとともに、一六世紀代の「蟹・金銀切金《きりかね》黄色漆絵櫛」（図11-3）がみつかった。利休型の梳き櫛（推定長一三・五センチ、高さ三・八センチ）で、背は朱漆であるが両面は木地のままだ。両面には黄色漆（黄漆）で二匹の蟹が描かれ、片面の蟹は小さいほうがひっくり返っている。蟹の背中には金と銀の切金を二枚ずつ貼り付けている。樹種はイスノキと判明しているので、能登で作られたものではなく西日本から運びこまれたものだ。梳き櫛でこうした事例はきわめて珍しい。

七　中世京都の漆器とかわらけ――京都市平安京左京八条三坊十四町（八条院町）

京都市内の平安京左京八条三坊十四町付近は、中世の八条院町にもあたることから、文献史料に比較的恵まれ、中世京都の動向をうかがうことのできる貴重な遺跡である。ここから特異な出土状況の漆器が多数検出された(34)。これをもとに京都の漆器について考えてみることにしたい。

八条三坊十四町は平安京の南東部で、八条坊門小路の南、東洞院大路の西、梅小路の北、座元小路の東にあたる。京都駅前近辺だ。十四町内ではこれまで四回調査が行なわれているが、ここでとりあげる北東部からは、掘立柱塀で区画された宅地（間口約九メートル、奥行き二〇～二五メートル）から、小型の建物跡や土坑、井戸、便所などが発掘されている。最盛期は一四世紀中ごろだ。調査担当者の上村和直は東寺の地子帳の中の「延文二年注進状」から、十四町の宅地推定復元図を作成し、年貢帳等に書き上げられた手工業者を列挙した。主なものは、「丹屋」「薄箔屋」「金屋文阿ミ」「番匠三郎」「号味噌三郎」「ヒワタヤ」、

「ヘニヤ」「ハクヤ」「玉スリ」「タウフヤ」「マキエノ兵衛」「ヌシヤ」「ヘニヤ」「塩四郎」「油与一」「檜皮屋」「笠屋」「鹿屋」「皮屋」「箱屋」などだ。このように八条三坊一帯は鎌倉時代から室町時代前半期の職人や商人の町だったことが明らかにされている。彼らは権門に隷属して貢納生産だけをしていたわけではなく、自立した生産も行なっていたことは、さまざまな分野の職業が書き上げられた『新猿楽記』（一一世紀）からもうかがえる。漆工分野では『山槐記』の安元元（一一七五）年八月一六日条には、後白河法皇五十御算の加礼についての細工注文のために、道々の細工たちが見参しているが、すでに「塗師、平文師、蒔絵師」が分化しており、元暦元（一一八四）年八月二二日条には「螺鈿工」がみえ、着実に自立化が進行している。(35)

特異な出土状況の漆器

十四町北東部の東洞院大路に面した宅地奥部で、方形や楕円形の土中に土器、箸（ハシ状木製品）、漆器などの遺物が納められた「埋納土坑」が一一基検出され、とくに一八三号土坑が注目された。それは平面プランが方形で長径は約二メートル弱、幅〇・八メートル、深さ〇・五メートルの規模で、底にヒノキの葉が敷き詰められ、そこに漆器が正位置あるいは倒置状態で重ねて並べられていた。さらにその上を大量の箸と素焼きの土師器皿（かわらけ）で覆うという珍しい例であった。ヒノキは古くから信仰厚い樹種であることはいうまでもないが、なぜ箸とかわらけなのかが問題となる。かわらけについては後述するが、箸（ハシ状木製品）の性格について遠回りになるが、少しばかりふれておきたい。

日本海につきだした能登半島の石川県穴水町西川島遺跡群は、崇徳院御影堂領大屋荘穴水保の中心にあたり、その成立直前から近世前期にいたるまでの集落変遷がたどれる稀有な遺跡である。西川島の白山橋遺跡・祭祀遺物埋納遺構は、長方形区画（約三×六メートル）の内部に、獅子頭・舟形・人形・刀形・矢形・鳥形などのミニチュア祭祀遺物が、南北一直線に中央の舟形を境として北へ獅子頭・舟形・刀形が先を向け、南へは矢形・人形・舟形が先を向けていた。しかも北端には人形と刀形のセットが、南端には火きり臼・陽物《ようもつ》・火きり臼の並列配置が、東端には鳥形が配置されていた。こうした配置は方角を重視したことにほかならず、北に悪役災禍を祓う霊獣獅子頭と刀形・矢形、南の火きり臼・陽物の配置は陰陽五行思想にいう火陽の理にかなっている。東に鳥形が位置するのは、古代以来の神や祖霊のおもむく方向にあたり、大型舟形が舳を東に向けるのも同様の意味である。これらが数千本の箸（ハシ状木製品）で覆われていたのである。箸は両端が尖ったもので結界のように突き立てられたものが多く、古代の斎串《ゆぐし》の性格を継承する使用法とみている。また同じ西川島の桜町五号土坑からは、四〇六点の箸に包まれた状態で馬形木製品が出土し、上面のそれは斎串のごとく突き立てられていた。同じく御館遺跡三号井戸でも、ミニチュアの鳥形木製品がハシ状木製品に覆われて納められていた[36]。井戸廃棄に際しての神を送る儀礼と考えている。箸はこのように結界の役割をもっており、こうした用法は各地でも確認されている。八条院町一八三号土坑の場合も共通した意識が働いていたと考えられる。

さて、一八三号土坑には一一二点の漆器が納められていた（図12）。小皿が八九点と最も多く、しかも荒型痕やカンナ目をとどめる粗雑な成形で炭粉渋下地、漆絵は内面の見込みに簡単な梅や抽象化した花鳥を配している点で共通点している。椀は二〇点で大半は内湾する身の深い体部に小さな高台が付き、内外面には赤色漆絵で大和絵風の文様が描かれている。とくに図12-1は総黒色漆地に赤色漆による蓬莱文様で、流水・土坡に松竹、空には飛鶴、松の下には大きな二個の瓶が置かれている。同じ文様は一八六号土坑からも出土している。MOA美術館の内田篤呉はこの文様の出典は源俊頼の『散木奇歌集《さんぼくきかしゅう》』としている[37]。ほ

図 12　平安京左京八条三坊十四町 183 号土坑出土の漆器（上村和直，2002 年）

かの漆絵も筆致は軽妙で洗練されたものが多い。塗膜分析は行なっていないので、どのような技術が駆使されたのかはわからないが、木地はやや薄手で手馴れたロクロ挽きである。

ハレの食器

一八三号土坑の性格を考える上で注目したいのは、椀の高台裏中央部分を最初から塗りを施さないで、そこに数字や文字を墨書したものがあることだ（図12-4・6）。これなどは最初から実用食器を目的としたものでないことは明白である。こうした埋納遺構について上村和直は、漆器・土師器・箸・銭貨などの埋納物はいずれも完形品であることから、明確な意図の下に埋納のために新たに準備したものであり、具体的には宅地の隅部や境部に位置することから、宅地空間や宅地内の建物・施設など、さらには町域空間を鎮めるための鎮祭行為（地鎮）であり、漆器生産・流通などの関係者による職能的な祭祀と推測している。そして、京都における漆器の使われ方について、八条三坊十四町の埋納遺構から一四世紀中ごろの漆器が多量に出土したにもかかわらず、同時期の保水性の高い井戸・土壙などの遺構からは漆器がほとんど出土していないこと、八条三坊付近を含め左京域内で検出した中世の井戸・土壙などでは、下駄・曲物などの木製品や井戸枠材などは残存しているにもかかわらず、木地椀・漆器の出土量は極端に少なく、当該期の輸入陶磁器類よりもさらに少ない点から、京都では漆器そのものがほとんど使用されておらず、中・下品の漆器は基本的に日常の食膳具ではなく、非日常でのハレの儀式に供せられるような特別の食膳具だとした。また漆器の普及によって土師器や瓦器埦が消滅、あるいは駆逐されたとの筆者らの考えに対して、漆器皿があるのに土師器皿（かわらけ）が無くなっていないのは矛盾しているとした。

こうした疑問点を解くために、ここで儀式や宴会の食器について簡単にとりあげておきたい。天皇・貴族の食器は古代以来近世まで、金銀器、漆器が基本であった（中国の律令的伝統を継承）。いっぽう鎌倉幕府以来の武家の風習に由来する「式三献」は、蔵人所の滝口の侍身分の儀礼に基づいている。土器文化は武家儀礼に根ざしていて、けっして公家社会のものではなかった。式三献は土器を食器の主流としており、大量輸入陶磁器時代であっても、土器が基本であり、輸入陶磁器が食器の主役を占めるのは、茶の湯などの輸入文化の日本化の過程と指摘されている(38)。

『枕草子』では「土器（かわらけ）」を「きよしと見ゆるもの」にあげており、使い捨ての清浄さを示すものと位置づけられていた。室町・戦国時代では酒肴《しゅこう》のことを「かはらけのもの」といっている。宴会や会食にかわらけは、なくてはならない饗宴を演出する重要な小道具であった(39)。土器・陶磁器類を統計的に検討した宇野隆夫は、格上の遺跡ほど食膳具に占める土器の比率が高く、格下であるほど中国製陶磁器（中世前期）や日本製・中国製陶磁器（中世後期）の比率が高いことを明らかにし、この現象は京都において最も明確だとしている(40)。

絵画資料をみると武家の式三献では、白木の折敷《おしき》にはかわらけが置かれている。江戸幕府の饗膳である本膳料理においても三位以上は白木三方にかわらけである。このようにかわらけの皿は儀式や宴会に欠かせないものであった。中世京都にかわらけ（土師器皿）が使い続けられたのは当然のことなのである。

このようにみてくると、京都（平安京）では鎌倉時代以降、瓦器埦もなく儀式・宴会用の土師器皿（かわらけ）と中国陶磁器だけであるが、これで各層の食膳が成り立つとはとうてい思えない。安価な渋下地漆器も含めて、漆器の普及なしには理解しえない構成といえよう。八条三坊十四町の漆器は特異な事例である。手工業の分化がいち早く進行した京都にあっては、絵巻物に描かれているように、各層にわたって漆器が広く普及していたと考えられる。

八　中世の中継港湾都市——広島県草戸千軒町遺跡

瀬戸内海の福山湾に注ぐ芦田川の洪水で埋没した中世の港町・市場町、東洋のポンペイといわれる広島県福山市草戸千軒《くさどせんげん》町遺跡。昭和四八（一九七三）年に広島県教育委員会が研究所を設置して、本格的な発掘調査が開始された。以後平成七（一九九五）年度に最終発掘調査報告書が刊行されるまでの、長期にわたって調査事業が継続され、中世考古学発展の牽引役となった(41)。

塗師の家

草戸千軒は芦田川の河口に立地するところから、瀬戸内海と内陸とを繋ぐ水陸交通の要衝として、また常福寺（現在の明王院）の門前町として、一三世紀後半から一六世紀前半にかけて栄えた（長和荘《ながわのしょう》域）。町は道路や水路で方形に区画され、さらに溝や柵で短冊形に細分区画されている。都市に多い間口が狭く奥行きの長い町屋造りだ。発掘調査によって、千軒の名にふさわしい相当規模の区域が検出されている。そこには塗師や足駄、鍛冶などの職人の住居跡も確認されており、広島県立歴史博物館には塗師の家が復元されている（図13）。発掘調査では南北一二メートル、東西六二メートル以上の区画域が検出された。南北両側に柵があり、東西に区分されていたようで、西側に掘立柱建物跡（二棟）とゴミ捨て穴（一基）、東側に素焼き土器（土師質土器ないし中世土師器）、陶磁器、動物や植物遺体、残滓などが埋められた土坑九基が検出された。そのなかに漆器やその製作工具である刷毛・篦・漆蓋紙・漆濾し布などが集中的に出土したことから、工房兼用の塗師の家の存在が浮かび上がったのである。復元家屋には高価な曲物の漆桶が

図13　復元された草戸千軒町遺跡の町並みと塗師の家（広島県立歴史博物館）

たくさん並んでおり、かなり豊かな塗師の家になっているが、遺跡全体として砥石や刷毛などの出土地点が数カ所にわたること、漆絵のさまざまな筆致、異なる下地法の漆器の存在などから見て、分業化がかなり進展していたようだ。

なお、草戸千軒の発展は常福寺との関係をぬきにしては語れない。というのは一四世紀末には奈良・西大寺の末寺になっており（『西大寺諸国末寺帳』）、西大寺は北条得宗家との関係を強め、瀬戸内海の拠点に進出していたことが指摘されている。常福寺の門前町でもあった草戸千軒が秀でて発展したのは、こうした背景が考えられよう[42]。

草戸千軒の漆器

草戸千軒からは漆器・漆製品が多量に出土しており、質量ともに国内の基準となるものばかりだ。それらは容器類、折敷、杓子、柄杓、烏帽子、竹掛花入、櫛、調度品、仏像天衣、小札、箱、板状品、工具などである。大半を占める容器類は椀・皿・托・合子・蓋・鉢、曲物、工具には漆桶・濾し布・箆類・刷毛・漆蓋紙・砥石・パレットがある。漆器や工具については、これまで篠原芳秀・下津間康夫らによって編年などが報告され、多大な成果があげられてきた。さらに検討を加えるために、二〇〇三年度から広島県立歴史博物館・草戸千軒町遺跡調査研究所・漆器文化財科学研究所の共同事業として再整理を行なっている。従来未確認であった烏帽子片が大量に確認され、その製作技法にも新知見が得られている（第一一章「烏帽子」の項参照）。型押漆絵漆器では、鎌倉で多くみられた渋下地のほかに、地の粉漆下地の上質品が確認された。また皆朱漆器は大半が上質品で占められていること、漆パレットの蓋紙も大量に確認されており、漆器の生産・流通に新しい視点が追加できる見通しが得られている。ここでは新しく判明したもののうち、竹製の掛花入《かけはないれ》を紹介したい。

竹掛花入

図14の三点は竹筒で、大きさは類似しており、2は高さ一二・七センチ、幅六・四センチだ。底は木の円板を接着している。これらは現在も用いられているタカッポ（東北）・ゴウ（盒、奈良県吉野）とよばれる、採取した漆の容器と考えられてきた。しかし、仔細に観察するとそうでないことが明らかとなった。細筒であることに加えて、竹の内外面調整が大変丁寧できわめて薄く仕上げられたうえに、漆塗りされている。もとくに内面は厚みをもって均一に塗られている。しかも口縁部には対面に二つの穴があけられている。もしこの穴に紐をかけたとすれば、採取した漆を入れるときに紐がじゃまになり、まことに効率が悪い。現在のものは中央よりやや上に、紐を鉢巻状に巻いて漆を入れやすいようにしている。採取した漆は保存と出荷を考えて大型の曲物や桶に集められるから、細いこの竹筒で生漆のまま草戸千軒の工房に運ばれるこ

とはまずないし、工房での作業においても、かなり細いために漆の取り出しがきわめてしにくい。こうした諸点からみても漆容器ではなく、竹製の掛花入《かけはないれ》であることは疑いない。なかには外面の漆が、紫外線劣化をかなり受けたかのような剝離状態を示すものがある。

竹掛花入はこれまで武野紹鷗《たけのじょうおう》が使い始め、床柱に掛けるようにしたのは千利休の創案といわれてきた。矢部良明は「掛花入こそ、利休創案のもっとも重要な造形上の特長[43]」と指摘している。しかし草戸千軒町のこれまでの詳細な調査と編年研究から、1が一三世紀後半〜一四世紀初頭、2が一四世紀前半、3が一四世紀中葉の年代が与えられている。つまり武野紹鷗や千利休よりかなり前の鎌倉時代に漆塗りの竹掛花入が存在し、そうしたものが茶の湯に取り入れられ、形式化されたと考えざるをえない。

この竹掛花入の使用法を探るヒントが、延慶二（一三〇九）年に完成した『春日権現験記絵』（図15）に隠されている[44]。それは大和国常葉の小堂の場面で、卒塔婆を立て並べた垣根の中ほどに、杉皮葺きの門があり、両側の柱に花を挿した花瓶が掛けてある。まさに竹掛花入は、この花瓶と同じ用途であったと思う。紫外線劣化を受けたような剝離を示すのはそうしたことによるのではないかと考えている。東広島市山崎1号遺跡の土坑墓（一五世紀）では、同様の漆塗り竹筒が副葬されており、上半部に鉢巻状に巻かれた紐が残っていた[45]。これも死者への供花を示す貴重な事例であろう。

わが国で室内に花を飾るのは奈良時代の仏教において死者に花を手向ける（供花）ことからはじまる。平安時代には花を「挿す」、鎌倉時代には「立てる」と変化し、室町時代に書院造が出現すると、床の間に座敷飾りの方式が成立し（『君台観左右帳記』）、能阿弥・芸阿弥・相阿弥などの同朋衆が「立て花《たてはな》」を成立させる。一六世紀〜一七世紀はじめに「立花《りっか》」が、一八世紀以降「生花《しょうか》」（のち、いけばな、投げ入れ花）が池坊流によって様式化される。これが通史的な流れだが、茶道においては草戸千軒町や山崎1号

図 14　草戸千軒町遺跡出土の竹掛花入（広島県立歴史博物館蔵）

図15　門柱に掛けられた花瓶（『春日権現記絵』東京国立博物館蔵）

遺跡の例を通して、改めて考え直す必要がありそうだ。

九　漆塗り竹製経筒——京都府高田山中世墓・経塚群

平安～鎌倉時代にかけて、仏法の予言である末法思想によって、永承七（一〇五二）年には仏教の力が及ばない末法の世に入ると信じられた。このため聖地や景勝の地に経塚を築造して、法華経などの経巻を経筒に入れて埋め、末法万年後の弥勒の世にまで残そうとしたのである。とくに藤原道長が奈良県吉野の金峯山に営んだ経塚（寛弘四年＝一〇〇七）は、『御堂関白日記』にその造営にいたる詳細が記録されていることで知られている。

経筒は筒形や箱形で、銅・鉄・石・陶磁製のものが一般的だが、きわめて珍しい漆塗り竹製経筒が、京都府福知山市高田山中世墓・経塚群から出土した。これらは、由良川によって形成された平野につきだした丘陵に築造された高田山二号墳（五世紀前半）を中世に再利用したものだ。

漆塗り竹製経筒は高田山経塚1から出土した（一二世紀後半～一三世紀初頭）。その遺構は南北九〇センチ、東西七〇センチのややくずれた円形で、深さは四〇センチほど。瓦質の経筒外容器四点を納め、周辺を人頭大の石で埋めていた。外容器2の底には景祐元宝などの北宋銭九枚が敷かれていた。経筒外容器の内部からは漆塗り木製蓋の数から、三個体分の漆塗り竹製経筒が確認された。調査に当たった小池博の報告から概要を紹介する(46)。

蓋は長径六・六センチのタテ木取りで、宝珠形の摘みが付いている（図16-2）。外面は黒色漆塗りで部分的に銀箔が残っている。経筒は漆塗膜に付着していた繊維痕から竹製であることが判明し、口径五・六

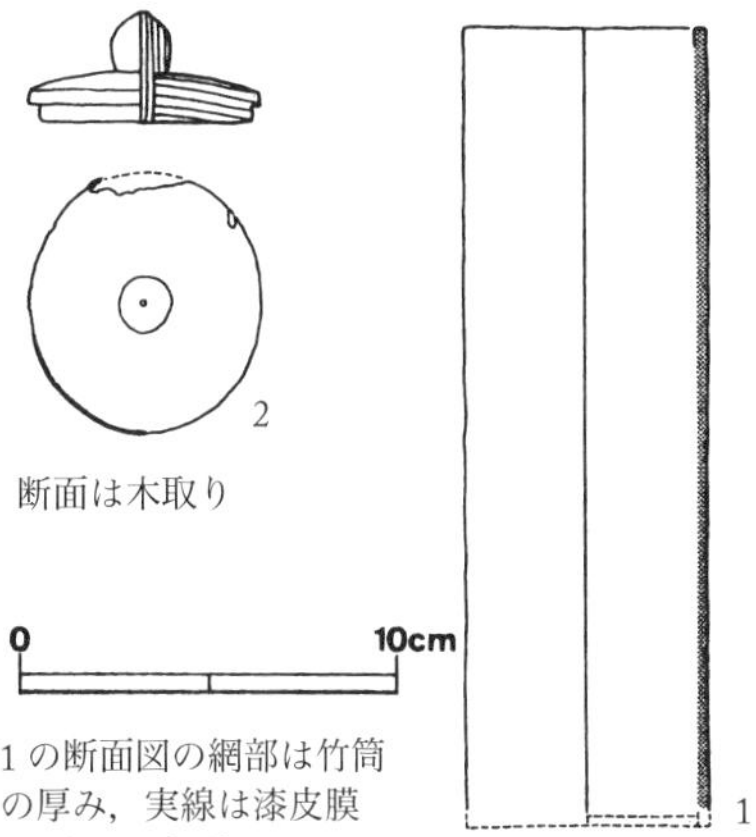

断面は木取り

1の断面図の網部は竹筒の厚み，実線は漆皮膜

図16　京都府高田山経塚1から出土した漆塗竹製経筒（1）と蓋（2）（小池博，1994年）

センチ、器高二〇・四センチ前後と推定された（図16‐1）。外面全体に黒色漆が塗られ、金・銀箔の付着が確認されたという。

福知山市では大道寺経塚（一三世紀後半）でも竹製経筒が確認され、内部から妙法蓮華経八巻と阿弥陀経一巻がみつかっているが、漆塗りであることは確認されていない。高田山経塚1の場合は黒色漆塗り竹製経筒であることは確かであるが、問題は加飾だ。金・銀箔らしき痕跡があるようだが、箔ではなく蒔絵の可能性も否定できない。いずれにしても漆工史上貴重な事例であり、科学的な調査が求められる。

一〇　木棺墓と副葬漆手箱類

信仰の手箱――福岡県大宰府条坊跡

福岡県太宰府市大宰府条坊跡第五〇次調査地点は、奈良時代大宰府の大寺と称された観世音寺の西側に付設された戒壇院の南正面にあたる。昭和五九年度の発掘調査によって一二世紀後半の木棺墓と副葬品の漆塗り手箱が検出された。該期の出土手箱としては最古の部類に属し、その副葬法もきわめて珍しいものであった。(47)

木棺をおさめた土坑（五〇ST三二〇）は四隅が丸くなった長方形（隅丸長方形）で、検出面での全長は二・二六メートル、幅〇・九五〜一・〇三メートル、深さ〇・五一メートルである。底には木棺を乗せる棺台の石が一対置かれていた。木棺の大きさは全長一・九四メートル、幅〇・六〇〜〇・六一メートル（高さ不明）。内部の副葬品は人骨の頭部直上に漆塗り手箱（以下手箱と略）、北端に青磁皿二点、土師器小皿六点がまとまって確認された。人骨と遺物の出土状況からみて、人骨の頭部〜胸部付近の上部に吊り棚がかけられて、手箱がおさめられ、棺蓋の上には供物台があったと考えられている（図17下段）。こうした葬法は類例がなく、手箱の信仰的意味を考える上でも重要といえる。

手箱の木胎は腐食しているが漆塗膜の残りがよく、身と蓋、その中をしきる懸子《かけご》からなる典型的な合口《あいくち》造《づくり》（印籠蓋造）で、平面は長径三〇センチ、短径二二センチ前後と推測されている（図17上段）。蒔絵などの加飾がない総黒色漆塗り。吊《つり》金具（座に稜花や猪目あり）・止金、置口《おきくち》（覆輪）も残っていた。漆塗膜の科学分析は行なわれていないが、東京文化財研究所等の観察所見では、布着せは吊金具取り付け部分、コーナー部分など強度の補強を要する部分だけに行なわれているようだ。橙色や黄褐色の下地も厚く残っており、地の粉漆下地の良品であったらしい。手箱のなかの中央には青磁皿（同安窯系）一点、南東隅には湖州鏡一点、青白磁水注《みずさし》一点、筆軸（？）一点、炭化した木片などがあった。懸子の底部内面漆塗膜の観察から、湖州鏡は布で包まれ、さらに方形に折られた雲母《きらら》びきの紙に収納されていたことが判明している。

手箱の年代については、吊金具の座が広島県厳島神社所蔵の伝平重盛鎧の後部に付く揚巻の環、大山祇《おおやまつみ》神社所蔵の沢瀉威《おもだかおどし》鎧《よろい》に付く環と類似することから、平安時代藤原期（一〇世紀）との考えもあるが、猪目《いのめ》型式は新しく、箱の形状は岩手県中尊寺の経箱に共通点があること、共伴の土器・陶磁器から一二世紀後半が妥当とされている。手箱は神社への奉納品が今日に残されているが、実用のそれは限られている。被

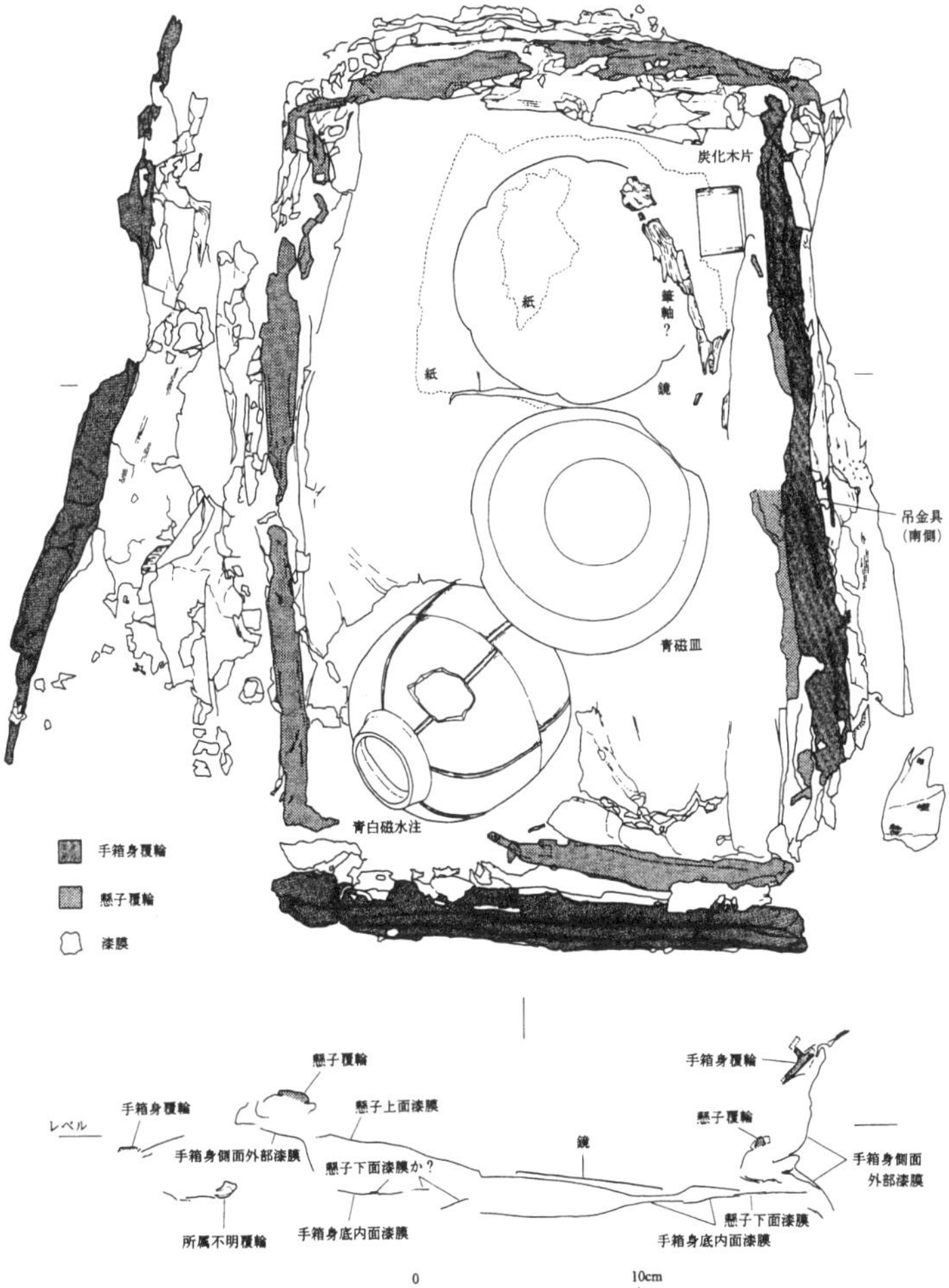

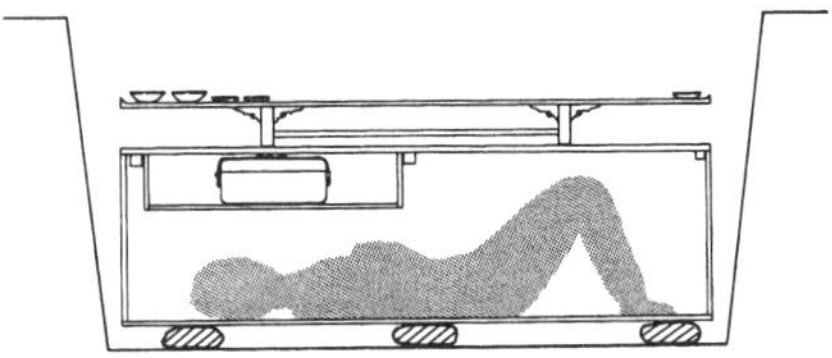

図 17　福岡県大宰府条坊跡土坑 50ST320 出土の漆手箱（上）と埋葬状態の想像模式図（下）（『大宰府条坊跡 XI』太宰府市教育委員会，1999 年）

図18　福岡県大宰府条坊跡土坑50ST320出土の漆手箱の復元図と付属品
（『大宰府条坊跡XI』太宰府市教育委員会，1999年）

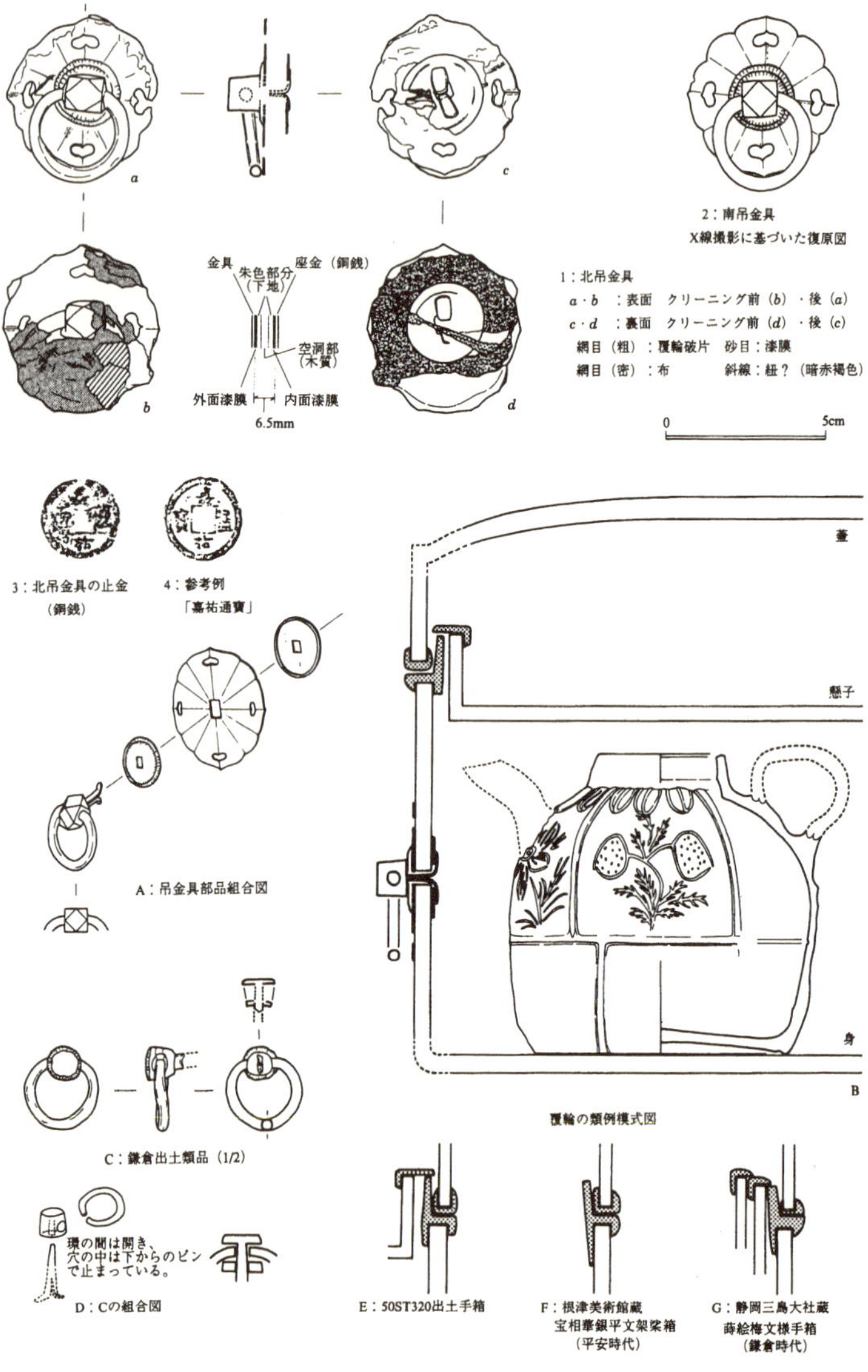

葬者像をしぼりこむには、今後科学的な調査を行なって品質を明らかにし、他の事例と比較検討することが必要と思われる。

鉛白絵の漆鏡筥――千葉県印内台遺跡

千葉県船橋市印内台遺跡は、東京湾に向かって張り出した舌状台地上に営まれた縄文時代・古代・中世の複合遺跡だが、なかでも平安時代末期の五四号土坑墓から、副葬品の和鏡とその容器である漆塗りの鏡筥が出土し注目を集めた(48)。

五四号土坑墓は平面小判形の、全長一・七メートル、幅一メートル、深さ〇・三メートル。被葬者は大腿骨と歯の計測値から、三〇歳代の女性である可能性が高いという。頭を北に向け横向きに安置され、和鏡は胸付近に置かれていた。和鏡は背面の意匠から瑞花双鳳五花鏡とよばれるもので、中央に菊花形の鈕《ちゅう》があり周囲に瑞花唐草文と相対する二羽の鳳凰が配置されている。その外はさらに五花形の界線で仕切られ、雲形の唐草文が花弁の数だけ配置されたものだ。直径約一二センチ、重さ約二四〇グラムの小さなものだが、白銅鏡であり今も美しい光沢を放っている。製作年代は一一世紀末～一二世紀初頭と考えられている。

さて、漆鏡筥（「筥」は円形のはこ）は、鏡よりすこし大きい程度で、蓋の部分だけが残っていた（図19）。蓋裏には外周に沿って円形の溝が確認できるので、身（体部）は曲物と考えられる。漆塗りの塗装工程や材料については、国立歴史民俗博物館の永嶋政春の分析結果をふまえて(49)、筆者の実体顕微鏡観察を加味して紹介することにしたい。

漆筥全体は黒色漆塗りで、外面の塗装工程は地の粉漆下地層＋黒色漆層＋漆層。内面は黒色漆だけの塗

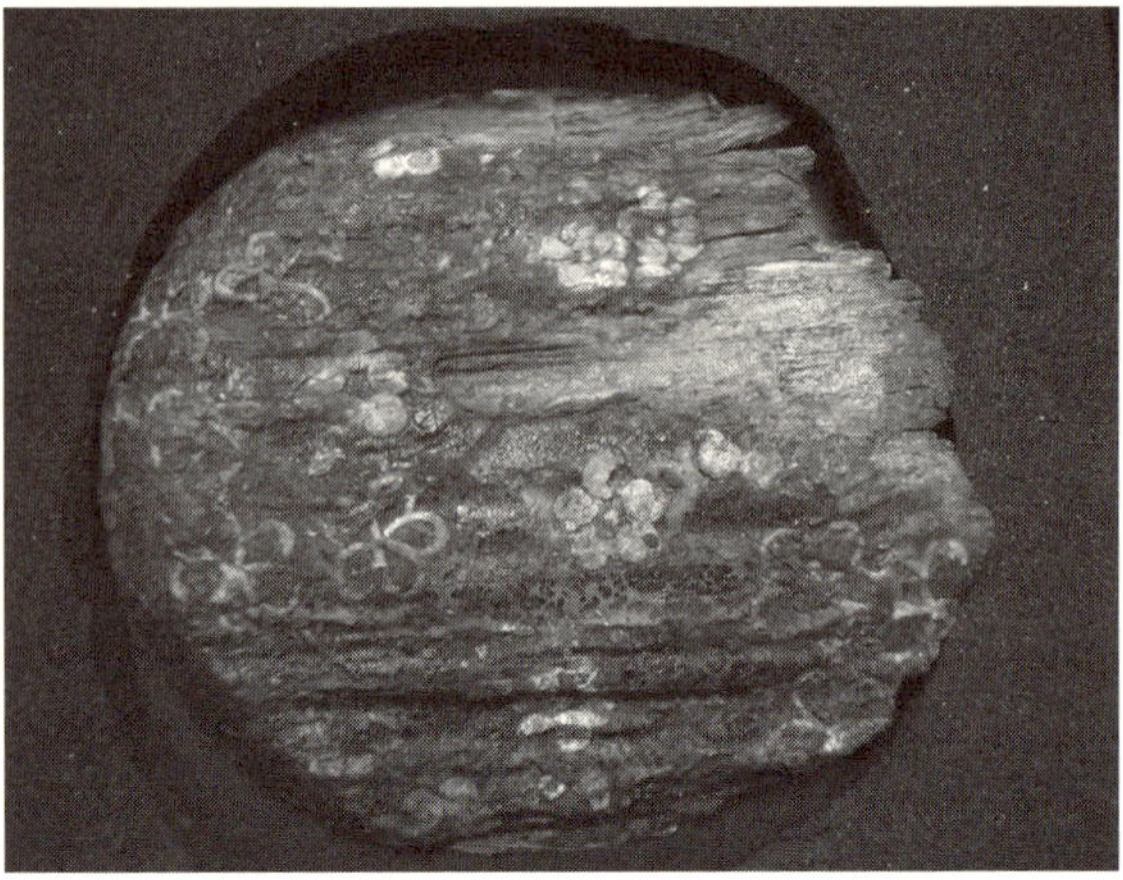
図19　千葉県印内台遺跡出土の漆鏡筥（船橋市教育委員会蔵）

りである。わりと簡素な工程であるが、外面の中塗りに黒色漆（油煙や松煙）が用いられ、かつ漆下地である点は、最低限の上質品意識は守られている。だが、注目すべきは蓋表の加飾である。白色顔料による「梅花散らし文」が描かれ、顔料はエネルギー分散型蛍光X線分析によって鉛白（塩化物系鉛化合物）と判明した。鉛白は江戸〜明治時代では大衆化した化粧のおしろい（白粉）として知られているが、古代や中世では貴重品であった。漆に白色顔料を混ぜると茶黒色になってしまうので、白色がそのまま生かせる膠着《こうちゃく》液が問題となる。すでに保存処理が行なわれているため機器分析は困難だが、澱粉や膠などが考えられる。

「梅花散らし文」は蓋表全体に梅花が二〇個ほど配されているが、永嶋正春は規格的なところから、型押（スタンプ）とみている。梅花の描き方には梅全体を塗りつぶしたもの（A類）と輪郭だけのもの（B類）とがある。仮に図19の位置を上下とすると、B類は主に左右に配置されA類は中央にあるといえる。A・B類の使い分けは、おそらく紅梅白梅の意識があったのではないだろうか。梅は平安時代以降、伝世品の手箱などに好んで用いられているが、一重咲きと八重咲きの組み合わせがある。ここではすべて一重咲きだが、輪郭だけのB類は螺鈿の切透かし蒔絵の付描きからヒントを得た可能性がある。また全体に白色を意識したとすれば、鉛白は螺鈿の代用品ということも考えられる。

なお、同時代において鉛白を用いた著名な作品は国宝『源氏物語絵巻』（一二世紀前半）である。東京文化財研究所が徳川美術館、五島美術館の協力を得て実施した『源氏物語絵巻』の科学調査は、NHKスペシャル「よみがえる源氏物語絵巻」で放映されたので、広く知られるところとなった。徳川美術館の「蓬《よもぎ》生《う》」の場面では三人の人物が描かれ、光源氏の顔には鉛白と朱、従者の惟光は鉛白、末摘花の老女（侍女）は白土（カオリン、花崗岩や凝灰岩が風化したもの）と考えられている。光源氏の顔だけが、ほんのりと赤みがかっており、惟光は通有の白、侍女はやや黄色がかった白というように、三者三様に白色が使い分けされていた(50)。印内台遺跡鏡筥の、鏡面に接した面からは水銀が検出されており、これは朱の可能性が強く、鉛白からだとすると紅梅を描いた可能性も浮上してくる。そうなれば『源氏物語絵巻』と共通した技法が鏡筥に用いられていたことになり、漆工史のみならず絵画史のうえでも興味深い事例となる。今後の調査に期待したい。

金・銀製小型宝塔などを納めた漆手箱――埼玉県広木上宿遺跡

埼玉県美里町広木《ひろき》上宿《かみじゅく》遺跡は、縄文時代から近世にわたる複合遺跡であるが、なかでも中世寺院跡に関連する四八号土坑（一三〜一四世紀）から、全国的にも例がない金・銀・金銅・銅・鉄製のミニチュア多宝塔（高さ三・五センチ前後）と未開敷《みかいふ》蓮華（蕾を付けた蓮茎、長さ三・五ミリ前後）を納めた漆塗り手箱（以下手箱と略）が出土した(51)。この土坑は楕円形（長径〇・九メートル、短径〇・七メートル）の浅い窪み状のも

図20　埼玉県広木上宿遺跡48号土坑出土の漆手箱構造模式図（左）と金製小型宝塔（右）
（『広木上宿遺跡——古代・中世篇』埼玉県埋蔵文化財調査事業団，1996年）

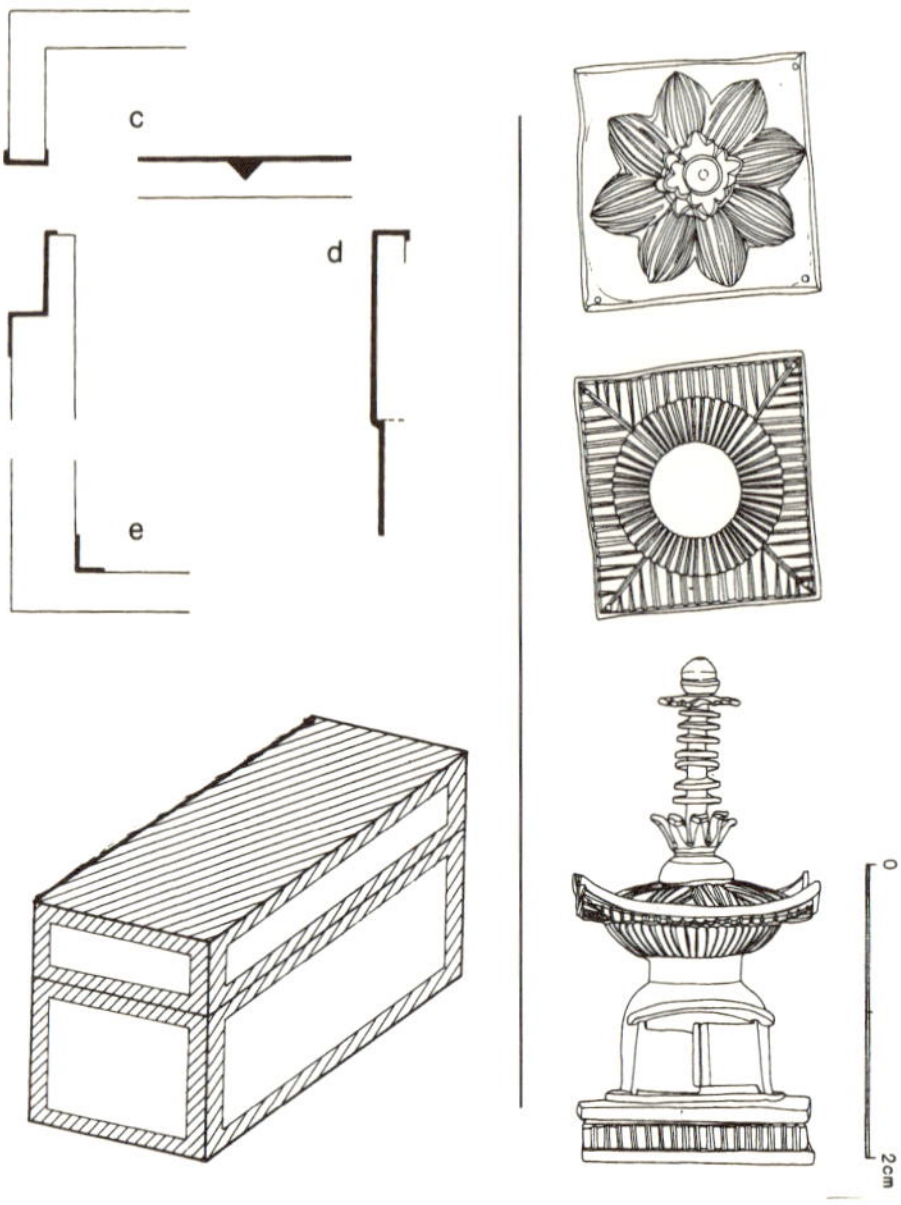

（斜線は布着せ）

のだ。仏舎利埋納、地鎮・鎮壇儀礼、経塚関連説などがだされているが、いずれも確証はなく性格は謎に包まれている。

手箱の大きさは平面で長径四〇センチ、短径一八センチ（器高は不明）の合口造《あいくちづくり》（印籠蓋造）と考えられ、大宰府条坊跡と同じく加飾がない総黒色のものだ。木胎はほとんど残っていないため、漆塗膜片を分類して手箱の構造を探ることになる。野中仁は漆塗膜片をa〜e（図20左上段、遺存部分太線）に分け、蓋と身が同一平面で受けあう合口造であること、身からの立ち上がりには金属製の置口（覆輪）がなく、木胎（板）から造りだしたものと推測した。またX線透視によって部分的に布着せが確認されている。工法からすれば矧目《はぎめ》（板の接合部分）と木割れ部分にのみ施されたと考えられる（図20左下段）。

塗膜分析結果からA、B二個体分を確認したが、A塗膜片では布着せとコクソ（刻苧・木屎）

部分が認められた。コクソは木割れ部分に施されたもので、断面三角形状にしっかりと彫りこまれた後、繊維状のコクソが埋め込まれ、さらに布着せと地の粉（鉱物粒子）漆下地が施されていた。その裏側には細かい柾目痕が残っていたので、檜などの良材が選択されたと思われる。塗装工程は地の粉漆下地層＋黒色漆層（油煙による黒色顔料を含む層）＋漆四層の順。B塗膜片では（地の粉漆層にあたる部分は剝離）＋黒色漆層＋漆二層の順であった。両者には明らかに塗装工程に違いがあり、Aは蓋外面、Bは工程が省略されていることから内面と判断した。

この手箱の特色は部分的な布着せ、やや厚い地の粉漆下地、黒色顔料を含む黒色漆、その上に中塗り・上塗り漆を施していることにある。中塗りに黒色漆を用いる方法は古代以来の上質漆器の技法であり、中世においても継承されたことがわかる。古代手箱類は下地の薄いものが多く、木理のヤセが見える場合がしばしばであるが(52)、本例ではそうしたことはない。表面の発色は茶黒色で柔らかな深みがあり、部分的に赤茶色となっている。色調、塗装工程、材料は古代の手箱類と共通したものであり、常用の手箱として古代と中世をつなぐ貴重な資料といえる(53)。

礫槨墓の副葬手箱・硯箱——福井県家久遺跡

福井県武生市家久《いえひさ》遺跡は、吉野瀬川左岸の自然堤防上に営まれた中世の礫槨墓である。副葬品には手箱・硯箱などが含まれており、中世墓制の研究に重要な知見を提供した。平成四（一九九二）年に武生市教育委員会によって発掘調査が行なわれ、國學院大學考古学資料館が礫槨墓と副葬品の移築と保存処理を行なっている(54)。

礫槨墓は墓全体を川原石で築造したもので、長径三・六メートル、短径二メートルの長円形だ（図21）。

中央部を〇・三メートルほど掘り下げて全長三・一メートル、幅〇・六メートルの埋葬施設が作られている。副葬品は太刀・短刀・手箱・鏡箱・和鏡・金銅製水滴・硯・墨・毛抜き・握り鋏・烏帽子・白磁四耳壺、中世土師器（かわらけ）などだ。主な副葬品の配置は、まず頭部に烏帽子とその周辺に供献用の中世土師器群（皿）が置かれ、底部には赤色の漆塗膜が付着していた。この塗膜は分析から朱漆の塗膜であることが判明しており、器形は不詳だがこの漆器の上ないし内面に、中世土師器が置かれていたと考えられる。胸のあたりには手箱と硯箱が重なっており、腰の両側面には太刀と短刀、足元には黒色漆塗膜片が散乱していた。分析の結果この漆塗膜と化粧箱はまったく同一の塗装工程であることが判明した。なんらかの理由で同一品が分散したのであろう。水田部分から発掘されたために、漆器などの遺存状況はわりと良好であった。次に副葬された漆器の特色をとりあげたい[55]。

副葬漆器の特色

①　手箱――黒色漆塗入り隅形の手箱（化粧箱）で、下段には板を刳りぬいた落としに和鏡が収められ、その上に板材を敷いて毛抜きと握り鋏が置かれていた。外面の塗装工程は地の粉（鉱物粒子）漆下地層＋黒色漆層＋漆二層の順で、中塗りに黒色漆層（黒色顔料を含んだ漆）を挟む上質品だ（図22）。各漆層の表層は黒色に変質しているが、これは酸化劣化防止層の形成を意味し、十分な寝かし（乾固）時間が置かれたことを示している。中塗りに黒色漆を挟むのは前述の埼玉県広木上宿遺跡例でとりあげたように、古代以来の上質漆器の特色であり、本例はこうした延長上にある技法といえる。

②　硯箱――黒色漆塗方形硯箱には、粘板岩の硯（縁と側面上部は漆塗り）・水滴（金銅製）・墨・筆が

図21　福井県家久遺跡礫槨墓と副葬品の位置
(原図＝武生市教育委員会)

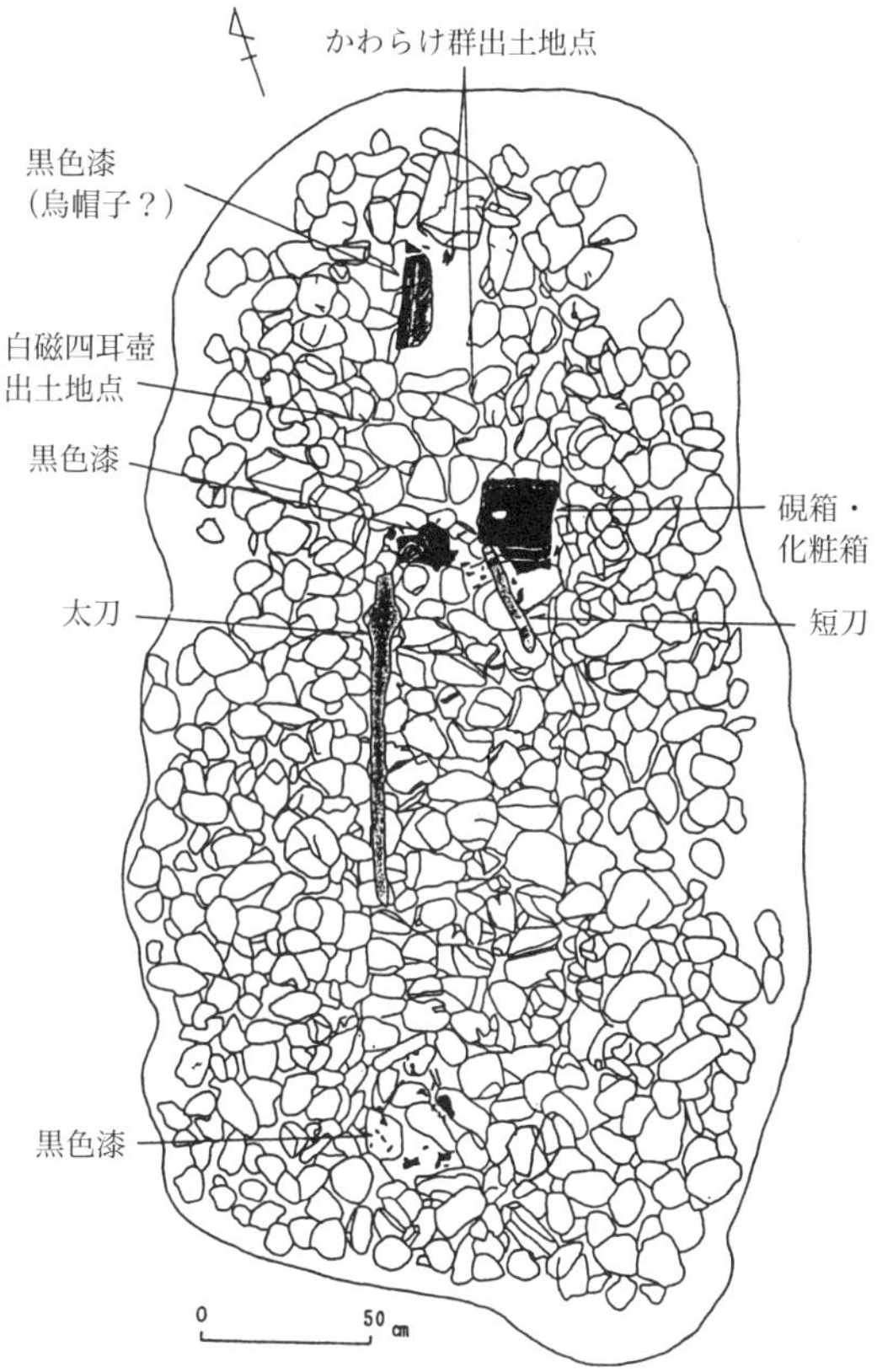

図22　福井県家久遺跡礫槨墓出土漆手箱の塗装工程
(四柳嘉章, 2003年)

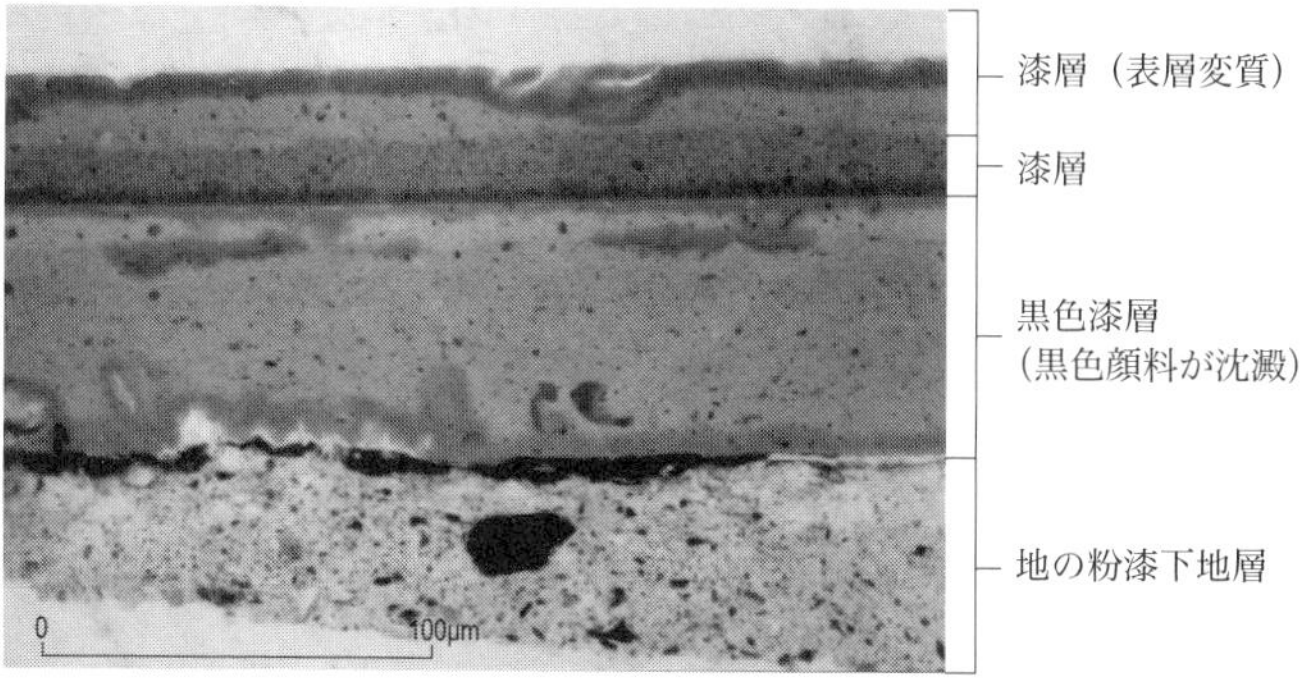

収納されていた。外面の塗装工程は炭粉漆下地層＋漆三層の順で、手箱に較べると、下地が炭粉粒子であること、中塗りに黒色漆を挟んでいないことから、ランクは下位となる。しかし各漆層の表層は黒色に変質しており、十分な寝かし時間が置かれている。なお、手箱と硯箱が胸のあたりに置かれていたことは、大宰府条坊跡と共通しており、副葬においてどのような意識が働いていたかを考える上で参考となろう。

③烏帽子——漆塗膜片からは二枚の布を重ねているなどの情報は得られていないが、漆は表面に塗られおり、布の繊維はタテ糸とヨコ糸が一本ずつ交差した平織布。密度としては一センチ内にタテ糸・ヨコ糸各四〇本前後だ。細かさから判断して絹であろう。外面の塗装工程は布（絹）＋漆二層の順で、全体に黒く変質している。赤外分光分析結果からも劣化がいちじるしいことが判明しているので、生前かなり使用したものと考えられる（「烏帽子と漆」の項参照）。

④朱漆器——供献土器（中世土師器皿）の底部外面に付着していたもので、この漆器の上か内面に皿が置かれていたものであろう。器形は不詳だが、総赤色か内面赤色のいずれかである。塗装工程は地の粉漆下地層＋黒色漆層＋漆層＋朱漆層の順で、上質漆器の条件を備えたものだ。なお、太刀・小刀の鞘も黒色漆塗りであったという。

最後に残された課題は被葬者像と帰属時期であるが、調査担当者の小淵忠司は遺構と遺物から京畿と密接なつながりをもった人物としている[56]。帰属時期は共伴の和鏡（菊花双鳥鏡）から一三世紀前～中葉、皿の口縁部に二段ナデがみられる京都系土師器から一二世紀後半の両説がある。副葬品の埋納時期は一三世紀だが、副葬品のなかには製作時期が一二世紀後半～末のものが存在する可能性がある。

一一　烏帽子と漆

烏帽子の社会

私たちの世代は男子であれば、小学校から高校までは帽子を被って登校するのが普通の姿であった。それは所属（職業）を示す表示であり、警察官や自衛官なども同じである。現代のように表示としての被り物が少ない社会生活は、奈良時代以降の歴史のなかでは珍しいといえよう。ここでは長く男子の被り物であった烏帽子《えぼし》とその製作技法をとりあげたい。

烏帽子は男子の被り物として奈良時代から江戸時代に至るまで用いられた。帽子を被ることは中国の風習に由来し、天武一一（六八二）年の官制で漆紗冠《しっしゃかん》と圭冠《けいかん》ができた。略服時の被り物である後者が烏帽子の原型といわれている。奈良時代の「衣服令《えぶくりょう》」によって服装が規定され、被り物も社会的身分の表示となった。烏帽子は形によって立《たて》烏帽子、折《おり》烏帽子（風折《かざおれ》烏帽子・侍《さむらい》烏帽子）、揉《もみ》烏帽子（引立《ひきたて》烏帽子）などの種類があり（図23）、頭髪を束ねた髻《もとどり》と小結《こゆい》（紐）で結ばれている。室町時代以降は烏帽子内側に付けられた乳《ち》の輪に紙捻《こびねり》（掛緒《かけお》）を通してあごで結んだ。元来就寝時においても外すことはなかったが、絵巻物を検討すると鎌倉時代末頃には、はずしている例が多いようだ[57]。原則的に立烏帽子は公家、折烏帽子は武士だが、武士であっても場に応じて両者を使い分けている。一二世紀以降に厚手の布で作られた強《こわ》（剛）装束《しょうぞく》が流行するようになり、これに対応して烏帽子も漆を塗り重ねた、硬くて黒く見栄えのよいものが作られるようになった。だが寛喜三（一二三一）年の新制では、この傾向は行き過ぎ（贅沢）であるとして禁止令が出されている（『鎌倉遺文』四二四〇）。

中世前期において烏帽子を被ることは武家社会の常識であったが、応仁の乱以降は無帽の武士がかなり見られるようになる。中世後期の武家の作法として立烏帽子は被らず、折烏帽子姿が正装となり、普段は烏帽子を被らないこともあった。この傾向を広川二郎は公家の作法から完全に脱却した武家オリジナルの作法が形成されたとみている[58]。なお庶民男子においても、鎌倉時代までは被り物をしない露頂《ろちょう》を忌み、萎烏帽子や簡素な立烏帽子を被ったが、室町時代になると露頂が普及しはじめ、前髪を剃り落とした月代《さかやき》も行なわれるようになった。

烏帽子の製作

今日、烏帽子を手にとってながめた人は少ないと思われるが、神職は立烏帽子か萎烏帽子（懐中烏帽子）を被っている。これで形と色彩は黒色とわかるが、それがどのような素材や技法で作られているのかは知ることができない。この点について考古資料から探ってみよう。

出土烏帽子の科学的分析報告として、北陸では富山県小矢部市五社遺跡（一二～一三世紀）、同富山市（旧婦中町）道場I遺跡（一五世紀）、新潟県神林村里本庄遺跡群・大木戸遺跡（一五世紀）、同新津市沖ノ羽遺跡（一二世紀後半～一三世紀）、福井県武生市家久遺跡（一三世紀）がある。新潟県大木戸遺跡では土坑から烏帽子の細片が出土した。土坑とは地面を掘り窪めた方形ないし円形の穴だが、墓跡や貯蔵穴・捨て場などいろいろな性格の違いがある。大木戸遺跡の土坑は平面形が円形で、長さは二・二メートル、深さ二・六二メートルで、烏帽子のほかに中世土師器（かわらけ）・珠洲焼の片口鉢や甕・漆皿・曲物などが出土している。深さや共伴遺物からみると捨て場のようだ。烏帽子は遺存状態がよく、外側と内側の二枚の布を重ねて作られていた。『類聚名物考』では「中へしんを入れてぬりたるもの也」とある[59]。しん（芯）

とは内側の布だ。図24は外側と内側の布の重なりと、その塗膜断面の顕微鏡写真である。表の布はタテ糸とヨコ糸が一本ずつ交差した平織で、密度は一センチ四方にタテ糸五〇本前後、ヨコ糸四〇本前後と細かく、絹と判断される。内側の布は倍以上に粗く、繊維の断面形からみても、苧麻《ちょま》（カラムシ）と考えられる。苧麻には漆が塗られている。塗装工程（図24下段）は、外側の絹の上に油煙による黒色漆層（層厚四九〜七四マイクロメートル）と漆層（層厚九〜四九マイクロメートル）の順で、裏面は黒色漆層が省略されて漆二層だけが塗られていた。絹と苧麻の間は接着されているのではなく、通気の空間がある。[60] こうした作り方は今日でもほぼ同じ方法を継承している。大木戸遺跡と同じ技法は新潟県新津市沖《おき》ノ羽《は》遺跡（一三世紀中〜後半）の烏帽子でも確認されており、永嶋正春は麻布（苧麻）層を芯としてこの上に絹層があり、黒色の光沢を出すために漆に墨が混ぜられたと報告している。[61]

　小矢部川右岸に営まれた小矢部市五社遺跡では、麗しい光沢の烏帽子が残っており、裏面に平織りの布が付着していた。布の密度としては一センチ四方にタテ糸とヨコ糸が五〇本から二〇本弱であり、絹と考えられる。この上に下地が施されるが、下地は鉱物粒子を用いた地の粉漆下地で、泥質状の細かい石英・長石・雲母・有色鉱物からなっている。層厚は最も薄いところで二〇マイクロメートル、最大一〇〇マイクロメートル（〇・一ミリ）である。この上に油煙ないし松煙による黒色顔料が含まれた漆層、すなわち黒色漆層（層厚一二〜三〇マイクロメートル）が施されている。そして二ないし三層の漆が施されるが、全体の層厚は最大でも〇・一ミリ以下という薄いものだ。内部に別の漆層が確認されているので、これも骨格（芯）にあたるものが存在したと考えられる。[62]

　神通川右岸に立地する富山市（旧婦中町）道場I遺跡では二カ所から烏帽子が出土した。井戸内出土の烏帽子は、検出時の状態から風折烏帽子でも一般的な、左折烏帽子と報告されている。漆塗膜の裏面に

図 23　烏帽子の種類（日野西資孝「烏帽子」，『世界大百科事典』平凡社，1967 年）

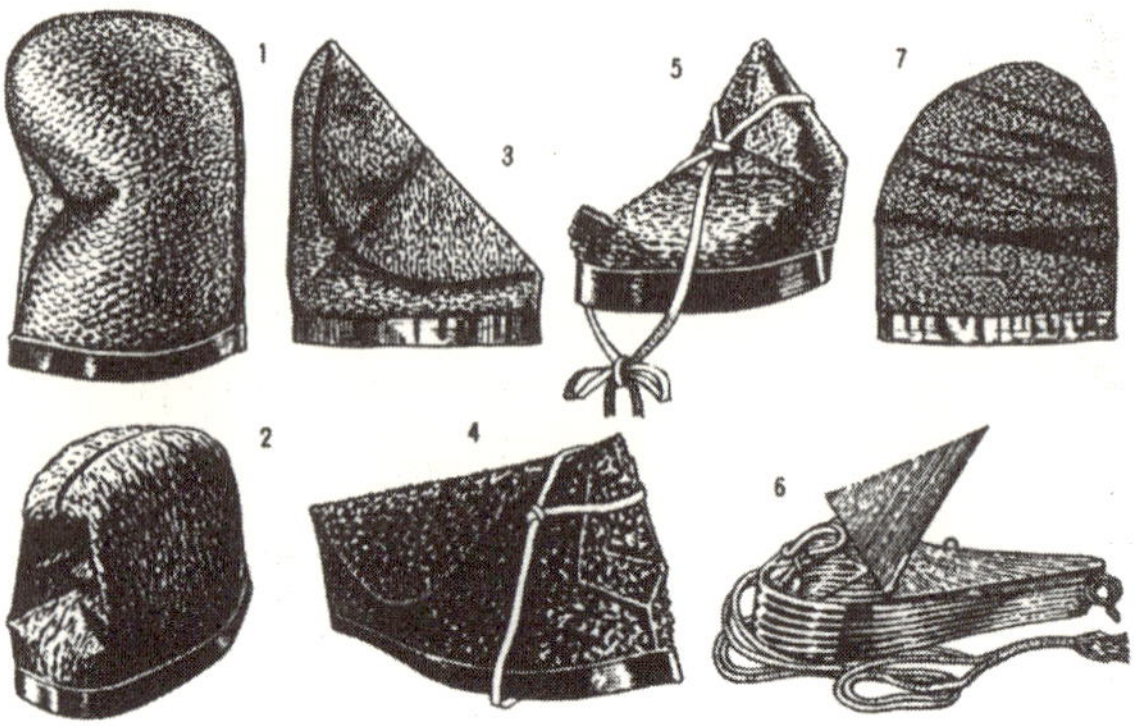

1：平安・鎌倉時代の公家立烏帽子
2：室町時代以後の立烏帽子
3：室町時代の折烏帽子
4：風折烏帽子
5：鎌倉・室町時代の侍烏帽子
6：江戸時代の侍烏帽子
7：萎烏帽子

図 24　新潟県大木戸遺跡出土烏帽子の構造（四柳嘉章，2001 年）

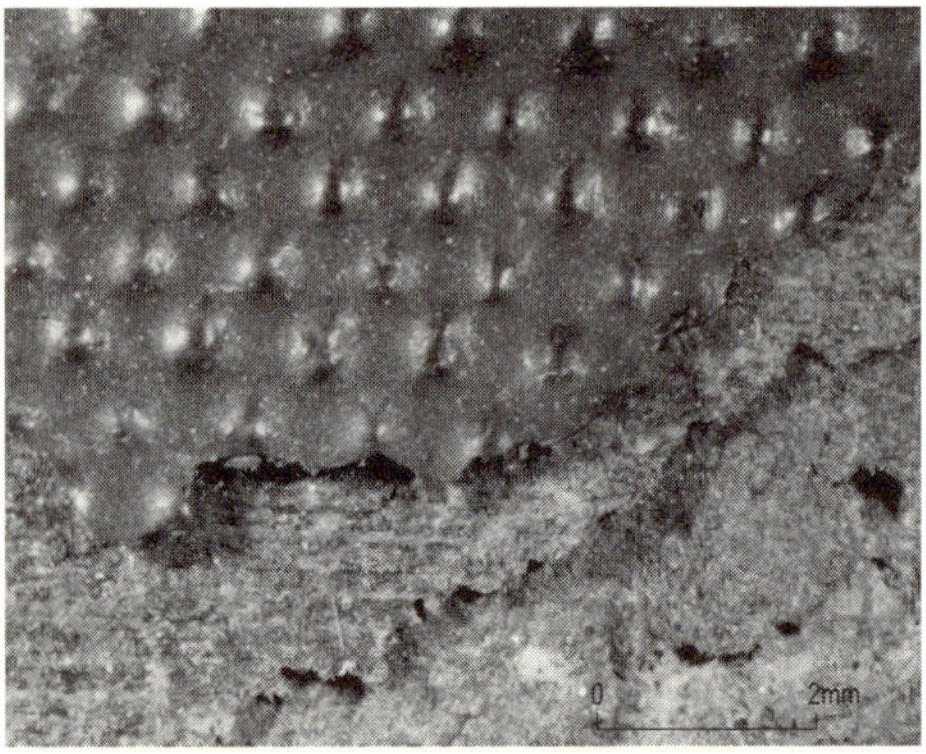

←漆塗りの布（絹）
←内面の布（苧麻）
（2 枚の布の重なりがわかる）

表面の実体顕微鏡写真

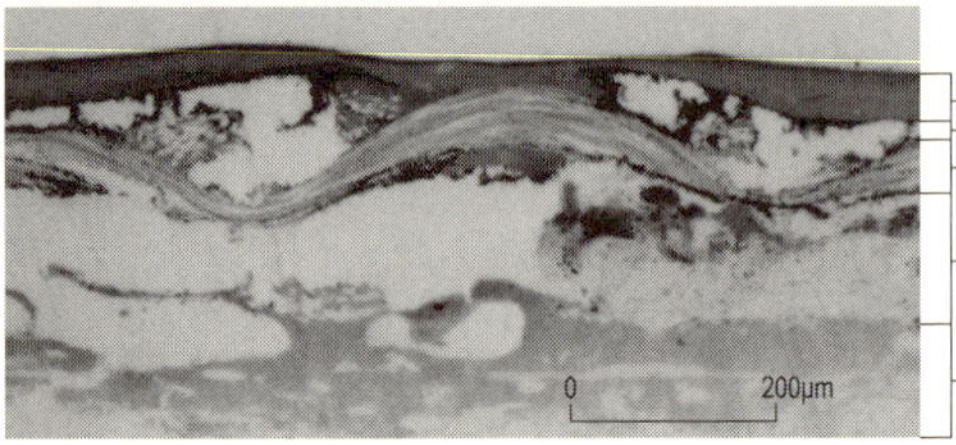

漆膜断面の光学顕微鏡写真

漆層
黒色漆層
布（絹）
すきま
芯の布

平織りの布（絹）が残っており、その一センチ四方の密度は四〇〜四五本ほどである。塗装工程はA試料では布の上に黒色漆層、その上に四層前後の漆が施され、ここでも内部に別の漆層が確認されている。B試料では、黒色漆層の上に地の粉漆層が施されていた。これは「縁《へり》」の可能性がある。石組を備えた方形の土坑（土蔵らしい）からは、烏帽子の細片が多数検出された。いずれも表面は黒色が強く、内面は茶褐色である。布（絹）は平織りで一センチ四方の密度は三五〜四〇本である。塗装工程は布の上に黒色漆層、さらに四層の漆層が施されており、井戸出土の烏帽子とまったく同一の製作工程であることが判明した。ここでも内側に別の漆層が確認されている。(63)

福井県武生市家久遺跡は、吉野瀬川左岸の自然堤防上に立地し、珍しい中世の礫槨墓と化粧箱などの副葬で知られている。礫槨墓は隅丸方形（長径三・六メートル、短径二メートル）で、中央部に埋葬部がある。副葬品の配置は、頭部に烏帽子とその周辺に供献用の中世土師器群（皿）が置かれ、底部には赤色の漆塗膜が付着していた。この塗膜は分析からも朱漆器であることが判明しており、器形は不詳だがこの漆器の上ないし内面に、中世土師器が置かれていたと考えられる。胸のあたりには硯箱と化粧箱、腰の両側面には太刀と短刀、足元には口縁部を含む黒色漆片が散乱していた。

烏帽子片からは縁《へり》塗り部分や芯の布の状態は不明だ。漆は表面に塗られおり、布の繊維はタテ糸とヨコ糸が一本ずつ交差した平織り布。密度としては一センチ内にタテ糸・ヨコ糸各四〇本前後からみて、絹と考えられる。外面の塗装工程は、絹の上に漆二層が塗られていた。全体に変質しているが、赤外分光分析からも劣化がいちじるしいことが判明しているので、生前かなり使用したものと考えられる。(64)帰属時期についてでは共伴した菊花双鳥鏡から一三世紀前〜中葉、あるいは口縁部が二段になでられた京都系土師器から一二世紀後半とする両説がある。埋納時期は一三世紀だが、副葬品のなかには製作時期が一二世紀後半

～末のものが存在する可能性がある。

以上の事例から一二～一五世紀の烏帽子は、骨格になる芯布（苧麻）があって、この上に表面となる布（絹）が貼り重ねられる。表面は黒色を強調するために、黒色顔料が含まれた漆、さらに精製漆が塗り重ねられるが、裏面は黒色漆が省略されていた。内側の芯布は苧麻が一般的と思われるが、その塗りは薄い漆塗りか柿渋塗りと思われる。こうした二重構造の烏帽子は上質品で、『源平盛衰記』にみえる「渋塗りの立烏帽子」が、柿渋だけの庶民用のものとストレートに解釈できないこともないが、立烏帽子であることを考慮すれば、やや茶色を帯びた黒色（さわし）ともとれる。

烏帽子の色

烏帽子の色の種類については、『貞丈雑記』では「烏帽子塗様の事、黒塗・椋実《むくのみ》・さわしの三品有り。黒塗とは、うるしにて黒くつやあるようにぬりたるを云う。椋実とは、うるしにて黒く光りなく、さらさらとぬりたるを云う。さわしとは、うるしにてつやなく、さっと、うすうすとぬりたるを云う」とある[65]。烏帽子の色には黒塗・椋実・さわしの三種類ということだが、黒塗は黒色顔料を入れて黒く光沢をだしたもの、椋実はつやけし、さわしは黒色顔料を用いず、塗り回数も少ない茶色がかったものだ。また江戸時代では板木に型を彫り、紙を押し当ててさびを付けたものに漆塗りした「さび烏帽子」があった。「さび」とは烏帽子表面の皺であり、その種類は『貞丈雑記』によると、大きさによって「大さび・横さび・柳さび」に分けられ、元来はそれぞれ五位以上の風折烏帽子・侍烏帽子・白丁《はくちょう》や下賤の烏帽子に対応したという。身分や年齢が高くなるほど「さび」は大きいことになる。烏帽子の素地は絹紗や麻類であったが、やがて紙で型を作り漆塗りされるようになってゆく。烏帽子製作の担い手は、中世末～近世に専業の烏帽子

図25 『諸職風俗図絵』にみる烏帽子製作
(『庶民生活史料集成』第30巻，三一書房，1982年)

『七十一番歌合』(冠屋)

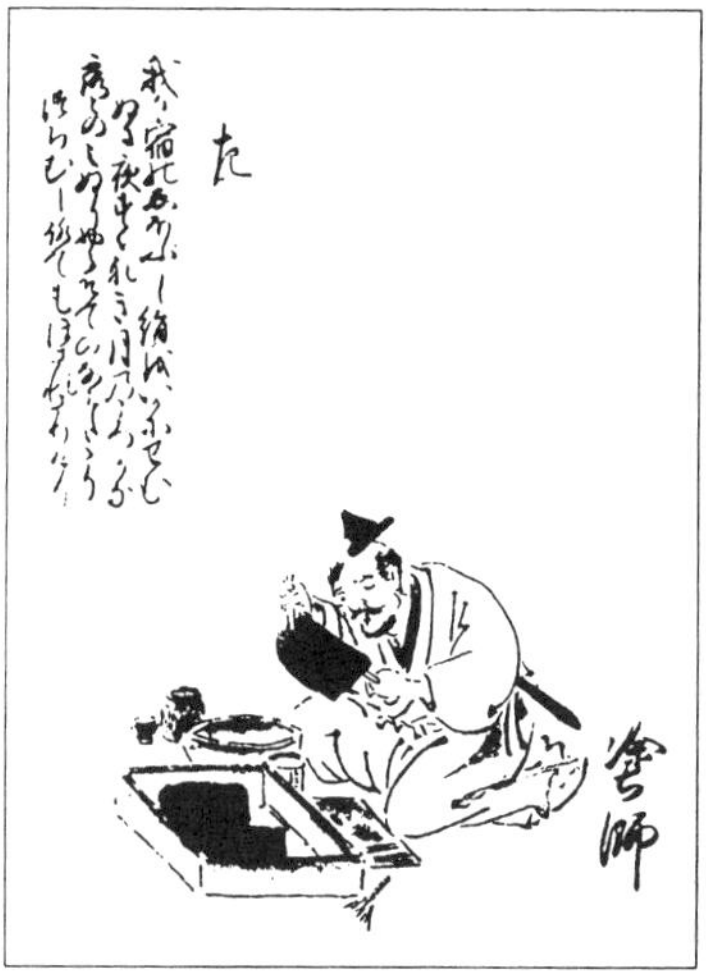

『建保歌合』(塗師)

折・冠屋（冠師）ができるまでは、塗師の領域であった（図25）。

烏帽子の使い分けと価格

烏帽子はハレの場と常用のものに分けていたと思われるが、この点を探るために出土烏帽子の漆塗膜について赤外分光分析を実施した。富山県五社遺跡、富山県道場I遺跡、福井県家久遺跡の烏帽子は、主に一七一〇カイザー（カルボニル基）と一〇七〇～一〇三〇カイザー（ゴム質）の吸収がいちじるしく増大し、二九二五・二八五三カイザー（アルキル基）が減少する傾向を示した。漆はとくに紫外線に弱いので、日光に長時間暴露した場合は、こうした吸収を示すことになる。したがって、この三遺跡の烏帽子は日常頻繁に使用されたものと考えられる。逆に新潟県大木戸遺跡例は紫外線劣化もなく漆成分の残りはわりと良好であり、常時屋外で使用されたものではないようだ。

なお、中世の烏帽子の価格は、一四世紀末～一五世紀初頭の京都で売買されていた、四一品目の商品価格を書き上げた「諸芸才売買代物事」（物価表）によると一〇〇文であり、新酒（吉）が五勺で一〇〇文、莚の備後（下）で一枚一二〇文、口径の小さな土器（三度入）が一個一文だ。[66]中世工人の標準的な賃金が一日一〇〇文から一二〇文だから、[67]一〇〇文の烏帽子は庶民用と思われる。

著者略歴

四柳嘉章（よつやなぎ　かしょう）

1946年，石川県に生まれる．國學院大學史学科卒業．歴史学博士，石川県輪島漆芸美術館館長，漆器文化財科学研究所所長，美麻奈比古神社宮司．

著書『掘り出された縄文――中世の漆器』（日本漆文化会議），『漆の文化史』岩波新書，編著『北陸の漆器考古学』（北陸中世土器研究会），『西川島――能登における中世村落の調査』（穴水町教育委員会），論文「漆の技術と文化――出土漆器の世界」（岩波書店『いくつもの日本』II），「漆器の生産」（東京大学出版会『図解・日本の中世遺跡』），「漆器」（真陽社『概説　中世の土器・陶磁器』），「漆器と技術」（高志書院『戦国時代の考古学』），「北陸の中世漆器」（桂書房『中・近世の北陸』，「考古資料の修復と文化財科学」（『國學院大學博物館學紀要』27号）ほか．

ものと人間の文化史 131-I・漆（うるし）I

2006年2月20日　初版第1刷発行
2012年5月25日　第2刷発行

著　者 © 四　柳　嘉　章
発行所　財団法人 法政大学出版局
〒102-0073 東京都千代田区九段北 3-2-7
電話 03(5214)5540　振替 00160-6-95814
整版：緑営舎　印刷：平文社　製本：ベル製本

Printed in Japan

ISBN978-4-588-21311-3

ものと人間の文化史　★第9回梓会出版文化賞受賞

人間が〈もの〉とのかかわりを通じて営々と築いてきた暮らしの足跡を具体的に辿りつつ文化・文明の基礎を問いなおす。手づくりの〈もの〉の記憶が失われ、〈もの〉離れが進行する危機の時代におくる豊穣な百科叢書。

1 **船**　須藤利一編

海国日本では古来、漁業・水運・交易はもとより、大陸文化も船によって運ばれた。本書は造船技術、航海の模様の推移を中心に、漂流、船霊信仰、伝説の数々を語る。四六判３６８頁 '68

2 **狩猟**　直良信夫

人類の歴史は狩猟から始まった。本書は、わが国の遺跡に出土する獣骨、猟具の実証的考察をおこないながら、狩猟をつうじて発展した人間の知恵と生活の軌跡を辿る。四六判２７２頁 '68

3 **からくり**　立川昭二

〈からくり〉は自動機械であり、驚嘆すべき庶民の技術的創意がこめられている。本書は、日本と西洋のからくりを発掘・復元・遍歴し、埋もれた技術の水脈をさぐる。四六判４１０頁 '69

4 **化粧**　久下司

美を求める人間の心が生みだした化粧―その手法と道具に語らせた人間の欲望と本性、そして社会関係。歴史を遡り、全国を踏査して書かれた比類ない美と醜の文化史。四六判３６８頁 '70

5 **番匠**　大河直躬

番匠はわが国中世の建築工匠。地方・在地を舞台に開花した彼らの造型・装飾・工法等の諸技術、さらに信仰と生活等、職人以前の独自で多彩な工匠的世界を描き出す。四六判２８８頁 '71

6 **結び**　額田巌

〈結び〉の発達は人間の叡知の結晶である。本書はその諸形態および技法を作業・装飾・象徴の三つの系譜に辿り、〈結び〉のすべてを民俗学的・人類学的に考察する。四六判２６４頁 '72

7 **塩**　平島裕正

人類史に貴重な役割を果たしてきた塩をめぐって、発見から伝承・製造技術の発展過程にいたる総体を歴史的に描き出すとともに、その多彩な効用と味覚の秘密を解く。四六判２７２頁 '73

8 **はきもの**　潮田鉄雄

田下駄・かんじき・わらじなど、日本人の生活の礎となってきた伝統的はきものの成り立ちと変遷を、二〇年余の実地調査と細密な観察・描写によって辿る庶民生活史　四六判２８０頁 '73

9 **城**　井上宗和

古代城塞・城柵から近世代名の居城として集大成されるまでの日本の城の変遷を辿り、文化の各領野で果たしてきたその役割を再検討。あわせて世界城郭史に位置づける。四六判３１０頁 '73

10 **竹**　室井綽

食生活、建築、民芸、造園、信仰等々にわたって、竹と人間との交流史は驚くほど深く永い。その多岐にわたる発展の過程を個々に辿り、竹の特異な性格を浮彫にする。四六判３２４頁 '73

11 **海藻**　宮下章

古来日本人にとって生活必需品とされてきた海藻をめぐって、その採取・加工法の変遷、商品としての流通史および神事・祭事での役割に至るまでを歴史的に考証する。四六判３３０頁 '74

12 絵馬　岩井宏實

古くは祭礼における神への献馬にはじまり、民間信仰と絵画のみごとな結晶として民衆の手で描かれ祀り伝えられてきた各地の絵馬を豊富な写真と史料によってたどる。四六判３０２頁 ’74

13 機械　吉田光邦

畜力・水力・風力などの自然のエネルギーを利用し、幾多の改良を経て形成された初期の機械の歩みを検証し、日本文化の形成における科学・技術の役割を再検討する。四六判２４２頁 ’74

14 狩猟伝承　千葉徳爾

狩猟には古来、感謝と慰霊の祭祀がともない、人獣交渉の豊かで意味深い歴史があった。狩猟用具、巻物、儀式具、またけものたちの生態を通して語る狩猟文化の世界。四六判３４６頁 ’75

15 石垣　田淵実夫

採石から運搬、加工、石積みに至るまで、石垣の造成をめぐって積み重ねられてきた石工たちの苦闘の足跡を掘り起こし、その独自な技術の形成過程と伝承を集成する。四六判２２４頁 ’75

16 松　高嶋雄三郎

日本人の精神史に深く根をおろした松の伝承に光を当て、食用、薬用等の実用の松、祭祀・観賞用の松、さらに文学・芸能・美術に表現された松のシンボリズムを説く。四六判３４２頁 ’75

17 釣針　直良信夫

人と魚との出会いから現在に至るまで、釣針がたどった一万有余年の変遷を、世界各地の遺跡出土物を通して実証しつつ、漁撈によって生きた人々の生活と文化を探る。四六判２７８頁 ’76

18 鋸　吉川金次

鋸鍛冶の家に生まれ、鋸の研究を生涯の課題とする著者が、出土遺品や文献・絵画により各時代の鋸を復元・実験し、庶民の手仕事にみられる驚くべき合理性を実証する。四六判３６０頁 ’76

19 農具　飯沼二郎／堀尾尚志

鍬と犂の交代・進化の歩みとして発達したわが国農耕文化の発展経過を世界史的視野において再検討しつつ、無名の農民たちによる驚くべき創意のかずかずを記録する。四六判２２０頁 ’76

20 包み　額田巖

結びとともに文化の起源にかかわる〈包み〉の系譜を人類史的視野において捉え、衣・食・住をはじめ社会・経済史、信仰、祭事などにおけるその実際と役割とを描く。四六判３５４頁 ’77

21 蓮　阪本祐二

仏教における蓮の象徴的位置の成立と深化、美術・文芸等に見る人間とのかかわりを歴史的に考察。また大賀蓮はじめ多様な品種とその来歴を紹介しつつその美を語る。四六判３０６頁 ’77

22 ものさし　小泉袈裟勝

ものをつくる人間にとって最も基本的な道具であり、数千年にわたって社会生活を律してきたその変遷を実証的に追求し、歴史の中で果たしてきた役割を浮彫りにする。四六判３１４頁 ’77

23-I 将棋Ⅰ　増川宏一

その起源を古代インドに、我国への伝播の道すじを海のシルクロードに探り、また伝来後一千年におよぶ日本将棋の変化と発展を盤、駒、ルール等にわたって跡づける。四六判２８０頁 ’77

23-II 将棋II 増川宏一

わが国伝来後の普及と変遷を貴族や武家・豪商の日記等に博捜し、遊戯者の歴史をあとづけると共に、中国伝来説の誤りを正し、将棋宗家の位置と役割を明らかにする。四六判346頁 '85

24 湿原祭祀 第2版 金井典美

古代日本の自然環境に着目し、各地の湿原聖地を稲作社会との関連において捉え直して古代国家成立の背景を浮彫にしつつ、水と植物にまつわる日本人の宇宙観を探る。四六判410頁 '77

25 臼 三輪茂雄

臼が人類の生活文化の中で果たしてきた役割を、各地に遺る貴重な民俗資料・伝承と実地調査にもとづいて解明。失われゆく道具のなかに、未来の生活文化の姿を探る。四六判412頁 '78

26 河原巻物 盛田嘉徳

中世末期以来の被差別部落民が生きる権利を守るために偽作し護り伝えてきた河原巻物を全国にわたって踏査し、そこに秘められた最底辺の人びとの叫びに耳を傾ける。四六判226頁 '78

27 香料 日本のにおい 山田憲太郎

焼香供養の香から趣味としての薫物へ、さらに沈香木を焚く香道へと変遷した日本の「匂い」の歴史を豊富な史料に基づいて辿り、我国風俗史の知られざる側面を描く。四六判370頁 '78

28 神像 神々の心と形 景山春樹

神仏習合によって変貌しつつも、常にその原型＝自然を保持してきた日本の神々の造型を図像学的方法によって捉え直し、その多彩な形象に日本人の精神構造をさぐる。四六判342頁 '78

29 盤上遊戯 増川宏一

祭具・占具としての発生を『死者の書』をはじめとする古代の文献にさぐり、形状・遊戯法を分類しつつその〈進化〉の過程を考察。〈遊戯者たちの歴史〉をも跡づける。四六判326頁 '78

30 筆 田淵実夫

筆の里・熊野に筆づくりの現場を訪ねて、筆匠たちの境涯と製筆の由来を克明に記録しつつ、筆の発生と変遷、種類、製筆法、さらには筆塚、筆供養にまで説きおよぶ。四六判204頁 '78

31 ろくろ 橋本鉄男

日本の山野を漂移しつづけ、高度の技術文化と幾多の伝説とをもたらした特異な旅職集団＝木地屋の生態を、その呼称、地名、伝承、文書等をもとに生き生きと描く。四六判460頁 '79

32 蛇 吉野裕子

日本古代信仰の根幹をなす蛇巫をめぐって、祭事におけるさまざまな蛇の「もどき」や各種の蛇の造型・伝承に鋭い考証を加え、忘れられたその呪性を大胆に暴き出す。四六判250頁 '79

33 鋏（はさみ） 岡本誠之

梃子の原理の発見から鋏の誕生に至る過程を推理し、日本鋏の特異な歴史的位置を明らかにするとともに、刀鍛冶等から転進した鋏職人たちの創意と苦闘の跡をたどる。四六判396頁 '79

34 猿 廣瀬鎮

嫌悪と愛玩、軽蔑と畏敬の交錯する日本人とサルとの関わりあいの歴史を、狩猟伝承や祭祀・風習、美術・工芸や芸能のなかに探り、日本人の動物観を浮彫りにする。四六判292頁 '79

35 **鮫** 矢野憲一

神話の時代から今日まで、津々浦々につたわるサメの伝承とサメをめぐる海の民俗を集成し、神饌、食用、薬用等に活用されてきたサメと人間のかかわりの変遷を描く。四六判２９２頁 '79

36 **枡** 小泉袈裟勝

米の経済の枢要をなす器として千年余にわたり日本人の生活の中に生きてきた枡の変遷をたどり、記録・伝承をもとにこの独特な計量器が果たした役割を再検討する。四六判３２２頁 '80

37 **経木** 田中信清

食品の包装材料として近年まで身近に存在した経木の起源を、こけら経や塔婆、木簡、屋根板等に遡って明らかにし、その製造・流通に携った人々の労苦の足跡を辿る。四六判２８８頁 '80

38 **色** 染と色彩 前田雨城

わが国古代の染色技術の復元と文献解読をもとに日本色彩史を体系づけ、赤・白・青・黒等におけるわが国独自の色彩感覚を探りつつ日本文化における色の構造を解明。四六判３２０頁 '80

39 **狐** 陰陽五行と稲荷信仰 吉野裕子

その伝承と文献を渉猟しつつ、中国古代哲学＝陰陽五行の原理の応用という独自の視点から、謎とされてきた稲荷信仰と狐との密接な結びつきを明快に解き明かす。四六判２３２頁 '80

40-Ⅰ **賭博Ⅰ** 増川宏一

時代、地域、階層を超えて連綿と行なわれてきた賭博。——その起源を古代の神判、スポーツ、遊戯等の中に探り、抑圧と許容の歴史を物語る。全Ⅲ分冊の〈総説篇〉。四六判２９８頁 '80

40-Ⅱ **賭博Ⅱ** 増川宏一

古代インド文学の世界からラスベガスまで、賭博の形態・用具・方法の時代的特質を明らかにし、夥しい禁令に賭博の不滅のエネルギーを見る。全Ⅲ分冊の〈外国篇〉。四六判４５６頁 '82

40-Ⅲ **賭博Ⅲ** 増川宏一

聞香、闘茶、笠附等、わが国独特の賭博を中心にその具体例を網羅し、方法の変遷に賭博の時代性を探りつつ禁令の改廃に時代の賭博観を追う。全Ⅲ分冊の〈日本篇〉。四六判３８８頁 '83

41-Ⅰ **地方仏Ⅰ** むしゃこうじ・みのる

古代から中世にかけて全国各地で作られた無銘の仏像を訪ね、素朴で多様なノミの跡に民衆の祈りと地域の願望を探る。宗教の伝播、文化の創造を考える異色の紀行。四六判２５６頁 '80

41-Ⅱ **地方仏Ⅱ** むしゃこうじ・みのる

紀州や飛騨を中心に草の根の仏たちを訪ねて、その相好と像容の魅力を探り、技法を比較考証して仏像彫刻史に位置づけつつ、中世地域社会の形成と信仰の実態に迫る。四六判２６０頁 '97

42 **南部絵暦** 岡田芳朗

田山・盛岡地方で「盲暦」として古くから親しまれてきた独得の絵解き暦を詳しく紹介しつつその全体像を復元する。その無類の生活暦は、南部農民の哀歓をつたえる。四六判２８８頁 '80

43 **野菜** 在来品種の系譜 青葉高

蕪、大根、茄子等の日本在来野菜をめぐって、その渡来・伝播経路、品種分布と栽培のいきさつを各地の伝承や古記録をもとに辿り、畑作文化の源流とその風土を描く。四六判３６８頁 '81

44 つぶて 中沢厚

弥生投弾、古代・中世の石戦と印地の様相、投石具の発達を展望しつつ、願かけの小石、正月つぶて、石こづみ等の習俗を辿り、石塊に託した民衆の願いや怒りを探る。四六判３３８頁 '81

45 壁 山田幸一

弥生時代から明治期に至るわが国の壁の変遷を壁塗＝左官工事の側面から辿り直し、その技術的復元・考証を通じて建築史・文化史における壁の役割を浮き彫りにする。四六判２９６頁 '81

46 簞笥（たんす） 小泉和子

近世における簞笥の出現＝箱から抽斗への転換に着目し、以降近現代に至るその変遷を社会・経済・技術の側面からあとづける。著者自身による簞笥製作の記録を付す。四六判３７８頁 '82

47 木の実 松山利夫

山村の重要な食糧資源であった木の実をめぐる各地の記録・伝承を集成し、その採集・加工における幾多の試みを実地に検証しつつ、稲作農耕以前の食生活文化を復元。四六判３８４頁 '82

48 秤（はかり） 小泉袈裟勝

秤の起源を東西に探るとともに、わが国律令制下における中国制度の導入、近世商品経済の発展に伴う秤座の出現、明治期近代化政策による洋式秤受容等の経緯を描く。四六判３２６頁 '82

49 鶏（にわとり） 山口健児

神話・伝説をはじめ遠い歴史の中の鶏を古今東西の伝承・文献に探り、特に我国の信仰・絵画・文学等に遺された鶏の足跡を追って、鶏をめぐる民俗の記憶を蘇らせる。四六判３４６頁 '83

50 燈用植物 深津正

人類が燈火を得るために用いてきた多種多様な植物との出会いと個々の植物の来歴、特性及びはたらきを詳しく検証しつつ「あかり」の原点を問いなおす異色の植物誌。四六判４４２頁 '83

51 斧・鑿・鉋（おの・のみ・かんな） 吉川金次

古墳出土品や文献・絵画をもとに、古代から現代までの斧・鑿・鉋を復元・実験し、労働体験によって生まれた民衆の知恵と道具の変遷を蘇らせる異色の日本木工具史。四六判３０４頁 '84

52 垣根 額田巌

大和・山辺の道に神々と垣との関わりを探り、各地に垣の伝承を訪ねて、寺院の垣、民家の垣、露地の垣など、風土と生活に培われた生垣の独特のはたらきと美を描く。四六判２３４頁 '84

53-Ⅰ 森林Ⅰ 四手井綱英

森林生態学の立場から、森林のなりたちとその生活史を辿りつつ、産業の発展と消費社会の拡大により刻々と変貌する森林の現状を語り、未来への再生のみちをさぐる。四六判３０６頁 '85

53-Ⅱ 森林Ⅱ 四手井綱英

森林と人間との多様なかかわりを包括的に語り、人と自然が共生するための森や里山をいかにして創出するか、森林再生への具体的な方策を提示する21世紀への提言。四六判３０８頁 '98

53-Ⅲ 森林Ⅲ 四手井綱英

地球規模で進行しつつある森林破壊の現状を実地に踏査し、森と人が共存する日本人の伝統的自然観を未来へ伝えるために、いま何が必要なのかを具体的に提言する。四六判３０４頁 '00

54 海老（えび） 酒向昇

人類との出会いからエビの科学、漁法、さらには調理法を語り、めでたい姿態と色彩にまつわる多彩なエビの民俗を、地名や人名、詩歌・文学、絵画や芸能の中に探る。四六判４２８頁 '85

55-Ⅰ 藁（わら）Ⅰ 宮崎清

稲作農耕とともに二千年余の歴史をもち、日本人の全生活領域に生きてきた藁の文化を日本文化の原型として捉え、風土に根ざしたそのゆたかな遺産を詳細に検討する。四六判４００頁 '85

55-Ⅱ 藁（わら）Ⅱ 宮崎清

床・畳から壁・屋根にいたる住居における藁の製作・使用のメカニズムを明らかにし、日本人の生活空間における藁の役割を見なおすとともに、藁の文化の復権を説く。四六判４００頁 '85

56 鮎 松井魁

清楚な姿態と独特な味覚によって、日本人の目と舌を魅了しつづけてきたアユ――その形態と分布、生態、漁法等を詳述し、古今のアユ料理や文芸にみるアユにおよぶ。四六判２９６頁 '86

57 ひも 額田巌

物と物、人と物とを結びつける不思議な力を秘めた「ひも」の謎を追って、民俗学的視点から多角的なアプローチを試みる。『結び』、『包み』につづく三部作の完結篇。四六判２５０頁 '86

58 石垣普請 北垣聰一郎

近世石垣の技術者集団「穴太」の足跡を辿り、各地城郭の石垣遺構の実地調査と資料・文献をもとに石垣普請の歴史的系譜を復元しつつ石工たちの技術伝承を集成する。四六判４３８頁 '87

59 碁 増川宏一

その起源を古代の盤上遊戯に探ると共に、定着以来二千年の歴史を時代の状況や遊び手の社会環境との関わりにおいて跡づける。逸話や伝説を排して綴る初の囲碁全史。四六判３６６頁 '87

60 日和山（ひよりやま） 南波松太郎

千石船の時代、航海の安全のために観天望気した日和山――多くは忘れられ、あるいは失われた船舶・航海史の貴重な遺跡を追って、全国津々浦々におよんだ調査紀行。四六判３８２頁 '88

61 篩（ふるい） 三輪茂雄

臼とともに人類の生産活動に不可欠な道具であった篩、箕（み）、笊（ざる）の多彩な変遷を豊富な図解入りでたどり、現代技術の先端に再生するまでの歩みをえがく。四六判３３４頁 '89

62 鮑（あわび） 矢野憲一

縄文時代以来、貝肉の美味と貝殻の美しさによって日本人を魅了し続けてきたアワビ――その生態と養殖、神饌としての歴史、漁法、螺鈿の技法からアワビ料理に及ぶ。四六判３４４頁 '89

63 絵師 むしゃこうじ・みのる

日本古代の渡来画工から江戸前期の菱川師宣まで、時代の代表的絵師の列伝で辿る絵画制作の文化史。前近代社会における絵画の意味や芸術創造の社会的条件を考える。四六判２３０頁 '90

64 蛙（かえる） 碓井益雄

動物学の立場からその特異な生態を描き出すとともに、和漢洋の文献資料を駆使して故事・習俗・神事・民話・文芸・美術工芸にわたる蛙の多彩な活躍ぶりを活写する。四六判３８２頁 '89

65–I **藍**（あい）**I**　風土が生んだ色　竹内淳子

全国各地の〈藍の里〉を訪ねて、藍栽培から染色・加工のすべてにわたり、藍とともに生きた人々の伝承を克明に描き、風土と人間が生んだ〈日本の色〉の秘密を探る。四六判４１６頁　'91

65–II **藍**（あい）**II**　暮らしが育てた色　竹内淳子

日本の風土に生まれ、伝統に育てられた藍が、今なお暮らしの中で生き生きと活躍しているさまを、手わざに生きる人々との出会いを通じて描く。藍の里紀行の続篇。四六判４０６頁　'99

66 **橋**　小山田了三

丸木橋・舟橋・吊橋から板橋・アーチ型石橋まで、人々に親しまれてきた各地の橋を訪ねて、その来歴と築橋の技術伝承を辿り、土木文化の伝播・交流の足跡をえがく。四六判３１２頁　'91

67 **箱**　宮内悊

日本の伝統的な箱（櫃）と西欧のチェストを比較文化史の視点から考察し、居住・収納・運搬・装飾の各分野における箱の重要な役割とその多彩な文化を浮彫りにする。四六判３９０頁　'91

68–I **絹I**　伊藤智夫

養蚕の起源を神話や説話に探り、伝来の時期とルートを跡づけ、記紀・万葉の時代から近世に至るまで、それぞれの時代・社会・階層が生み出した絹の文化を描き出す。四六判３０４頁　'92

68–II **絹II**　伊藤智夫

生糸と絹織物の生産と輸出が、わが国の近代化にはたした役割を描くと共に、養蚕の道具、信仰や庶民生活にわたる養蚕と絹の民俗、さらには蚕の種類と生態におよぶ。四六判２９４頁　'92

69 **鯛**（たい）　鈴木克美

古来「魚の王」とされてきた鯛をめぐって、その生態・味覚から漁法、祭り、工芸、文芸にわたる多彩な伝承文化を語りつつ、鯛と日本人とのかかわりの原点をさぐる。四六判４１８頁　'92

70 **さいころ**　増川宏一

古代神話の世界から近現代の博徒の動向まで、さいころの役割を各時代・社会に位置づけ、木の実や貝殻のさいころから投げ棒型や立方体のさいころへの変遷をたどる。四六判３７４頁　'92

71 **木炭**　樋口清之

炭の起源から炭焼、流通、経済、文化にわたる木炭の歩みを歴史・考古・民俗の知見を総合して描き出し、独自で多彩な文化を育んできた木炭の尽きせぬ魅力を語る。四六判２９６頁　'93

72 **鍋・釜**（なべ・かま）　朝岡康二

日本をはじめ韓国、中国、インドネシアなど東アジアの各地を歩きながら鍋・釜の製作と使用の現場に立ち会い、調理をめぐる庶民生活の変遷とその交流の足跡を探る。四六判３２６頁　'93

73 **海女**（あま）　田辺悟

その漁の実際と社会組織、風習、信仰、民具などを克明に描くとともに海女の起源・分布・交流を探り、わが国漁撈文化の古層としての海女の生活と文化をあとづける。四六判２９４頁　'93

74 **蛸**（たこ）　刀禰勇太郎

蛸をめぐる信仰や多彩な民間伝承を紹介するとともに、その生態・分布・捕獲法・繁殖と保護・調理法などを集成し、日本人と蛸との知られざるかかわりの歴史を探る。四六判３７０頁　'94

75 **曲物**（まげもの） 岩井宏實

桶・樽出現以前から伝承され、古来最も簡便・重宝な木製容器として愛用された曲物の加工技術と機能・利用形態の変遷をさぐり、手づくりの「木の文化」を見なおす。四六判３１８頁 '94

76-I **和船I** 石井謙治

江戸時代の海運を担った千石船（弁才船）について、その構造と技術、帆走性能を綿密に調査し、通説の誤りを正すとともに、海難と信仰、船絵馬等の考察にもおよぶ。四六判４３６頁 '95

76-II **和船II** 石井謙治

造船史から見た著名な船を紹介し、遣唐使船や遣欧使節船、幕末の洋式船における外国技術の導入について論じつつ、船の名称と船型を海船・川船にわたって解説する。四六判３１６頁 '95

77-I **反射炉I** 金子功

日本初の佐賀鍋島藩の反射炉と精練方＝理化学研究所、島津藩の反射炉と集成館＝近代工場群を軸に、日本の産業革命の時代における人と技術を現地に訪ねて発掘する。四六判２４４頁 '95

77-II **反射炉II** 金子功

伊豆韮山の反射炉をはじめ、全国各地の反射炉建設にかかわった有名無名の人々の足跡をたどり、開国か攘夷かに揺れる幕末の政治と社会の悲喜劇をも生き生きと描く。四六判２２６頁 '95

78-I **草木布**（そうもくふ）**I** 竹内淳子

風土に育まれた布を求めて全国各地を歩き、木綿普及以前に山野の草木を利用して豊かな衣生活文化を築き上げてきた庶民の知られざる知恵のかずかずを実地にさぐる。四六判２８２頁 '95

78-II **草木布**（そうもくふ）**II** 竹内淳子

アサ、クズ、シナ、コウゾ、カラムシ、フジなどの草木の繊維から、どのようにして糸を採り、布を織っていたのか——聞書きをもとに忘れられた技術と文化を発掘する。四六判２８２頁 '95

79-I **すごろくI** 増川宏一

古代エジプトのセネト、ヨーロッパのバクギャモン、中近東のナルド、中国の双陸などの系譜に日本の盤雙六を位置づけ、遊戯・賭博としてのその数奇なる運命を辿る。四六判３１２頁 '95

79-II **すごろくII** 増川宏一

ヨーロッパの鵞鳥のゲームから日本中世の浄土双六、近世の華麗な絵双六、さらには近現代の少年誌の附録まで、絵双六の変遷を追って時代の社会・文化を読みとる。四六判３９０頁 '95

80 **パン** 安達巖

古代オリエントに起ったパン食文化が中国・朝鮮を経て弥生時代の日本に伝えられたことを史料と伝承をもとに解明し、わが国パン食文化二〇〇〇年の足跡を描き出す。四六判２６０頁 '96

81 **枕**（まくら） 矢野憲一

神さまの枕・大嘗祭の枕から枕絵の世界まで、人生の三分の一を共に過す枕をめぐって、その材質の変遷を辿り、伝説と怪談、俗信と民俗、エピソードを興味深く語る。四六判２５２頁 '96

82-I **桶・樽**（おけ・たる）**I** 石村真一

日本、中国、朝鮮、ヨーロッパにわたる厖大な資料を集成してその豊かな文化の系譜を探り、東西の木工技術史を比較しつつ世界史的視野から桶・樽の文化を描き出す。四六判３８８頁 '97

82-Ⅱ **桶・樽**（おけ・たる）**Ⅱ** 石村真一

多数の調査資料と絵画・民俗資料をもとにその製作技術を復元し、東西の木工技術を比較考証しつつ、技術文化史の視点から桶・樽製作の実態とその変遷を跡づける。　四六判３７２頁　'97

82-Ⅲ **桶・樽**（おけ・たる）**Ⅲ** 石村真一

樹木と人間とのかかわり、製作者と消費者とのかかわりを通じて桶樽と生活文化の変遷を考察し、木材資源の有効利用という視点から桶樽の文化史的役割を浮彫にする。　四六判３５２頁　'97

83-Ⅰ **貝Ⅰ** 白井祥平

世界各地の現地調査と文献資料を駆使して、古来至高の財宝とされてきた宝貝のルーツとその変遷を探り、貝と人間とのかかわりの歴史を「貝貨」の文化史として描く。　四六判３８６頁　'97

83-Ⅱ **貝Ⅱ** 白井祥平

サザエ、アワビ、イモガイなど古来人類とかかわりの深い貝をめぐって、その生態・分布・地方名、装身具や貝貨としての利用法などを豊富なエピソードを交えて語る。　四六判３２８頁　'97

83-Ⅲ **貝Ⅲ** 白井祥平

シンジュガイ、ハマグリ、アカガイ、シャコガイなどをめぐって世界各地の民族誌を渉猟し、それらが人類文化に残した足跡を辿る。参考文献一覧／総索引を付す。　四六判３９２頁　'97

84 **松茸**（まったけ） 有岡利幸

秋の味覚として古来珍重されてきた松茸の由来を求めて、稲作文化と里山（松林）の生態系から説きおこし、日本人の伝統的生活文化の中に松茸流行の秘密をさぐる。　四六判２９６頁　'97

85 **野鍛冶**（のかじ） 朝岡康二

鉄製農具の製作・修理・再生を担ってきた農鍛冶の歴史的役割を探り、近代化の大波の中で変貌する職人技術の実態をアジア各地のフィールドワークを通して描き出す。　四六判２８０頁　'98

86 **稲** 品種改良の系譜 菅　洋

作物としての稲の誕生、稲の渡来と伝播の経緯から説きおこし、明治以降主として庄内地方の民間育種家の手によって飛躍的発展をとげたわが国品種改良の歩みを描く。　四六判３３２頁　'98

87 **橘**（たちばな） 吉武利文

永遠のかぐわしい果実として日本の神話・伝説に特別の位置を占めて語り継がれてきた橘をめぐって、その育まれた風土とかずかずの伝承の中に日本文化の特質を探る。　四六判２８６頁　'98

88 **杖**（つえ） 矢野憲一

神の依代としての杖や仏教の錫杖に杖と信仰とのかかわりを探り、人類が突きつつ歩んだその歴史と民俗を興味ぶかく語る。多彩な材質と用途を網羅した杖の博物誌。　四六判３１４頁　'98

89 **もち**（糯・餅） 渡部忠世／深澤小百合

モチイネの栽培・育種から食品加工、民俗、儀礼にわたってそのルーツと伝承の足跡をたどり、アジア稲作文化という広範な視野からこの特異な食文化の謎を解明する。　四六判３３０頁　'98

90 **さつまいも** 坂井健吉

その栽培の起源と伝播経路を跡づけるとともに、わが国伝来後四百年の経緯を詳細にたどり、世界に冠たる育種と栽培・利用法を築いた人々の知られざる足跡をえがく。　四六判３２８頁　'99

91 珊瑚（さんご） 鈴木克美

海岸の自然保護に重要な役割を果たす岩石サンゴから宝飾品として知られる宝石サンゴまで、人間生活と深くかかわってきたサンゴの多彩な姿を人類文化史として描く。 四六判370頁 '99

92-I 梅I 有岡利幸

万葉集、源氏物語、五山文学などの古典や天神信仰に表れた梅の足跡を克明に辿りつつ日本人の精神史に刻印された梅を浮彫にし、梅と日本人の二〇〇〇年史を描く。 四六判274頁 '99

92-II 梅II 有岡利幸

その植生と栽培、伝承、梅の名所や鑑賞法の変遷から戦前の国定教科書に表れた梅まで、梅と日本人との多彩なかかわりを探り、桜との対比において梅の文化史を描く。 四六判338頁 '99

93 木綿口伝（もめんくでん） 第2版 福井貞子

老女たちからの聞書を経糸とし、厖大な遺品・資料を緯糸として、母から娘へと幾代にも伝えられた手づくりの木綿文化を掘り起し、近代の木綿の盛衰を描く。増補版 四六判336頁 '00

94 合せもの 増川宏一

「合せる」には古来、一致させるの他に、競う、闘う、比べる等の意味があった。貝合せや絵合せ等の遊戯・賭博を中心に、広範な人間の営みを「合せる」行為に辿る。 四六判300頁 '00

95 野良着（のらぎ） 福井貞子

明治初期から昭和四〇年までの野良着を収集・分類・整理し、それらの用途と年代、形態、材質、重量、呼称などを精査して、働く庶民の創意にみちた生活史を描く。 四六判292頁 '00

96 食具（しょくぐ） 山内昶

東西の食文化に関する資料を渉猟し、食法の違いを人間の自然に対するかかわり方の違いとして捉えつつ、食具を人間と自然をつなぐ基本的な媒介物として位置づける。 四六判292頁 '00

97 鰹節（かつおぶし） 宮下章

黒潮からの贈り物・カツオの漁法から鰹節の製法や食法、商品としての流通までを歴史的に展望するとともに、沖縄やモルジブ諸島の調査をもとにそのルーツを探る。 四六判382頁 '00

98 丸木舟（まるきぶね） 出口晶子

先史時代から現代の高度文明社会まで、もっとも長期にわたり使われてきた刳り舟に焦点を当て、その技術伝承を辿りつつ、森や水辺の文化の広がりと動態をえがく。 四六判324頁 '01

99 梅干（うめぼし） 有岡利幸

日本人の食生活に不可欠の自然食品・梅干をつくりだした先人たちの知恵に学ぶとともに、健康増進に驚くべき薬効を発揮する、その知られざるパワーの秘密を探る。 四六判300頁 '01

100 瓦（かわら） 森郁夫

仏教文化と共に中国・朝鮮から伝来し、一四〇〇年にわたり日本の建築を飾ってきた瓦をめぐって、発掘資料をもとにその製造技術、形態、文様などの変遷をたどる。 四六判320頁 '01

101 植物民俗 長澤武

衣食住から子供の遊びまで、幾世代にも伝承された植物をめぐる暮らしの知恵を克明に記録し、高度経済成長期以前の農山村の豊かな生活文化を愛惜をこめて描き出す。 四六判348頁 '01

102 箸（はし）　向井由紀子／橋本慶子

そのルーツを中国、朝鮮半島に探るとともに、日本人の食生活に不可欠の食具となり、日本文化のシンボルとされるまでに洗練された箸の文化の変遷を総合的に描く。　四六判334頁　'01

103 採集　ブナ林の恵み　赤羽正春

縄文時代から今日に至る採集・狩猟民の暮らしを復元し、動物の生態系と採集生活の関連を明らかにしつつ、民俗学と考古学の両面から山に生かされた人々の姿を描く。　四六判298頁　'01

104 下駄　神のはきもの　秋田裕毅

古墳や井戸等から出土する下駄に着目し、下駄が地上と地下の他界を結ぶ聖なるはきものであったという大胆な仮説を提出、日本の神々の忘れられた側面を浮彫にする。　四六判304頁　'02

105 絣（かすり）　福井貞子

膨大な絣遺品を収集・分類し、絣産地を実地に調査して絣の技法と文様の変遷を地域別・時代別に跡づけ、明治・大正・昭和の手づくりの染織文化の盛衰を描き出す。　四六判310頁　'02

106 網（あみ）　田辺悟

漁網を中心に、網に関する基本資料を網羅して網の変遷と網をめぐる民俗を体系的に描き出し、網の文化を集成する。「網に関する小事典」「網のある博物館」を付す。　四六判316頁　'02

107 蜘蛛（くも）　斎藤慎一郎

「土蜘蛛」の呼称で畏怖される一方「クモ合戦」など子供の遊びとしても親しまれてきたクモと人間との長い交渉の歴史をその深層に遡って追究した異色のクモ文化論。　四六判320頁　'02

108 襖（ふすま）　むしゃこうじ・みのる

襖の起源と変遷を建築史・絵画史の中に探りつつその用と美を浮彫にし、衝立・障子・屏風等と共に日本建築の空間構成に不可欠の建具となるまでの経緯を描き出す。　四六判270頁　'02

109 漁撈伝承（ぎょろうでんしょう）　川島秀一

漁師たちからの聞き書きをもとに、寄り物、船霊、大漁旗など、漁撈にまつわる〈もの〉の伝承を集成し、海の道によって運ばれた習俗や信仰の民俗地図を描き出す。　四六判334頁　'03

110 チェス　増川宏一

世界中に数億人の愛好者を持つチェスの起源と文化を、欧米における膨大な研究の蓄積を渉猟しつつ探り、日本への伝来の経緯から美術工芸品としてのチェスにおよぶ。　四六判298頁　'03

111 海苔（のり）　宮下章

海苔の歴史は厳しい自然とのたたかいの歴史だった――採取から養殖、加工、流通、消費に至る先人たちの苦難の歩みを史料と実地調査によって浮彫にする食物文化史。　四六判172頁　'03

112 屋根　檜皮葺と杮葺　原田多加司

屋根葺師一〇代の著者が、自らの体験と職人の本懐を語り、連綿として受け継がれてきた伝統の手わざを体系的にたどりつつ伝統技術の保存と継承の必要性を訴える。　四六判340頁　'03

113 水族館　鈴木克美

初期水族館の歩みを創始者たちの足跡を通して辿りなおし、水族館をめぐる社会の発展と風俗の変遷を描き出すとともにその未来像をさぐる初の〈日本水族館史〉の試み。　四六判290頁　'03

114 古着（ふるぎ） 朝岡康二

仕立てと着方、管理と保存、再生と再利用等にわたり衣生活の変容を近代の日常生活の変化として捉え直し、衣服をめぐるリサイクル文化が形成される経緯を描き出す。四六判２９２頁 '03

115 柿渋（かきしぶ） 今井敬潤

染料・塗料をはじめ生活百般の必需品であった柿渋の伝承を記録し、文献資料をもとにその製造技術と利用の実態を明らかにして、忘れられた豊かな生活技術を見直す。四六判２９４頁 '03

116-Ⅰ 道Ⅰ 武部健一

道の歴史を先史時代から説き起こし、古代律令制国家の要請によって駅路が設けられ、しだいに幹線道路として整えられてゆく経緯を技術史・社会史の両面からえがく。四六判２４８頁 '03

116-Ⅱ 道Ⅱ 武部健一

中世の鎌倉街道、近世の五街道、近代の開拓道路から現代の高速道路網までを通観し、道路を拓いた人々の手によって今日の交通ネットワークが形成された歴史を語る。四六判２８０頁 '03

117 かまど 狩野敏次

日常の煮炊きの道具であるとともに祭りと信仰に重要な位置を占めてきたカマドをめぐる忘れられた伝承を掘り起こし、民俗空間の壮大なコスモロジーを浮彫りにする。四六判２９２頁 '04

118-Ⅰ 里山Ⅰ 有岡利幸

縄文時代から近世までの里山の変遷を人々の暮らしと植生の変化の両面から跡づけ、その源流を記紀万葉に描かれた里山の景観や大和・三輪山の古記録・伝承等に探る。四六判２７６頁 '04

118-Ⅱ 里山Ⅱ 有岡利幸

明治の地租改正による山林の混乱、相次ぐ戦争による山野の荒廃、エネルギー革命、高度成長による大規模開発など、近代化の荒波に翻弄される里山の見直しを説く。四六判２７４頁 '04

119 有用植物 菅 洋

人間生活に不可欠のものとして利用されてきた身近な植物たちの来歴と栽培・育種・品種改良・伝播の経緯を平易に語り、植物と共に歩んだ文明の足跡を浮彫にする。四六判３２４頁 '04

120-Ⅰ 捕鯨Ⅰ 山下渉登

世界の海で展開された鯨と人間との格闘の歴史を振り返り、「大航海時代」の副産物として開始された捕鯨業の誕生以来四〇〇年にわたる盛衰の社会的背景をさぐる。四六判３１４頁 '04

120-Ⅱ 捕鯨Ⅱ 山下渉登

近代捕鯨の登場により鯨資源の激減を招き、捕鯨の規制・管理のための国際条約締結に至る経緯をたどり、グローバルな課題としての自然環境問題を浮き彫りにする。四六判３１２頁 '04

121 紅花（べにばな） 竹内淳子

栽培、加工、流通、利用の実際を現地に探訪して紅花とかかわってきた人々からの聞き書きを集成し、忘れられた〈紅花文化〉を復元しつつその豊かな味わいを見直す。四六判３４６頁 '04

122-Ⅰ もののけⅠ 山内昶

日本の妖怪変化、未開社会の〈マナ〉、西欧の悪魔やデーモンを比較考察し、名づけ得ぬ未知の対象を指す万能のゼロ記号〈もの〉をめぐる人類文化史を跡づける博物誌。四六判３２０頁 '04

122-Ⅱ **もののけⅡ** 山内昶

日本の鬼、古代ギリシアのダイモン、中世の異端狩り・魔女狩り等々をめぐり、自然＝カオスと文化＝コスモスの対立の中で〈野生の思考〉が果たしてきた役割をさぐる。四六判２８０頁 '04

123 **染織**（そめおり） 福井貞子

自らの体験と厖大な残存資料をもとに、糸づくりから織り、染めにわたる手づくりの豊かな生活文化を見直す。創意にみちた手わざのかずかずを復元する庶民生活誌。四六判２９４頁 '05

124-Ⅰ **動物民俗Ⅰ** 長澤武

神として崇められたクマやシカをはじめ、人間にとって不可欠の鳥獣や魚、さらには人間を脅かす動物など、多種多様な動物たちと交流してきた人々の暮らしの民俗誌。四六判２６４頁 '05

124-Ⅱ **動物民俗Ⅱ** 長澤武

動物の捕獲法をめぐる各地の伝承を紹介するとともに、全国で語り継がれてきた多彩な動物民話・昔話を渉猟し、暮らしの中で培われた動物フォークロアの世界を描く。四六判２６６頁 '05

125 **粉**（こな） 三輪茂雄

粉体の研究をライフワークとする著者が、粉食の発見からナノテクノロジーまで、人類文明の歩みを〈粉〉の視点から捉え直した壮大なスケールの〈文明の粉体史観〉 四六判３０２頁 '05

126 **亀**（かめ） 矢野憲一

浦島伝説や「兎と亀」の昔話によって親しまれてきた亀のイメージの起源を探り、古代の亀卜の方法から、亀にまつわる信仰と迷信、鼈甲細工やスッポン料理におよぶ。四六判３３０頁 '05

127 **カツオ漁** 川島秀一

一本釣り、カツオ漁場、船上の生活、船霊信仰、祭りと禁忌など、カツオ漁にまつわる漁師たちの伝承を集成し、黒潮に沿って伝えられた漁民たちの文化を掘り起こす。四六判３７０頁 '05

128 **裂織**（さきおり） 佐藤利夫

木綿の風合いと強靱さを生かした裂織の技と美をすぐれたリサイクル文化として見なおす。東西文化の中継地・佐渡の古老たちからの聞書をもとに歴史と民俗をえがく。四六判３０８頁 '05

129 **イチョウ** 今野敏雄

「生きた化石」として珍重されてきたイチョウの生い立ちと人々の生活文化とのかかわりの歴史をたどり、この最古の樹木に秘められたパワーを最新の中国文献にさぐる。四六判３１２頁〔品切〕 '05

130 **広告** 八巻俊雄

のれん、看板、引札からインターネット広告までを通観し、いつの時代にも広告が人々の暮らしと密接にかかわって独自の文化を形成してきた経緯を描く広告の文化史。四六判２７６頁 '06

131-Ⅰ **漆**（うるし）**Ⅰ** 四柳嘉章

全国各地で発掘された考古資料を対象に科学的解析を行ない、縄文時代から現代に至る漆の技術と文化を跡づける試み。漆が日本人の生活と精神に与えた影響を探る。四六判２７４頁 '06

131-Ⅱ **漆**（うるし）**Ⅱ** 四柳嘉章

遺跡や寺院等に遺る漆器を分析し体系づけるとともに、絵巻物や文学作品の考証を通じて、職人や産地の形成、漆工芸の地場産業としての発展の経緯などを考察する。四六判２１６頁 '06

132 **まな板** 石村眞一

日本、アジア、ヨーロッパ各地のフィールド調査と考古・文献・絵画・写真資料をもとにまな板の素材・構造・使用法を分類し、多様な食文化とのかかわりをさぐる。 四六判372頁 '06

133-Ⅰ **鮭・鱒（さけ・ます）Ⅰ** 赤羽正春

鮭・鱒をめぐる民俗研究の前史から現在までを概観するとともに、原初的な漁法から商業的漁法にわたる多彩な漁法と用具、漁場と社会組織の関係などを明らかにする。 四六判292頁 '06

133-Ⅱ **鮭・鱒（さけ・ます）Ⅱ** 赤羽正春

鮭漁をめぐる行事、鮭捕り衆の生活等を聞き取りによって再現し、人工孵化事業の発展とそれを担った先人たちの業績を明らかにするとともに、鮭・鱒の料理におよぶ。 四六判352頁 '06

134 **遊戯** その歴史と研究の歩み 増川宏一

古代から現代まで、日本と世界の遊戯の歴史を概説し、内外の研究者との交流の中で得られた最新の知見をもとに、研究の出発点と目的を論じ、現状と未来を展望する。 四六判296頁 '06

135 **石干見（いしひみ）** 田和正孝編

沿岸部に石垣を築き、潮汐作用を利用して漁獲する原初的漁法を日・韓・台に残る遺構と伝承の調査・分析をもとに復元し、東アジアの伝統的漁撈文化を浮彫りにする。 四六判332頁 '07

136 **看板** 岩井宏實

江戸時代から明治・大正・昭和初期までの看板の歴史を生活文化史の視点から考察し、多種多様な生業の起源と変遷を多数の図版をもとに紹介する〈図説商売往来〉。 四六判266頁 '07

137-Ⅰ **桜Ⅰ** 有岡利幸

そのルーツと生態から説きおこし、和歌や物語に描かれた古代社会の桜観から「花は桜木、人は武士」の江戸の花見の流行まで、日本人と桜のかかわりの歴史をさぐる。 四六判382頁 '07

137-Ⅱ **桜Ⅱ** 有岡利幸

明治以後、軍国主義と愛国心のシンボルとして政治的に利用されてきた桜の近代史を辿るとともに、日本人の生活と共に歩んだ「咲く花、散る花」の栄枯盛衰を描く。 四六判400頁 '07

138 **麴（こうじ）** 一島英治

日本の気候風土の中で稲作と共に育まれた麴菌のすぐれたはたらきの秘密を探り、醸造化学に携わった人々の足跡をたどりつつ醱酵食品と日本人の食生活文化を考える。 四六判244頁 '07

139 **河岸（かし）** 川名登

近世初頭、河川水運の隆盛と共に物流のターミナルとして賑わい、船旅や遊廓などをもたらした河岸（川の港）の盛衰を河岸に生きる人々の暮らしの変遷としてえがく。 四六判300頁 '07

140 **神饌（しんせん）** 岩井宏實／日和祐樹

土地に古くから伝わる食物を神に捧げる神饌儀礼に祭りの本義を探り、近畿地方主要神社の伝統的儀礼をつぶさに調査して、豊富な写真と共にその実際を明らかにする。 四六判374頁 '07

141 **駕籠（かご）** 櫻井芳昭

その様式、利用の実態、地域ごとの特色、車の利用を抑制する交通政策との関連から駕籠かきたちの風俗までを明らかにし、日本交通史の知られざる側面に光を当てる。 四六判294頁 '07

142 **追込漁**（おいこみりょう）　川島秀一

沖縄の島々をはじめ、日本各地で今なお行なわれている沿岸漁撈を実地に精査し、魚の生態と自然条件を知り尽した漁師たちの知恵と技を見直しつつ漁業の原点を探る。　四六判３６８頁　'08

143 **人魚**（にんぎょ）　田辺悟

ロマンとファンタジーに彩られて世界各地に伝承される人魚の実像をもとめて東西の人魚誌を渉猟し、フィールド調査と膨大な資料をもとに集成したマーメイド百科。　四六判３５２頁　'08

144 **熊**（くま）　赤羽正春

狩人たちからの聞き書きをもとに、かつては神として崇められた熊と人間との精神史的な関係をさぐり、熊を通して人間の生存可能性にもおよぶユニークな動物文化史。　四六判３８４頁　'08

145 **秋の七草**　有岡利幸

『万葉集』で山上憶良がうたいあげて以来、千数百年にわたり秋を代表する植物として日本人にめでられてきた七種の草花の知られざる伝承を掘り起こす植物文化誌。　四六判３０６頁　'08

146 **春の七草**　有岡利幸

厳しい冬の季節に芽吹く若菜に大地の生命力を感じ、春の到来を祝い新年の息災を願う「七草粥」などとして食生活の中に巧みに取り入れてきた古人たちの知恵を探る。　四六判２７２頁　'08

147 **木綿再生**　福井貞子

自らの人生遍歴と木綿を愛する人々との出会いを織り重ねて綴り、優れた文化遺産としての木綿衣料を紹介しつつ、リサイクル文化としての木綿再生のみちを模索する。　四六判２６６頁　'09

148 **紫**（むらさき）　竹内淳子

今や絶滅危惧種となった紫草（ムラサキ）を育てる人びと、伝統の紫根染を今に伝える人びとを全国にたずね、貝紫染の始原を求めて吉野ヶ里におよぶ「むらさき紀行」。　四六判３２４頁　'09

149-Ⅰ **杉Ⅰ**　有岡利幸

その生態、天然分布の状況から各地における栽培・育種、利用にいたる歩みを弥生時代から今日までの人間の営みの中で捉えなおし、わが国林業史を展望しつつ描き出す。　四六判２８２頁　'10

149-Ⅱ **杉Ⅱ**　有岡利幸

古来神の降臨する木として崇められるとともに生活のさまざまな場面で活用され、絵画や詩歌に描かれてきた杉の文化をたどり、さらに「スギ花粉症」の原因を追究する。　四六判２７８頁　'10

150 **井戸**　秋田裕毅（大橋信弥編）

弥生中期になぜ井戸は突然出現するのか。飲料水など生活用水ではなく、祭祀用の聖なる水を得るためだったのではないか。目的や構造の変遷、宗教との関わりをたどる。　四六判２６０頁　'10

151 **楠**（くすのき）　矢野憲一／矢野高陽

語源と字源、分布と繁殖、文学や美術における楠から医薬品としての利用、キューピー人形や樟脳の船まで、楠と人間の関わりの歴史を辿りつつ自然保護の問題に及ぶ。　四六判３３４頁　'10

152 **温室**　平野恵

温室は明治時代に欧米から輸入された印象があるが、じつは江戸時代半ばから「むろ」という名の保温設備があった。絵巻や小説、遺跡などより浮かび上がる歴史。　四六判３１０頁　'10

153 檜（ひのき） 有岡利幸

建築・木彫・木材工芸に最良の材としてわが国の〈木の文化〉に重要な役割を果たしてきた檜。その生態から保護・育成・生産・流通・加工までの変遷をたどる。 四六判３２０頁 '11

154 落花生 前田和美

南米原産の落花生が大航海時代にアフリカ経由で世界各地に伝播していく歴史をたどるとともに、日本で栽培を始めた先覚者や食文化との関わりを紹介する。 四六判３１２頁 '11

155 イルカ（海豚） 田辺悟

神話・伝説の中のイルカ、イルカをめぐる信仰から、漁撈伝承、食文化の伝統と保護運動の対立までを幅広くとりあげ、ヒトと動物との関係はいかにあるべきかを問う。 四六判３３０頁 '11

156 輿（こし） 櫻井芳昭

古代から明治初期まで、千二百年以上にわたって用いられてきた輿の種類と変遷を探り、天皇の行幸や斎王群行、姫君たちの輿入れにおける使用の実態を明らかにする。 四六判２５２頁 '11

157 桃 有岡利幸

魔除けや若返りの呪力をもつ果実として神話や昔話に語り継がれ、近年古代遺跡から大量出土して祭祀との関連が注目される桃。日本人との多彩な関わりを考察する。 四六判３２８頁 '12

158 鮪（まぐろ）

古文献に描かれ記されたマグロを紹介し、漁法・漁具から運搬と流通・消費、漁民たちの暮らしと民俗・信仰までを探りつつ、マグロをめぐる食文化の未来にもおよぶ。 四六判３５０頁 '12